教育部高等学校旅游管理类专业教学指导委员会规划教材

服务运营管理

FUWU YUNYING GUANLI

◎主　编　舒伯阳

◎副主编　徐　静　邵晓辉

重庆大学出版社

内 容 提 要

《服务运营管理》是一本全面涵盖旅游行业景区、酒店、旅行社、交通等相关服务的本科教材,是国内目前较少数从旅游业视角专注服务运营管理的教材。本书力求理论精当、简明扼要、深入浅出,强调实用性和操作性相结合。每章都设有案例导入、案例分析、延伸阅读、知识链接及案例讨论,使学习者在案例教学中活学活用,融会贯通。本书还在各章节末尾设计了案例讨论,帮助师生展开模拟演练,以便有效理解与掌握服务运营管理的精髓,并配套有电子教案等相关教学资源供教师使用。

本书适用于高等院校旅游专业课堂教学、旅游行业培训及旅游从业者自学提升。

图书在版编目(CIP)数据

服务运营管理 / 舒伯阳主编. -- 重庆 : 重庆大学出版社,2018.1(2022.4 重印)

教育部高等学校旅游管理类专业教学指导委员会规划教材

ISBN 978-7-5689-0745-3

Ⅰ.①服… Ⅱ.①舒… Ⅲ.①服务业—运营管理—高等学校—教材 Ⅳ.①F719.1

中国版本图书馆 CIP 数据核字(2017)第 193074 号

教育部高等学校旅游管理类专业教学指导委员会规划教材
服务运营管理

主 编 舒伯阳
副主编 徐 静 邵晓辉
策划编辑:尚东亮

责任编辑:李桂英 姜 凤 版式设计:尚东亮
责任校对:秦巴达 责任印制:张 策

*

重庆大学出版社出版发行
出版人:饶帮华
社址:重庆市沙坪坝区大学城西路 21 号
邮编:401331
电话:(023) 88617190 88617185(中小学)
传真:(023) 88617186 88617166
网址:http://www.cqup.com.cn
邮箱:fxk@cqup.com.cn(营销中心)
全国新华书店经销
重庆俊蒲印务有限公司印刷

*

开本:787mm×1092mm 1/16 印张:17.25 字数:388千
2018 年 1 月第 1 版 2022 年 4 月第 3 次印刷
印数:6 001—8 000
ISBN 978-7-5689-0745-3 定价:39.80 元

编委会

总序

一、出版背景

教材出版肩负着吸纳时代精神、传承知识体系、展望发展趋势的重任。本套旅游教材出版依托当今发展的时代背景：

一是世界旅游产业发展强劲。旅游业已经发展成为全球经济中产业规模最大、发展势头最强劲的产业，其产业的关联带动作用受到全球众多国家或地区的高度重视，促使众多国家或地区将旅游业作为当地经济的支柱产业、先导产业、龙头产业，展示出充满活力的发展前景。

二是我国旅游教育日趋成熟。2012 年教育部将旅游管理类本科专业列为独立一级专业目录，下设旅游管理、酒店管理、会展经济与管理、旅游管理与服务教育四个二级专业。截至 2016 年年底，全国开设旅游管理类本科的院校已达 604 所，其中旅游管理专业 526 所，酒店管理专业 229 所，会展经济与管理专业 106 所，旅游管理与服务教育 31 所。旅游管理类教育的蓬勃发展，对旅游教材提出了新要求。

三是创新创业成为时代的主旋律。创新创业成为当今社会经济发展的新动力，以思想观念更新、制度体制优化、技术方法创新、管理模式变革、资源重组整合、内外兼收并蓄等为特征的时代发展，需要旅游教材不断体现社会经济发展的轨迹，不断吸纳时代进步的智慧精华。

二、知识体系

本套旅游教材作为教育部高等学校旅游管理类专业教学指导委员会（以下简称"教指委"）的规划教材，体现并反映了本届"教指委"的责任和使命：

一是反映旅游管理知识体系渐趋独立的趋势。经过近 30 年来的发展积累，旅游管理学科在依托地理学、经济学、管理学、历史学、文化学等学科发展基础上，其知识的宽度与厚度在不断增加，旅游管理知识逐渐摆脱早期依附其他学科而不断显示其知识体系成长的独立性。

二是构筑旅游管理核心知识体系。旅游活动无论其作为空间上的运行体系，还是经济上的产业体系，抑或是社会生活的组成部分，其本质都是旅游者、旅游目的地、旅游接待业三者的交互活动,旅游知识体系应该而且必须反映这种活动的性质与特征,这是建立旅游知识体系的根基。

三是构建旅游管理类专业核心课程。作为高等院校的一个专业类别,旅游管理类专业需要有自身的核心课程,以旅游学概论、旅游目的地管理、旅游消费者行为、旅游接待业作为旅游管理大类专业核心课程,旅游管理、酒店管理、会展经济与管理、旅游管理与服务教育4个专业再确立3门核心课程,由此构成旅游管理类"4+3"的核心课程体系。确定专业核心课程,既是其他管理类专业成功且可行的做法,也是旅游管理类专业走向成熟的标志。

三、教材特点

本套教材由教育部高等学校旅游管理类专业教学指导委员会组织策划和编写出版,自2015年启动至今历时3年,汇聚了全国一批知名旅游院校的专家教授。本套教材体现出以下特点:

一是准确反映国家教学质量标准的要求。《旅游管理类本科专业教学质量国家标准》既是旅游管理类本科专业的设置标准,也是旅游管理类本科专业的建设标准,还是旅游管理类本科专业的评估标准,其重点内容是确立了旅游管理类专业"4+3"核心课程体系。"4"即旅游学概论、旅游目的地管理、旅游消费者行为、旅游接待业;"3"即旅游管理专业(旅游经济学、旅游规划与开发、旅游法)、酒店管理专业(酒店管理概论、酒店运营管理、酒店客户管理)、会展经济与管理专业(会展概论、会展策划与管理、会展营销)的核心课程。

二是汇聚全国知名旅游院校的专家教授。本套教材作者由"教指委"近20名委员牵头,全国旅游教育界知名专家和教授,以及旅游业界专业人士合力编写。作者队伍专业背景深厚,教学经验丰富,研究成果丰硕,教材编写质量可靠,通过邀请优秀知名专家和教授担纲编写,以保证教材的水平和质量。

三是"互联网+"的技术支撑。本套教材依托"互联网+",采用线上线下两个层面,在内容中广泛应用二维码技术关联扩展教学资源,如插入知识拓展、听力音频、视频、案例等内容,以弥补教材固化的缺陷。同时也启动了将各门课程搬到数字资源教学平台的工作,实现网上备课与教学、在线即测即评,以及配套老师上课所需的教学计划书、教学PPT、案例、试题、实训实践题,以及教学串讲视频等,以增强教材的生动性和立体性。

本套教材在组织策划和编写出版过程中,得到了教育部高等学校旅游管理类专业教学指导委员会各位委员、业内专家、业界精英以及重庆大学出版社的广泛支持与积极参与,在此一并表示衷心的感谢!希望本套教材能够满足旅游管理教育发展新形势下的新要求,能够为中国旅游教育及教材建设开拓创新贡献力量。

教育部高等学校旅游管理类专业教学指导委员会

2017年7月28日

前言

中国国家旅游局《2016 中国旅游业统计公告》数据，2016 年中国内地公民出入境旅游首次突破 2.2 亿人次大关，国内接待游客达到 44.4 亿人次，中国一举成为世界第一旅游大国。与此同时，旅游行业服务品质日益成为大众旅游关注的焦点，其中，服务运营管理无疑是中国旅游业转型发展与提档升级的关键一环。

根据教育部高等学校旅游管理类专业教学指导委员会编制的专业教学质量标准的最新要求，"服务运营管理"已成为旅游管理专业的 7 门核心课程之一。今天呈现于读者面前的《服务运营管理》是国内目前较少数从旅游业视角专注服务运营管理的教材，本书在系统引入国际通行的服务运营管理理论的基础上，充分结合旅游业服务运营管理的实际情况，向读者较全面地介绍了旅游服务运营管理及服务产品设计的核心概念、基本原理和实践应用，并广泛借鉴了国内外相关服务业的先进经验，以开阔读者视野。全书共计 12 章，主要内容如下：

第 1 章 "服务经济时代的旅游业"重点阐述服务经济与旅游业之间的内在关系。

第 2 章 "旅游服务产品与服务质量概述"介绍了旅游服务产品的特征以及服务质量的构成维度。

第 3 章 "旅游服务期望与顾客感知"解析了顾客对服务的 3 个层面的期望，并分析了顾客感知的内涵与层次。

第 4 章 "顾客满意度与旅游服务质量管理"阐述了影响顾客感知服务质量的关键因素，分析了旅游服务质量与顾客满意度之间的内在联系。

第 5 章 "服务失误与服务补救"分析了服务失误的产生原因及应对补救措施。

第 6 章 "服务运营与服务体系设计"引入服务利润链理论，介绍了服务运营流程设计及其服务蓝图工具。

第 7 章 "旅游服务需求与服务能力管理"分析了旅游业服务需求的特点，并对旅游企业服务供给管理能力的提升提供了指导。

第 8 章 "现代旅游业的精益服务管理"介绍了服务精细化、个性化，以及现代服务业的收益管理理念与方法。

第 9 章 "旅游业的顾客忠诚管理"全面分析旅游业中的顾客忠诚的效应及其价值，并介绍了旅游业中的顾客忠诚管理的具体实践。

第 10 章 "旅游企业服务营销与关系营销"比较了传统营销与服务营销、关系营销的区别,重点介绍了旅游业所引入的服务营销 7P 和 4C 组合。

第 11 章 "旅游企业的竞争策略与服务创新"介绍了服务企业的通用竞争策略及旅游企业的特色竞争策略,以及 4 个维度的服务创新及其在旅游业中的应用。

第 12 章 "现代旅游服务管理中的信息技术"介绍了信息技术在旅游服务管理中的应用,并通过案例介绍了智慧旅游等新概念。

本书的编写是多院校集体协作的成果,由中南财经政法大学、湖北第二师范学院、武汉工商学院特聘教授舒伯阳担任主编,本书编撰分工如下:

第 1,2,5 章 舒伯阳、徐静(武汉学院)

第 3,4,8 章 舒伯阳、徐静、邵晓晖(武汉工商学院)

第 6,11,12 章 徐静(武汉学院)、马达(湖北第二师范学院)

第 7,9,10 章 舒伯阳、徐静(武汉学院)、夏华丽(湖北第二师范学院)

全书由教育部高等学校旅游管理教指委委员、中南财经政法大学舒伯阳教授统稿,中南财经政法大学孙晓彤协助。

《服务运营管理》从旅游管理专业"面向行业,紧扣实践"的教学目的出发,探索采用当今主流的服务运营管理理论分析旅游服务管理实例,本书力求理论精当、简明扼要、深入浅出,强调实用性和操作性相结合。全书除了采用大量典型案例分析、补充阅读材料等辅助教学形式指导学生学习各章重点、难点内容外,还在各章节末尾设计了案例分析题及思考题,帮助师生展开分析讨论与模拟演练,以便有效理解与掌握服务运营管理的精髓。

本书的编写广泛参考了国内外学者的研究成果,以及服务管理学科的相关资料,谨在此对相关作者表示感谢。但限于编者知识水平及内容体系的创新性,本书编写中的漏疏和失误在所难免,真诚期望同行先知及读者的建议和赐教指正,期待我们共同的努力让旅游服务运营管理教材建设不断臻于完善。

编 者

2017 年 6 月

●目录

第1章
服务经济时代的旅游业

【教学目标与要求】

- 掌握服务经济基本概念及其主要特征。
- 了解服务经济时代旅游业的发展现状。
- 认识旅游服务在现代服务业中的地位。

【关键词】

服务经济；休闲体验；旅游服务；旅游服务系统。

【案例导入】

服务业——中国经济增长新引擎

2015年3月5日，李克强总理在2015年政府工作报告中指出，打造大众创业、万众创新和增加公共产品、公共服务成为推动中国经济发展、实现中国经济提质增效升级的"双引擎"。服务创业成为国家鼎力支持的一项事业，服务业是创业者的热门选择，创业平均成功概率高于其他行业。例如餐饮、酒店、快递、旅游等服务行业，哪家服务做得好，有独特创新之处，哪家的客源就多，口碑就越好，因而创业也更容易成功。餐饮中成功的案例如"海底捞"火锅，以细致入微，人性化的服务闻名全国；旅行服务中以蚂蜂窝等旅游网站为代表，蚂蜂窝的用户拓展主要通过口碑传播，截至2015年2月，蚂蜂窝已积累了8 000多万用户；快递行业的创业机会随着阿里巴巴集团业务量的扩大而激增，小麦公社则是利用了校园网络购物市场大的契机，成功地成为国内最大的电商校园渠道服务商。

华住酒店集团创始人、董事长季琦认为服务行业最适合创业，服务创业有宽松有利的国家政策和全球化趋势叠加在一起，正在成为中国创业潮的主旋律。季琦认为，服务行业适合创业的另一个优势条件是"人口红利"，随着"中国制造"将广大中国人民从"温饱"带向"小康"，服务业的巨大市场显现出来，它将会孕育出"中国服务"的奇观。目前中国城市化人口超过3亿，未来中国城市化将达到50%以上，城市人口将会超过6亿。这些人口基数形成了全球最大的消费大国。这群人的消费将会带动世界上最大的服务业产业链。

"中国服务"的从业主体将会更加多元化：有酒店服务员，也有写字楼里西装革履的律师；有开网店、开餐馆的小企业主，也有创业公司的CEO和投资人。"中国服务"将会带来多层次的充分就业,也会给社会各阶层带来相应的收入,中产阶级的形成主要依赖服务业的发展壮大。"中国制造"已走到了一个低增长、缓增长的拐点,未来在服务业有更多机会、更多空间,而且服务业的企业有机会成长为世界级的企业、世界级的品牌。

案例评析:中国经济正在进入服务经济时代,并以前所未有的速度发展,其带来的经济活力令人瞩目。

1.1 服务经济时代及其特点

1.1.1 服务经济的概念内涵

1)服务经济的形成

服务经济是如何发展壮大,最后形成一种时代的主导力量? 这与人类社会的分工不断深化、产业之间转化等有着千丝万缕的联系。一般来说,有以下4个方面的原因促成了服务经济的形成。

(1)分工深化

服务经济的发展不是靠建立很多新的产业部门,而主要是依靠经济形态内部分工的不断深化。随着生产专业化和规模化的程度不断扩大,社会化分工程度不断加深。

(2)产业转化

随着市场竞争的不断加剧,农业、制造业的很多企业转化为服务企业。

(3)业态变化

信息化改造了传统产业,促进了产业融合,产生了很多新的产业。这些新产业与传统产业密切相关。

(4)规模化和标准化

随着信息技术的发展,服务产品也可以储存和标准化,促成了服务在地域和时间上的分离,使服务产品的大规模定制成为可能,大大拓展了服务提供的范围及可交易性。

2)服务经济的含义

西方发达国家在30年前就已经进入了服务经济时代,20世纪90年代以来,这种经济趋势也越加明显,人们的认识也日益加深。1965年美国经济学家富克斯(V.Fuchs)首次提出了"服务经济"的概念,认为"服务经济"或"服务化社会"的判断标准是"一国一半以上就业人口不从事实物生产",即服务业的就业比重超过50%。在他研究的基础上,服务经济的理论随着实践发展而不断深化,贝尔的"后工业社会"、库茨涅兹的"工业服务化"等理论都指出了现代社会经济逐渐向服务经济阶段发展这一突出特征。关于服务经济的定义,概括起来大致有以下3种:

（1）规模定义法

规模定义法即定义"服务业国内生产总值（GDP）占比 50% 以上，且服务业就业占比 50% 以上的为服务经济"；而根据 IMF 和 ECB 标准①，服务经济是指服务经济产值在 GDP 中的相对比重超过 60% 的一种经济状态，或者说是就业人数在整个国民经济就业人数中的相对比重超过 60% 的一种经济态势。

（2）对比定义法

对比定义法与工业经济、农业经济形成对比，有特殊性质的经济形态为服务经济。

（3）阶段定义法

农业经济、工业经济的顺序发展以后的经济阶段为服务经济阶段。认为服务经济是经济社会发展到高阶段的产物。

服务经济（Service-based Economy）是指以服务活动为主导经济活动类型的经济发展阶段，或一国从以农业产品和工业产品的生产为主转向以服务产品的生产为主。而"服务经济社会"的出现是相对于人类社会发展历史上的另两个阶段"农业社会"和"工业社会"而言。

"农业社会"是人类社会发展的第一阶段，它是以农业活动为主要的经济活动类型，以生产农产品为主的社会，工场手工业和服务业居于次要地位（目前仍有少数国家停留在此阶段）。

"工业社会"是人类社会发展的第二阶段，它是以工业活动为主，以工业品生产为主，农业和服务业居于附属地位（现在大部分国家正处于此阶段），我国处在由工业化的初级阶段向高级阶段的转变时期。

"服务社会"是人类发展的第三阶段，它是在工业化全面完成以后，服务产品的生产成为经济活动的主体，同时服务业成为经济中的主要产业部门后才出现的（以美国为代表，目前北美、西欧和大洋洲的一些发达国家已先后进入此阶段）。

不同社会经济发展阶段的生产交易特征，见表 1.1。

表 1.1　不同社会经济发展阶段的生产交易特征

经济阶段	关　系	主要活动	人力使用	社会单位	生活衡量标准	结　构	技术特征
前工业社会	人与自然	农耕渔猎矿业	体力	家庭	物资	单一传统权威	简单手工工具
工业社会	人与人造环境	制造	操作机器的能力	个人	商品数量	官僚型层级型	机器
后工业社会	人与人	服务	审美力创造力智力	社团	生活质量，如教育健康、娱乐	相互影响甚至全球化	信息

---

① IMF 欧洲统计数据库和 ECB 国家数据库。

学者们综合以上3种定义方法,将服务经济定义为:"以知识、信息和智力要素的生产、扩散及应用为经济增长的主要推动力,以科学技术和人力资本的投入为其核心生产方式,以法治和市场经济为其制度基础,经济社会发展主要是以服务产品的生产和配置为基础的经济形态。"

3)"经济服务化"的概念

经济服务化是社会生产力水平提高的必然结果。在宏观层面上是指服务业成为国民经济的主要产业部门;在微观层面上是指工农业生产过程中服务的投入或比重加大。它是产品型经济向服务型经济的转变过程,是服务型经济活动的成长并成为经济活动主导方式的发展过程及其引发的经济和社会后果。

有学者将经济服务化定义为一个过程和一定阶段。前者是指服务业占国民经济的比重不断上升的过程;后者是指服务业在国民经济中占有主导性地位的阶段。

4)服务经济的发展

现代服务经济产生于工业化高度发展的阶段,是依托信息技术和现代管理理念而发展起来的,现代服务经济的发达程度已成为衡量区域现代化和竞争力的重要标志之一,是区域经济新的最具潜力的增长点。

(1)服务经济的全球格局

服务经济在发达国家与发展中国家有着明显的差距,第二次世界大战结束后,服务业在西方发达国家快速兴起。美国、英国、法国、日本、德国、加拿大等国家无论是服务业产值在GDP中的比重,还是服务业就业人数在全社会就业总人数中的比重均超过或接近70%,其中部分国家如美国已经接近80%。事实证明,当今的发达国家均已进入了服务经济时代。在这些国家中,服务业(第三产业)已经超越农业(第一产业)、工业和建筑业(第二产业)成为主要的产业部门,成为社会财富的主要创造者。而我国服务业的发展相对处于比较滞后的状态,2014年,我国服务业产值在GDP中的比重为50.5%,这个比重远远低于其他发达国家。就服务业中的就业者占全部就业者的比重来看,这个比重处于逐年增加的状态,在2015年比重达到42.4%,离服务经济时代还有较大距离。

(2)服务经济的发展趋势

尽管服务经济水平在各国发展的并不平衡,但服务经济在不断发展变化的过程中,呈现出特定的发展趋势,当前服务经济发展的趋势如下:

①初级向高级发展:

第一阶段(农业经济时代):以生活服务业为主。

第二阶段(工业经济时代):以生产性服务业为主。

第三阶段(服务经济时代):以社会服务业为主。

②从传统向现代发展:服务业内部结构"知识化""融合化"趋势明显;服务产出成为经济发展与运行的关键要素,飞速发展成为基本现象;高端服务业越来越向少数中心城市集聚。

③体验经济可能成为服务经济发展的高级形态:科技成果转化为生产力水平不断提高;是人类需要层次升华的必然趋势;产品与服务的有机结合。

1.1.2　服务经济的特点

自 20 世纪中期以来,世界经济结构发生了深刻的变革,长期占据主导地位的制造业在西方国家国民经济中的比例日渐降低,而各类新兴、门类繁多的服务部门蓬勃发展,全球经济正在进入服务经济时代。服务经济在发达国家与发展中国家的发展状况不尽相同,但总体来看,服务经济在各国的发展呈现出一些重要的特点。

1) 服务经济活动引领全球经济发展、成为财富主要创造者

随着全球经济由工业经济向服务经济转型趋势进一步加快,发达国家已完全确立了服务经济的产业结构。在经济合作与发展组织(Organization for Economic Co-operation and Development,OECD)的 30 个成员国中,其服务业占 GDP 的比重均达到了 70% 以上,即使是发展中国家也纷纷向服务经济的产业结构转型。

从不同国家来看,发达国家服务业的产值占 GDP 的比重一般为 60%~80%,中等发达国家为 50%~60%,发展中国家也达到了 40% 左右。在过去的 20 年中,西方发达国家服务业占GDP 的比重每年都以 2%~5% 的速度递增。世界银行的数据表明,人均收入在达到 1 000~1 500美元之前,服务业发展最迅速,将占到 GDP 比重的 40%~50%;人均收入为 1 000~6 000美元,服务业比重相对稳定在 50% 左右;6 000 美元以上服务业重新加速增长,占 GDP的比重达到 60% 以上。因此,在全球范围内服务经济活动正在成为越来越多的国家社会财富的主要创造者,成为引领和推动全球经济发展的主要动力。2013 年全球主要国家服务业比重一览表,见表 1.2。

表 1.2　2013 年全球主要国家服务业比重一览表

指标 年份 国别	服务业增加值占国内生产总值比重/%		人均国民总收入/美元	
	2000 年	2013 年	2000 年	2013 年
全球平均	66.7	70.2[①]	5 386	10 564
中等收入国家	50.6	55.0	1 254	4 721
中等偏上收入国家	51.7	55.6	1 918	7 540
高收入国家	70.3	74.0[①]	22 597	39 312
中国	39.0	46.1	920	6 560
印度	51.0	57.0	463	1 560
俄罗斯	55.6	59.9	1 770	13 860

续表

指标 年份 国别	服务业增加值占国内生产总值比重/%		人均国民总收入/美元	
	2000 年	2013 年	2000 年	2013 年
美国	75.4	78.6①	48 950	53 670
南非	64.9	70.0	3 050	7 190
巴西	66.7	69.3	3 870	12 550

注:①代表 2011 年数据。

数据来源于《2015 中国统计年鉴》《2014 国际统计年鉴》。

据国家统计局数据,近年来中国服务业快速发展,对经济增长的贡献不断提升。2015 年服务业占 GDP 的比重第一次突破 50%,达到 50.5%;2016 年上半年服务业继续保持较快增长,第三产业同比增长 7.5%,占 GDP 比重达到 54.1%,对经济增长的贡献率为 59.7%,服务业正在成为支撑中国经济稳定增长的主动力。

2)服务业持续推动社会就业、就业人数大幅增加

佩蒂-克拉克定理①指出:随着经济的发展和人均国民收入水平的提高,劳动力首先由第一产业向第二产业移动,当人均国民收入水平进一步提高时,劳动力便向第三产业移动。自20 世纪 80 年代以来服务业就业比重就一直在稳步上升。服务业创造了大量就业机会,对就业的吸纳能力非常强。从世界平均水平来看,至 21 世纪初服务业就业比重将占到就业结构的 3/4 左右。部分国家第三产业(服务业)就业比重,见表 1.3。

表 1.3 部分国家第三产业(服务业)就业比重

就业占比 国家或地区	第一产业就业人数占比/%		第二产业就业人数占比/%		第三产业就业人数占比/%	
	2000	2012	2000	2012	2000	2012
中国	50.0	33.6	22.5	30.3	27.5	36.1
印度	59.9	47.2	16.0	24.7	24.0	28.1
日本	5.1	3.7③	31.2	25.3③	63.1	69.7③
韩国	10.6	6.6③	28.1	17.0③	61.2	76.4③
菲律宾	37.1	32.2	16.2	15.4	46.7	52.5
泰国	48.8	39.6	19.0	20.9	32.2	39.4

① 佩蒂-克拉克定律:劳动力分布结构变化的动力是经济发展中产业的相对收入差距。

就业占比　　国家或地区	第一产业就业人数占比/%		第二产业就业人数占比/%		第三产业就业人数占比/%	
	2000	2012	2000	2012	2000	2012
南非	15.6	4.6[①]	24.2	24.3[①]	59.4	62.7[①]
美国	2.6	1.6[③]	23.2	16.7[③]	74.3	81.2[③]
巴西	18.5	15.3[①]	21.2	21.9[①]	59.1	62.7[①]
俄罗斯	14.5	9.7[②]	28.4	27.9[②]	57.1	62.3[②]
英国	1.5	1.2	25.1	18.9	73.1	78.9
澳大利亚	5.0	3.3[②]	21.7	21.1[②]	73.3	75.5[②]

注：①代表 2011 年数据；②代表 2009 年数据；③代表 2010 年数据。

从以上数据的国际横向比较来看，目前我国服务业吸纳就业的能力还相对薄弱，服务业扩大就业的潜力还有待进一步发挥。

3) 服务贸易在国际贸易中地位急速上升

随着各国服务业的不断发展，全球服务贸易在国际贸易中的地位不断上升。全球 GDP 的 58% 来自服务业，服务贸易在国际贸易中的比重达到 25%，而且仍在继续扩大。过去 10 年，国际贸易中增长最快的不是有形商品贸易而是无形的服务贸易。服务贸易出口额 1980 年为 3 650 亿美元，1990 年为 0.95 万亿美元，到 2000 年达到近 1.5 万亿美元，2008 年已经达到 3.73 万亿美元，1980—2008 年共增长了超过 10 倍，大于同期货物贸易不足 7 倍的增长幅度。我国服务贸易进出口总额从 1982 年的 43.4 亿美元增长到 2008 年的 3 044.5 亿美元，26 年间共增长了近 70 倍，居世界位次由第 34 位上升至第 5 位，年均增速比世界同期高约 9 个百分点。我国服务贸易将在今后的 20~30 年进入高速发展时期。

4) 服务业与第一、二产业融合日益紧密

产业融合是在服务经济时代产业边界日趋模糊、不同产业发生聚合和创新的现象。在传统的制造业中引入服务因素，使单纯生产的特点得到改变。而且，服务要素的加入为制造业的产品创造了更高的附加值，更容易实现差别化竞争等。例如，汽车修理业，本应在工厂的车间里属于工业的一部分，后来就进化到道路旁，脱离工厂或工业，成为服务业的一部分。服务业与第一、二产业之间的融合越来越紧密，在旅游业中有很多体现，例如，十分火热的乡村旅游、农业旅游，将第一产业的生产物作为旅游吸引物，吸引大批游客前往参观和体验，还有工业旅游、科技旅游等。这些类型的结合不仅丰富了旅游服务的内容和形式，同时拉动了第一产业和第二产业的二次革新发展，因此，服务业与第一、二产业之间的产业融合趋势是不可逆转的，未来也会越演越烈。

5）服务业内部结构升级转型明显

在服务经济形成与发展的过程中,服务业发展出现了明显结构性变化和升级趋势。一方面,传统的商品流通、个人消费服务行业在国民经济及服务业内部的地位出现了明显的下降;另一方面,服务业从劳动密集型转向知识密集型,知识、技术含量高的现代服务业逐渐占据服务业的主导地位,例如,以金融、信息、研发为代表的生产性服务业和以教育、文化、医疗等为代表的知识型社会服务业,成为服务业乃至整个国民经济中增长最为迅速的行业。从产业的投入要素看,农业主要受自然资源要素约束,制造业主要受物质资本要素约束,传统服务业主要受劳动力要素约束,而现代服务业从业人员所具有整体上的高学历、高职称、高薪水特征,说明现代服务业主要受人力资本要素约束。劳动者技能和技巧,具有同物质资本一样的可积累性,被称为现代经济最重要的人力资本。高质量的经济增长主要来源于人力资本存量的有效积累。服务业内部结构升级从本质上看是人力资本逐步取代物质资本主导经济增长的集中表现,这种升级受经济发展、分工深化和技术进步的驱动。

1.2 休闲体验与旅游服务

1.2.1 休闲体验的概念

英文"Leisure"一词来源于法语,法语来源于希腊语和拉丁语。在希腊语中"休闲"为"Skole",拉丁语为"Scola",意为休闲和教育,认为发展娱乐从中得益,并与文化水平的提高相辅相成。亚里士多德在他的《政治学》一书中曾提出这样一个命题:"休闲才是一切事物环绕的中心。"在马克思眼中:"休闲"具有两层含义:一是指"用于娱乐和休息的余暇时间";二是指"发展智力,在精神上掌握自由的时间",是"非劳动时间"和"不被生产劳动所吸收的时间",它包括个人受教育的时间、发展智力的时间、履行社会职能的时间、进行社交活动的时间、自由运用体力和智力的时间。

休闲是现代社会的产物,它发端于欧美,19世纪中叶初露端倪。它是在科学技术的不断发展,人们对生活质量要求不断提高的背景下适时而生的。尽管它还是一个年轻的词汇,但已显示出强有力的生命力和极大的发展空间。休闲一诞生,就注定与服务业有诸多关联。

现代服务业越来越以消费者的需求为导向,而休闲体验、旅游观光正是21世纪需求增长最快的领域,旅游业是各国经济发展中一个至关重要的组成部分,在增加区域收入和扩大就业机会等方面有着巨大的潜力,甚至可以说旅游服务占据了现代服务业的主导地位。

2013年2月18日,国务院颁发了《国民旅游休闲纲要（2013—2020年）》（以下简称为"《纲要》"）,《纲要》提出国民旅游休闲发展目标:到2020年,职工带薪休假制度基本得到落实,城乡居民旅游休闲消费水平大幅增长,国民休闲质量显著提高,与小康社会相适应的现代国民旅游休闲体系基本形成。此次颁布的《纲要》正式将国民的休闲需求提上日程,随着带薪休假制度的落实和国民休闲意识的进一步提升,将推动旅游消费和休闲体验水平。休闲体验将成为国民日常生活的一项不可缺少的组成部分。

1.2.2　旅游服务的概念

1) 旅游服务的对象是旅游者

旅游服务是服务的一个专门领域,它与一般服务的区别主要在于服务对象的不一样,旅游服务针对旅游者和有潜在旅游需求的群众。因而旅游服务是指旅游服务人员通过各种设施、设备、方法、手段、途径和"热情好客"的种种表现形式向旅游者提供的能够满足其生理和心理的物质与精神的需要过程中,创造一种和谐的气氛,产生一种精神的心理效应,从而触动旅客情感,唤起旅客心理上的共鸣,使旅客在接受服务的过程中产生惬意、幸福之感,进而乐于交流、乐于消费的一系列活动,包括吃、住、行、游、购、娱 6 个方面。在这个过程中,旅游者从各种旅游服务中得到旅游经历和感受。

2) 旅游服务与旅游产品不可分离

旅游服务是构成一个旅游产品的最重要的组成部分。从旅游者的需求角度看,大多数认为旅游产品就是旅游者获得的旅游经历,而从旅游供给的角度来看,旅游产品是旅游目的地或旅游企业为满足旅游者的需要而向旅游者提供的各种接待条件和相关服务的综合。完整的旅游产品,一般来说,包括旅游核心吸引物(旅游资源)、旅游交通服务、旅游住宿、餐饮、娱乐、购物服务以及旅游相关组织提供的服务。所以说,旅游产品离不开相关的旅游服务,旅游服务是否周全,是否能够迎合旅游消费者的心理诉求,是旅游者是否满意旅游产品的一个重要参照物。

旅游服务有时候就是旅游产品。美国学者肖斯纳克(Shostack)的观点,现实生活中很少有供应产品是完全无形或有形的,从服务管理的角度来看,很多学者都按照产品的有形或无形的程度来区别是否是服务。服务设施设备,有形环境常被认为是服务活动赖以进行的有形资源,是作为一种资源要素参与服务生产的,在这种情况下,我们可以认为旅游产品即表现为旅游服务。

3) 旅游服务内容涵盖极其广泛

旅游服务是一个错综复杂的综合体,涉及了服务业的三大基本类别:消费型服务、生产型服务和社会型服务。接待旅游者的过程中所提供的各种服务,主要包括接机、住宿、吃饭、保险、景点讲解、紧急情况处理、救助、导购和组织管理方面的劳务活动。通过旅游服务活动,使旅游资源、旅游设施成为人们享受和消费的对象,从而创造出一种满足人们旅游需要的特殊使用价值。

从服务活动的功能性质及其与整体经济、其他产业之间的关联性来看,国际上通常将服务业划分为 4 类,即个人服务、公共服务、生产者服务及流通服务。

表 1.4　服务业功能性分类

服务活动的性质	服务类别	服务内容
最终需求服务 (消费型)	个人服务 (Personal Service)	家庭服务、住宿餐饮、理发美容、娱乐休闲、其他个人服务 (房地产、零售业)
中间需求服务 (社会型和生产型)	公共服务 (Social Service)	政府行政服务、医疗卫生、教育文化、福利、非营利机构和 社会团体
中间需求服务 (生产型)	生产者服务 (Business Service)	工程建筑服务、研发设计、信息及数据服务、租赁和商务服 务、技术服务、会计、法律、管理咨询、广告、房地产、其他经营 服务、金融保险
	流通服务 (Distribution Service)	交通运输、批发贸易、通信邮电、商品零售(金融、保险)

由表 1.4 可知,首先按照服务活动的性质分为最终需求服务和中间需求服务,其中最终需求服务体现在个人消费,而中间需求服务一般表现为社会需求和生产加工需要。个人消费服务为个人日常生活中产生的服务消费活动,常见的有家庭服务、住宿餐饮、理发美容、娱乐休闲等;公共服务是为社会大众提供服务,主要有政府行政服务、医疗卫生、非营利性机构和社会团体等。旅游服务一般涵盖了表中的 3 种类型的服务,旅游服务接触面广,不仅涉及吃、住、行、游、购、娱,还涉及社会公共服务、公共交通服务、金融保险以及运输服务等。

1.2.3　旅游服务系统

旅游服务本身是一个错综复杂且无限循环的系统,用系统论的方法可以更好地理解旅游服务的本质以及内在的构成要素。按照旅游活动的开展,旅游服务系统一般可分为客源地服务系统、出行服务系统、目的地服务系统以及支持服务系统四大子系统,如图 1.1 所示。

1)客源地服务系统

客源地服务系统是指旅游客源地提供给旅游者出行前的一切旅游服务,包括确保旅游活动顺利地进行所做的一切前期准备以及旅游者结束旅游活动返回客源地时提供的一系列售后服务。客源地服务系统中主要涵盖了预订服务、咨询服务、信息服务等。旅游者一般通过旅行社、旅游电子商务网站以及在线旅游服务商咨询相关旅游产品信息,并与其产生旅游交易,达成旅游合同等,或者只是寻求帮助,获得一些必要的建议和信息,从而安排

图 1.1　旅游服务循环系统

自己的旅游行程。例如,目的地的安全情况、天气、温度以及道路的畅通情况等。

2) 出行服务系统

出行服务系统主要是指帮助游客实现客源地与目的地之间连接的旅游服务,主要可分为旅游交通服务和其他旅行服务两大类。旅游交通服务体现在出行过程中,通过各种类型的交通工具为旅游者提供的运输服务,主要有航空服务、铁路服务(火车、动车、高铁等)、公路服务、水路服务(轮船、豪华游轮等)。每一种服务类型都有自己的优缺点,而每一种服务又有着不同的作用。例如航空服务,现在越来越流行的小型飞机观光旅游,大多采用小型直升机,即为游客提供交通运输服务,同时也是作为一项旅游体验产品。游轮同样具有类似的功能,船既作为交通工具提供服务,同时又是旅游产品中不可缺少的部分。

出行服务系统中还包含一些其他辅助旅行服务,例如,交通保险服务、外汇兑换服务、机场免税购物服务等,他们为旅游者的出行提供便利和保障。

3) 目的地旅游服务系统

目的地旅游服务系统是指满足游客在目的地逗留期间的多种需求而提供的一系列旅游服务,主要包含吃、住、行、游、购、娱 6 个要素的服务。例如,旅游者到达某旅游目的地后,首先需要入住酒店解决住宿问题;其次旅游过程的一日三餐以及在旅游目的地各景点之间的交通服务、景点提供的导游服务以及娱乐购物服务等。

另外,旅游目的地的信息服务业逐渐成为目的地旅游服务系统中的重要组成部分,随着散客旅游时代的到来,更多游客选择来一次随性的“说走就走的旅行”,出发之前并没有参与旅游团,没有导游或专业的咨询人员去提供可靠的旅游行程和线路,而更多的是靠自己去发现设计,因而目的地的旅游信息中心就显得格外重要,旅游信息提供的是否准确及时,直接影响了游客的旅游体验质量。目前,全国展开的智慧旅游正是完美诠释了旅游信息的重要性。

4) 支持服务系统

支持服务系统主要是指为游客开展旅游活动提供支持和保障的一系列基础性服务和其他支持性服务,大致包括城市市容美化和环境卫生治理、道路交通系统、城市安保系统、市民生活的水电热气供应等基础性服务以及海关服务、银行服务、医疗保健服务等其他支持性服务,这些不仅是当地居民生活所必需的,也是游客完成旅游活动可能会涉及的,同时向旅游者提供服务的旅游企业在经营活动中也必须使用的。因此,没有支持服务系统提供的各种基础性的服务,旅游活动无法顺利进行,旅游企业无法招揽顾客。

【延伸阅读】

令世界瞩目的中国旅游黄金年代已经来临

2016 年 10 月 18 日,国家旅游局数据中心发布的《2015 年中国旅游业统计公报》显示,2015 年,我国旅游业平稳快速发展。国内旅游人数 40 亿人次,收入 3.42 万亿元人民币,分别比上年增长 10.5% 和 13.0%；中国公民出境旅游人数达到 1.17 亿人次，旅游花费 1 045 亿美元，分别比上年增长 9.0% 和 16.6%；全年实现旅游业总收入 4.13 万亿元人民币，同比增长 11%。全年全国旅游业对 GDP 的直接贡献为 3.32 万亿元人民币，占 GDP 总量比重为 4.9%；综合贡献为 7.34 万亿元人民币，占 GDP 总量的 10.8%。旅游直接就业为 2 798 万人，旅游直接和间接就业为 7 911 万人，占全国就业总人口的 10.2%。

根据国际旅游组织（International Tourism Organization）的数据，2015 年，中国游客的海外旅游消费超过 2 150 亿美元，比 2014 年增长 53%，成为全球最大出境游市场，已超过西班牙全国 GDP。中国国内旅游、出境旅游人次和国内旅游消费、境外旅游消费均列世界第一，令世界各国瞩目。受全球经济不景气的影响，世界上众多国家纷纷向中国伸出橄榄枝，通过免签或落地签证、旅游购物免税等优惠政策，积极欢迎和招徕中国游客到访，在他们眼中，出手大方的中国游客仿佛是振兴旅游地经济的救星。

本章小结

- 服务经济定义为："以知识、信息和智力要素的生产、扩散及应用为经济增长的主要推动力，以科学技术和人力资本的投入为其核心生产方式，以法治和市场经济为其制度基础，经济社会发展主要是以服务产品的生产和配置为基础的经济形态。"

- 旅游服务是指旅游服务人员通过各种设施、设备、方法、手段、途径和"热情好客"的种种表现形式向旅游者提供的能够满足其生理和心理的物质与精神的需要过程中，创造一种和谐的气氛，产生一种精神的心理效应，从而触动旅客情感，唤起旅客心理上的共鸣，使旅客在接受服务的过程中产生惬意、幸福之感，进而乐于交流，乐于消费的一系列活动，包括吃、住、行、游、购、娱 6 个方面。在这个过程中，旅游者从各种旅游服务中得到旅游经历和感受。

【案例讨论】

地中海俱乐部的特色服务

2015 年，新近被复星集团收购的地中海俱乐部堪称是世界上最大的旅游组织，在旅游度假行业中家喻户晓，每年的客户达 160 万人。这不仅因为它历史悠久，同时也因为它别出心裁的服务和给客户带来的独特度假体验。

1950 年，Belgian Gerard Blitz 成立地中海俱乐部小型旅游公司，目的是使人们有机会回归大自然。地中海俱乐部可供游客选择的有遍布世界各地的 98 处度假村和两艘豪华游轮。地中海俱乐部所提供的服务独具特色，其标榜的"不穿衣服，忘掉时间"的经营理念为我们描绘了一个美好的愿景目标：把人们带入天堂一般的度假地，那儿没有日常生活的烦恼，人们可以尽情放松自己,在这些梦境一般的地方,社会差别消失,人们可以享受到充分的自由。在地中海俱乐部可以挑选门类众多的活动、饮料和食品,另外,俱乐部还进行市场调研以了解不同国家游客的特别需求。在这些调研的基础上,每个度假村都制订出了一个标准的发展规划。

俱乐部还为不同年龄的孩子安排了一些专门的"迷你"型俱乐部活动。这样,父母就可以带着孩子一起来玩。另外,地中海俱乐部计划在20年之内建立并完善一个记忆卡服务系统。记忆卡服务系统会记录下每一位顾客的喜好以及平时所需物品,通过这种方式,游客可以在家选择所喜欢的旅游种类(如夏游或冬游),而旅游公司则可以为游客选择一个旅游地。在这种旅游条件下,游客可以不带任何行李,全身心享受俱乐部带来的贴心服务。

案例评析:地中海俱乐部以优质的旅游体验闻名,其独特的旅游服务理念是其成功的关键,俱乐部不断实行旅游服务创新,同时注重服务品质提升,其记忆卡服务系统,为每位顾客量身定做了旅游体验和生活服务,使顾客对度假没有丝毫担心,非常放心地把自己和自己的旅游交给俱乐部,这样一种区别于其他竞争企业的新服务理念成为了吸引众多顾客前往的源动力。在旅游景观和旅游服务日趋同质化的今天,进行旅游服务创新,提高旅游服务质量就显得尤为重要。

第 2 章
旅游服务产品与服务质量概述

【教学目标与要求】

- 了解什么是服务、服务产品,以及两者之间的逻辑关系。
- 掌握服务的特征和服务的分类。
- 对旅游服务有一定认识,弄清旅游服务的特征有哪些。
- 学习区别现实生活中服务与有形产品。
- 挖掘旅游服务的产生和发展带来的现实意义。

【关键词】

服务产品;服务质量;旅游服务。

【案例导入】

体验酒店"机场管家"服务

2004 年 5 月 13 日,一架从上海方向飞来的航班降落在首都国际机场。

旅客们陆续步入出舱口,等候在出舱口的嘉里中心的机场客服经理尤先生一眼就看到了要接的客人,马上迎了上去,同客人进行了简单的交流后,带客人离开了。

2 分钟后,凯宾斯基饭店的机场服务尤经理、BGS 接待人员也看到了他们的客人——来自德国的克劳斯先生。克劳斯先生远远笑着朝他们招手,同时尤经理和 BGS(北京空港航空地面服务有限公司)工作人员陈小姐也热情地问候克劳斯先生,三人边走边聊,很像多日不见面的老朋友。可能是因为时间紧,克劳斯先生一边与尤经理说"Bye-bye",一边径直朝前走。陈小姐在后面的行李传输带上帮克劳斯先生收取完行李后,迅速追随着克劳斯先生的脚步,将他送往与凯宾斯基饭店的司机约定好的停车位。从克劳斯先生走入到达大厅,到他走出大厅,整个接待过程不超过 5 分钟。

尤经理作为凯宾斯基饭店的工作人员,本来并没有进入到达大厅内部的权利,有此权利的是机场的地面服务公司,BGS 就是其中一家,它是首都机场与新加坡 SATS 公司合资经营的一家专门承接机场相关服务的公司。而尤经理作为酒店的机场客户代表,就能与其合作公司 BGS 的工作人员共同到达出舱口。因为凯宾斯基饭店与该公司签订了合作协议,就可充分利用双方的资源优势,将饭店的服务延伸到机场出舱口。虽然说这个服务只需要几分钟,但它带来的已经不仅是经济效益,无形中已把饭店的形象和理念展示给了客人,提高了客人的认知度。此番接待的这位克劳斯先生,据说曾经是德国不来梅市的一位高级政府官员,是凯宾斯基饭店的常客。这回他带来的是一个来华访问团,随团来的客人对于饭店周到细致的服务表示惊叹。其实早在这个项目还在商议阶段时,凯宾斯基老总就对此项服务充满了信心,他还亲自和夫人一起感受了这个服务,各位董事也都亲自去机场体验了一下,一致认为可行性很高,客人到北京的第一站就是机场,而饭店的服务从机场就开始了。

据了解,到目前为止,在首都机场已有凯宾斯基、中国大饭店、京瑞大厦和嘉里中心酒店与机场相关服务的不同公司签了约,使这4家酒店的服务从客人一走出机舱口就开始了。

中国大饭店把机场与饭店之间的服务称为"机场管家"。据中国大饭店公关部介绍,只要预订了该酒店的机场轿车接送服务,就可免费享受机场管家服务。其中轿车机场接送服务单程是380元人民币(46美元),每增加一位客人加收50元人民币。这种服务最大的特点是"方便、快捷、安全",客人一下飞机就能看到专门的迎接人员已经等在那里,他们会帮助客人办理入境手续、行李检查和通关事宜,不仅避免了时间的浪费,同时又能保证客人的安全,也不会因为语言不通造成不便。能够体验这种服务的往往大多以商务客人为主,他们是一群非常注重服务质量的高品位者,体验过的客人都非常满意,频频竖起大拇指。有些客人甚至与接待人员成了朋友,没有宾客与服务人员的距离感和生疏感。

这4家酒店的接待流程大致相同。以凯宾斯基饭店为例,他们所接待的客人都要在出发前与饭店方面预订妥当。预订部和礼宾部员工每天会把预订此项服务的客人名单和详细资料记录下来,交给机场代表,再由机场代表通知合作方BGS公司的工作人员,机场代表负责监督BGS接待人员的工作情况。

在准备接机服务时,机场工作人员会手持写有kempinski标志以及客人名字的牌子等候在飞机舱口,确定客人身份后,协助客人办理各项手续并提取行李,同时通知饭店机场代表,机场代表通知饭店司机在预定地点接客人上车,然后继续由机场工作人员把客人送到车上,车内司机及时通知酒店作好准备工作,酒店的客务关系员会在饭店门口迎接客人,并引领客人办理入住手续。

在进行送机服务时,酒店礼宾部的员工会及时为客人提供健康申报卡、出境卡和机场建设费等,然后通知机场代表需要送机服务的客人情况,机场代表负责通知BGS工作人员做好准备工作。BGS工作人员在预定地点接到客人后,协助客人办理登机、安检等手续,将客人送到休息室或登机口。接送客人的硬件配备非常完善,一般都是使用高级轿车,并且派经验丰富的司机负责驾驶。

即使有时因为其他航空港的原因造成失误,如行李未随机而来或者丢失等状况,客人只需将基本情况与饭店的机场代表说明,就可由饭店方面来负责协调。客人的行李未随机的,机场代表负责与对方航空港联系,在约定送达后进行接收,然后亲自送到客人手里;对于丢落物品的客人,机场代表会尽量与有关方面进行协调、调查,最大限度地保证客人出行的安全。

案例评析:"机场管家"是酒店服务的第一印象,凯宾斯基酒店在"机场管家"服务上可谓精益求精,针对顾客需求,把每一个细节做到极致,赢得了客人的一致好评,从而真正树立起自身特色服务的市场品牌。

2.1 服务的概念

2.1.1 服务的定义

"服务"一词,在汉语字典里"是指为他人做事,并使他人从中受益的一种有偿或无偿的活动。不以实物形式而以提供劳动的形式满足他人某种特殊需要。"顾名思义,可以看出,服务的对象是他人,目的是满足他人的需要。

关于"服务"的定义,最早是 1960 年美国市场营销协会(The American Marketing Association,AMA)提出来的,认为服务是:本质上不可感知和不涉及实物所有权转移,但可区分、界定和满足欲望的活动。该定义明确了服务是可以通过有偿活动或购买一件相关产品(如售后服务)中获得的,但它并没有将服务与有形产品完全区分开来,因为某些有形产品也是消费者从购买商品中获得的利益。

美国著名营销学家菲利普·科特勒(Philip Kotler,1983)认为,服务是一方能够向另一方提供的基本上是无形的任何功效和利益,并且没有导致任何所有权的发生。它的生产可能与某种有形产品密切联系在一起,也可能毫无联系。

格罗鲁斯(Gronroos,2000)提出服务是由一系列或多或少具有无形性的活动构成的一种过程,这种过程是在顾客与员工、有形资源的互动中进行的,这些有形资源、有形产品或有形系统是作为顾客问题的解决方案提供给顾客的。

ISO 9000 对服务的定义(1995 年 8 月实施),服务是为了满足顾客的需要,在与顾客的接触中,服务提供者的活动和活动的结果。其中还有关于服务定义的 4 条注释:在接触中,服务提供者和顾客可由人员和设备代表;对提供一项服务来说,与服务提供者接触的顾客的各种活动可能很重要;实体产品的提供可能成为服务的一部分;服务可与实体产品的职责和供应结合起来。

本书中的服务是指用以交易并满足他人需要,本身无形和不发生所有权转移的活动。

【知识链接】

AMA 对"服务"的定义

服务是指由卖方向买方执行的活动,在其交换过程中伴随着销售的产品和相关援助,例如,修鞋,融资。服务是商品预售或售后的补充产品,是销售过程的产物。美国市场营销协会将服务定义为"出售或提供的与所售商品相关的活动、利益和满足感"。

2.1.2 服务产品的界定

1）服务与产品相互依赖、无法分离

从服务的定义中可以发现，服务与产品之间是无法完全分离的，大多数的服务过程与实体产品都存在依赖或互动关系。例如，生活中最常接触的牙膏、毛巾等，它们都是有形产品。又如附带服务的有形产品，如电子产品、汽车、房产等，以及纯服务，如心理咨询、金融服务等。服务在一定程度上依赖于有形资源才能顺利开展，例如，酒店的服务与客房、餐厅都有关系，银行的服务与银行营业厅以及各种设施设备有关。

我们将日常生活中接触较多的服务产品进行对比研究，将其中的无形因素和有形因素分解，按照服务产品所含有的有形因素的比重进行排列（图 2.1）。心理、法律等咨询服务居于最顶端，因为他们以无形服务为主，所包含的有形因素较少或几乎没有。而放置在下面的汽车维修服务，需要以技术和大量维修工具为支撑，有形元素参与比重大。

图 2.1 产品与服务的连续图谱

2）服务产品的定义

关于服务产品的定义描述最早来自于美国市场营销协会 AMA（The American Marketing Association）：服务产品，如银行贷款或家庭安全，这是无形的。服务产品往往很难识别，因为它们在同一时间被购买和消费，生产与消费是不可分割的，通常包括客户参与，还有无形的元素：没有所有权转让，没有标签。

服务产品是指不具有实体，而以各种劳务形式表现出来的无形产品。可区分为以设备为基础的服务产品和以人为基础的服务产品两部分。服务产品具有无形性、不可分离性、易逝性、可变性、相互替代性等特性。因此，提供此类产品的企业应加强服务质量管理，提高服务人员综合素质，以提高企业的知名度和美誉度；定位更为灵活；多倾向于顾客导向定价；直销和经由中介机构销售较多采用；正确利用人员推销和广告。

图 2.2 服务产品的基本特性

概括而言，服务产品大都具有如图 2.2 所示的 6 项基本特性：

（1）不可感知性（Intangibility）

不可感知性是指与有形的消费品或产业用品比较，服务的特质及组成元素往往是无形无质的，让人不能触摸或不能凭肉眼看见其存在。这一特性使得服务不易于评价和验证。

（2）不可分离性（Inseparability）

不可分离性是指服务的生产过程与消费过程必须同时进行，因此，顾客只有参与到服务生产过程中才能最终消费到服务产品。这种特性使得服务业比较分散和本地化。

（3）差异性（Heterogeneity）

差异性是指服务的构成成分及其质量水平经常变化，很难统一界定。服务无法像流水线生产的产品那样标准化，服务产品都会因为每一位服务提供者的经验和阅历不同而产生差异，同一位服务提供者也不能保证每次提供的服务产品是同样水准的。

（4）不可储存性（Perishability）

不可储存性是指服务企业无法在市场淡季时，将多余的服务产品储存起来以弥补旺季的供不应求。这一特性要求服务企业必须解决由缺乏库存所引起的产品供求不平衡问题。

（5）缺乏所有权（Absence of Ownership）

缺乏所有权是指在服务的生产和消费过程中不涉及任何东西的所有权转移。这一特性，导致了服务产品的易模仿性，服务企业必须紧跟市场风向，不断推陈出新，以抢占市场先机。

（6）顾客参与性（Customer Participation）

顾客参与性是指服务产品的生产过程中，消费者必须参与其中，正因如此，"顾客"的行为举止对服务体验效果产生了非常大的影响，从而加大了服务产品的不稳定性，因此，服务提供者与顾客之间的沟通互动十分重要，准确无障碍的交流是服务产品生产成功的保障。

2.2　服务的特征

服务与生俱来就是拥有自己不一样的独特"性格"。美国学者菲茨西蒙斯（J. A. Fitzsimmons，2003）认为，服务具有以下特征：

①服务顾客参与服务过程；

②顾客的知识、经验、动机等都会直接影响服务系统的效果；

③服务的生产和消费同时发生，服务不能储存；

④服务是开放系统，受传递系统中需求变化的全面影响；

⑤服务随时间消失，服务是易消逝的商品，服务需求具有周期性；

⑥服务场所的选择取决于顾客；

⑦服务具有无形性；

⑧服务没有统一的标准，服务的产出衡量困难。

为了大家更好地理解服务这种特殊的活动，我们将有形产品的典型特性与服务简单进行比较，见表2.1。

表 2.1　服务与有形产品之间的特征对比表

有形产品	服　务
实体	非实体
形式相似	形式相异
生产、分销不与消费同时发生	生产、分销与消费同时发生
一种物品	一种行为或过程
核心价值在工厂里被生产出来	核心价值在买卖双方接触中产生
顾客一般不参与生产过程	顾客参与生产过程
可以储存	不可以储存
有所有权转让	无所有权转让

关于服务的特征或特性,目前大致有以下几种解释:

1)服务具有无形性

区别服务与有形产品的最典型特点是服务的无形性,服务是看不见、摸不着的,是非物质的。服务作为一种活动,它可能与服务生产者的"真实活动"相分离,并以物质产品作为载体,如饭馆提供的菜品,歌唱家的唱片等;它也可能始终与服务生产者的"真实活动"相结合,如医生、教员以及客运旅店等提供的服务都属于这种服务。

2)服务具有生产与消费的同步性

这种特性即服务的生产过程同时也是消费过程,两者在时间上和空间上不可分割。而且,消费者必须直接参与到生产过程中来,与服务提供者发生联系,如理发师的理发活动,理发师(服务生产者)从接触顾客(服务消费者)头发那一刻开始提供理发服务,顾客也同时消费他(她)的服务。虽然,有些服务的生产和消费在空间上可能是分离的,如饮食业的服务,饭菜在厨房烹制,顾客在店堂里吃饭。但事实上,顾客从走进饭店和点菜开始就在消费服务,可见这类服务的生产和消费依然是同时发生的。

3)服务具有不可储存性

服务是不能像有形产品那样储存起来,这一特征也称服务的易逝性,某些服务的价值只存在于服务的"真实瞬间"之中,对于某些批量生产出来的服务如果没有当时消费掉,就会造成损失(如车、船的空位,旅馆的空房间,剧院的空位等)。需要注意的是,服务的不可储存性是对"真实活动"的储存,真实活动只有与服务生产者或生产商同在。

4)服务具有多变性

服务消费是以不同的顾客为中心,服务生产是不同服务人员为不同的顾客提供同一种服务。由于不同顾客的感知不同,不同服务人员提供的服务品质也不同;同一个服务人员在不同的生理和心理状态下提供的服务也会有所不同。如同是欣赏一台歌舞晚会,有人津津乐道,有人却昏昏欲睡;同是聆听一个老师的讲授,有的人茅塞顿开,有的人却不知所云。正如专家所言,消费者的知识、经验、诚实和动机,影响着服务行业的生产力。

2.3　服务的分类

对于服务的分类有很多种,有从不同的角度、不同的层次以及不同的服务内容对服务进行分类,主要了解以下几种分类方式:

2.3.1　按服务的性质分类

按服务层次从低到高的顺序依次是流通服务、生产和生活服务、精神和素质服务、公共服务。服务按性质分类及示例见表2.2。

表2.2　服务按性质分类及示例

服务类别	示　例
流通服务	零售、批发、仓储、运输、交通、邮政、电信
生产和生活服务	银行、证券、保险、房地产、装潢、租赁、技术服务、职业介绍、咨询、广告、会计事务、律师事务、旅游、餐饮、娱乐、美容、修理、洗染、家庭服务
精神和素质服务	文艺、教育、科学研究、新闻传媒、博物馆图书出版、体育、医疗卫生、环境卫生、环境保护、宗教、慈善事业
公共服务	政府机构、军队、检察院、法院、警察

2.3.2　按服务主客体关系分类

理查德·B.蔡斯(Richard.B.Chase,1981)依据服务提供者与服务对象的关系分类维度,将服务分为3类,即高接触性服务、中接触性服务及低接触性服务。这样分,便于将高接触性服务从中低接触性服务中分离出来,以便采取多样化的服务营销策略满足高接触性服务对象的需求,但是分类过于粗略。

2.3.3　按服务过程矩阵分类

施米诺(Schmenner,2004)以服务的交互定制化程度与劳动密集程度作为评价维度,构建了一个 2×2 的服务分类矩阵,将各种类型的服务划分为专业服务、大众服务、服务作坊和服务工厂 4 类,如图 2.3 所示。

交互及定制程度

	低	高
低 劳动力密集程度 高	**服务工厂:** ● 航空公司 ● 运输公司 ● 旅馆 ● 度假胜地与娱乐场所	**服务作坊:** ● 医院 ● 机动车修理厂 ● 其他维修服务
	大众化服务: ● 零售业 ● 批发业 ● 学校 ● 商业银行的零售业务	**专业服务:** ● 医生 ● 律师 ● 会计师 ● 建筑师

图 2.3 服务过程矩阵分类

施米诺认为,服务工厂将是服务业发展的趋势,如传统意义上的家具商店提供从接到订单到交付家具耗时较长完服务变动程度较小的大众化服务,而宜家则通过专业的设计系统和制造系统的创新,成为服务耗时短、标准化程度高的服务工厂。联邦快递通过自有飞机将货物传到世界各地,大大缩短了传统意义上货物运输服务所需的时间。以麦当劳为代表的快餐店则代表了餐饮服务业向服务工厂方向发展的趋势。

2.3.4 按服务过程矩阵分类

美国服务营销学家拉夫洛克(Christopher Lovelock)将服务分类同管理过程结合起来,目的是通过分类概括出不同行业中服务的共同特征,他从营销的角度对服务提出了以下 10 项分类标准,见表 2.3。

表 2.3 拉夫洛克服务的分类标准

服务分类标准		服务行业举例
1.服务的直接对象	人	保健、美容、娱乐、教育、信息服务
	物	货物运输、干洗、兽医服务、银行、法律服务、保险
2.服务活动本质	无形	教育、信息服务、娱乐、银行、法律服务、保险
	有形	乘客运输、货物运输、餐饮、理发、加油、草地保养
3.服务传递性质	持续	保险、银行、警察、电台、灯塔
	间断	月票、俱乐部、出租车、邮政、电影院
4.服务关系	会员	保险、银行、月票、俱乐部、电话
	非会员	警察、广播电台、灯塔、出租车、邮政

续表

服务分类标准		服务行业举例
5.服务定制化程度	高	法律、建筑设计、家庭教育、酒店服务、零售银行
	低	大众、教育、公共保健、公共交通、器具修理、电影院
6.服务人员主观判断程度	高	法律、建筑设计、教育、公共保健
	低	酒店服务、零售银行、公共交通、器具修理、电影院
7.服务需求的波动	大	电话、消防服务、饭店、剧院、旅游交通
	小	保险、银行、法律服务
8.服务供给受生产力限制程度	大	饭店、剧院、旅游交通
	小	电话、消防服务、保险、银行、法律服务
9.服务提供的地点	单一	剧院、美发店、草坪保护、租赁、社区、电视台
	多	公共汽车、连锁店、邮政、应急修理、广播网、电话
10.服务提供者与顾客接头的方式	顾客上门	剧院、美发店、公共汽车、冷餐连锁店
	提供者上门	草坪保护、租赁、邮政、应急修理
	双方随时接头	信用卡、电视台、广播网、电话

2.4 旅游服务特征

旅游服务是现代服务的一项重要组成部分,为了更加深入地认识旅游服务这一特殊领域,我们对其特征进行解释,并探讨这些特性给旅游服务管理带来的影响。

2.4.1 旅游服务一般属性

1)无形性

旅游服务的无形性表现在:是为旅游者提供的一系列活动,而不是实实在在的物品。旅游者并不能带走旅游景区的各种设施设备,也不能带走旅游资源的一山一角,只能带走身临其境的印象和个人感受。

旅游服务的无形性增加了服务提供者满足旅游者需求的难度,旅游者只能以主观的方式来衡量或评价旅游服务的好坏。让参与购买的旅游者感受到服务的价值与价格的对等,增加了旅游企业对服务质量进行管理的复杂性。

2）精神性

旅游消费者是一种旅游经历和心理感受,旅游服务主要属于精神享受与消费,因此,相对其他服务行业而言,旅游业对服务人员的技能与沟通的综合素质具有更高要求。

3）即时性

旅游者购买的是一段时间经历,会随着服务的结束而结束,具有典型的即时性特征。旅游服务的即时性是由其无形性决定的。例如,旅游淡季时酒店未出租的客房,航空飞机上未售出的座位等。旅游服务是即时生产即时消费,其生产与消费两个过程是完全统一的。例如,酒店的服务生产是从顾客踏进酒店大门消费服务那一刻开始生产的,直到顾客离开酒店,该顾客的酒店消费服务和酒店的服务生产才会同时结束。

旅游服务的即时性给旅游服务管理者带来许多挑战:首先,顾客与服务人员之间的互动,会影响顾客对服务质量的感知;其次,旅游服务不能进行提前检验,需要靠服务人员的灵活应变来处理各种突发状况,满足各种类型顾客的多样性需求;最后,顾客更加注重服务过程,顾客由于持续参与服务的生产制造过程,因此,服务人员提供服务的方式、态度都会在一定程度上影响顾客的服务体验和经历。总之,由于旅游服务的即时特性,旅游企业无法享受到制造企业那种由于能够保持稳定的生产水平而带来的经济利益,从而加深了旅游服务供需之间的矛盾,同时也加大了旅游企业应对市场需求波动的难度。

2.4.2　旅游服务的特殊属性

1）旅游服务的异质性

旅游服务的供应者和需要者都是社会人,而人的多样性决定了在服务过程中人与人之间的相互作用会导致旅游服务的过程和结果具有十分不稳定的特征,没有两种服务是完全一致的。首先,不同的旅游服务人员提供的服务不同,因为每位服务人员自身的能力和想法不尽相同,同时服务人员是服务产品中最重要的组成部分;其次,同一服务人员在不同的时间和场合也不可能提供完全相同的服务,因为人的行为要受到其情绪、情感以及体力的影响;最后,不同顾客有着不同的服务感知,每位顾客的价值观念和背景是不同的,不同的顾客对同一服务会产生不同的服务感知和服务质量评价。

此外,还有许多因素影响着旅游服务的稳定性。例如,在旅游旺季,由于游客过多,服务人员就有可能人为地降低服务标准,以加快服务速度。再者,顾客参与服务生产过程的积极程度也有所不同,表现在是否会清晰地表达自己的需要,是否积极地与服务人员交流互动,这些都会对服务产出造成影响。在旅游企业经营中,经常有需要第三方提供服务的情况,如旅行社组织的团体报价旅游,通常需要航空公司、酒店等旅游企业为游客提供相应的服务,就更会加大旅游服务的可变性,更加难以有效控制服务质量。

2）旅游服务的情绪性

服务具有明显的情绪性化色彩,当消费者提出服务要求时,他必然期望得到满意的服务结果。虽然服务有其客观标准和规定的程序,但每一次服务的提供都是一个崭新的服务过程或服务产品。服务属一次性消费,它与物质性商品的明显区别在于消费中途不能退换。所以要求服务尽量一次成功。对服务提出的标准应是优质服务,而不应是优良服务或其他等级的服务。如果服务很差,激起消费者的不满情绪,即使企业道歉、退货、赔款,也于事无补。有些服务企业在纠纷处理的总结中提到:"由于我方的及时赔礼道歉和妥善处理,消费者对此感到非常满意……",其实这种说法完全是自欺欺人。

3) 旅游服务的综合性

与其他服务行业相比,旅游服务具有很强的综合性。旅游者完成一次旅游活动需要多个部门和行业的服务支持,旅游服务是一个综合体。其主要原因有两个方面:一是旅游消费须在一定时间段内完成,需要各种不同的服务环节紧密连接,这以组合成完整的旅游日程安排为典型。而是因为受到旅游者多样化需求的驱动,它以参加团体旅游的客人将一切事务都委托旅行社办理为突出表现。这就要求旅游服务必须具有完整性、系统性和科学性,不能有任何细微的疏忽和大意,否则会造成整个服务的失败。二是旅游服务的综合性还体现在它涉及的部门和行业众多,其中包括基本的餐饮、住宿、导游、购物、娱乐等服务,还有其他部门提供的银行、保险、外汇、海关等服务,还包括间接向旅游者提供产品和服务的行业、部门,如环保、教育、卫生、商业、市政建设等为旅游服务提供支持。

4) 旅游服务的直接性

在旅游消费中,任何一种旅游产品只有通过直接、及时的服务才能提供给旅游者。旅游服务的生产和消费是同步进行的,既生产者和消费者之间是直接的、面对面的,当面服务,当面消费,一次性完成,不能退换,使得旅游业必须对从业人员的业务素质提出相应的要求。

5) 旅游服务的艺术性

旅游是享受,服务质量对旅游者情绪会产生很大的影响,这要求服务过程中显示出艺术魅力,通过接待语言和劳动操作两个方面给人以美的享受。语言交流是消费者接触服务的最初阶段,亲切的表情、生动的语言、和蔼的语气、得体的手势,都能使消费者感到满意;许多劳动操作的熟练技巧甚至可以达到近乎艺术表演的程度,干练、利索、敏捷、轻盈的动作能使人产生音乐节奏和舞蹈造型的和谐美感。

2.5　旅游服务质量

美国著名的服务研究和咨询专家谢纳汉指出:酒店正处在"服务革命的前夜",这场革命使酒店的服务必须注重"顾客的需求""顾客的感受",按"顾客为中心"的原则,围绕"顾客高度满意"这一核心,重新思考、评价和改造以前的管理模式及实施对应的有效措施,以达到控制服务质量的目的。

2.5.1　旅游服务质量的概念

1) 服务质量的定义

服务质量是指产品生产的服务或服务业满足规定或潜在要求或需要的特征和特性的总和。特征则是用以区分同类服务中不同规格、档次、品位的概念。特性是用以区分不同类别的产品或服务的概念,如旅游有陶冶人性情、给人愉悦的特性,酒店有给人提供休息、睡觉的特性。服务质量应包括服务的安全性、适用性、有效性和经济性等一般要求。

2) 旅游服务质量的定义

旅游服务质量是指顾客在旅游活动中所体验的服务表现的总和,即旅游企业提供服务对顾客需求满足程度的综合表现。鉴于旅游服务交易过程的顾客参与性和生产与消费的不可分离性,旅游服务质量必须经顾客认可,并被顾客所识别。其内涵应包括:

①旅游服务质量是顾客感知的对象;

②旅游服务质量既要有客观方法加以制订和衡量,更多地要按顾客主观的认识加以衡量和检验;

③旅游服务质量发生在服务生产和交易过程之中;

④旅游服务质量是在服务企业与顾客交易的真实瞬间实现的;

⑤旅游服务质量的提高需要内部形成有效管理和支持系统。

2.5.2　旅游服务质量构成

旅游服务质量既是服务本身的特性与特征的总和,也是消费者感知的反应,因而旅游服务质量由服务的技术性质量、功能性质量、形象质量、关系质量和真实瞬间构成。

1) 技术性质量

技术性质量是指旅游服务结果的质量,即服务过程的产出过程中,旅游企业提供的服务项目、服务时间、设施设备、服务规范与质量标准、环境氛围等是否满足了顾客需求的程度。例如,酒店为顾客提供的客房和床位;餐厅为顾客提供的菜肴和酒水;航空公司为顾客提供的飞机、舱位等;旅行社网点设置的方便程度等。服务结果是顾客服务体验的重要组成部分,顾客容易感知技术质量,顾客对它的评价往往较为客观。

2) 功能性质量

功能性质量是指旅游服务过程的质量,即旅游服务推广的过程中,顾客所感受到的服务人员在履行职责时带给顾客的利益和享受。旅游服务具有生产和消费同时性的特征,在服务过程中发生的互动关系,必然会影响顾客感知的服务质量。功能性质量与服务人员的仪容仪表、礼节礼貌、宾客意识、服务态度、服务流程、服务技能与技巧等有关,还与顾客的心理特征、知识素养、个人偏好等因素相关。同时,服务质量还受其他外在条件或因素的影响,例如,服务现场其他顾客对服务质量的评价等。因此,顾客对功能性服务质量的评价往往表现得较为主观,具有较浓重的个人感知。

3) 关系质量

关系质量是指顾客对服务性企业及其员工的信任感和满意程度,顾客对关系质量的评价一般比较主观。为顾客提供专业服务(如会计服务)、金融服务(如保险服务)和商业服务(如广告代理服务)的服务性企业应重视关系质量。

技术性质量与功能性质量相互作用、相互影响,形成一个有机的统一体,构成了感知服务质量的基本内容。二者之间资源的合理配置有助于关系服务质量的优化。服务过程中顾客与企业进行服务接触的过程被称为"真实瞬间",这个过程是一个特定的时间和地点,是企业向顾客展示自身服务质量的重要时机。真实瞬间展示服务质量的时间非常短暂,一旦服务交易结束,时机转瞬即逝,企业也就无法改变顾客对服务质量的感知,一旦这段时间服务质量出了问题也无法补救,因此,真实瞬间也被称为"关键时刻"。在服务质量的形成过程中,旅游服务质量的内容、关系与传导方式直接影响顾客的满意度,顾客与服务人员的面对面交互的"关键时刻"造就了顾客对服务质量的真实主观评价。旅游服务质量构成的 3 个层面见表 2.4。

表 2.4 旅游服务质量构成的 3 个层面

质量层面	含　义	评价角度	示　例
技术质量	服务的技术要求和指标规定	从纯技术角度	餐桌摆台的一系列具体要求……
功能质量	服务的效果和实现的功能	从顾客感受角度	摆放的餐具是否使顾客就餐方便合用
关系质量	服务过程中客人—服务人员交往		在现场摆台过程中,服务人员的操作是否让顾客感觉得体、自在

【案例分析 2.1】

中国历史上的心理服务"大师"

清朝历史上,乾隆皇帝对大臣和珅宠遇长达 20 多年,和珅究竟凭借何种功夫,讨得乾隆皇帝欢心呢?尽管后世对和珅的专权贪腐行为不齿,但和珅在揣摩自己的终身服务对象(乾隆皇帝)的心理方面,有其过人之处,堪称心理服务的"大师"!

据《和珅列传》记载,和珅善于学习、记忆力惊人、聪明决断、办事利索、多才多艺。乾隆在《平定廓尔喀十五功臣图赞》中特别提到和珅精通满、汉、蒙、藏 4 种文字。和珅另一手腕就是投乾隆皇帝所好。乾隆喜欢吟诗作赋,和珅就下功夫收集乾隆的诗作,并对其用典、诗风、喜用的词句钻研得一清二楚,闲来还能有所唱和,令乾隆对他另眼相看。

乾隆是一个非常诙谐的人,喜欢与臣子开玩笑。因此,和珅经常给乾隆讲一些市井的俚语笑话,令龙心大悦。乾隆的母后去世时,和珅的表现最为特别,他并不是像其他皇亲国戚或大臣们那样一味地劝皇上节哀,而是默默地陪着乾隆跪泣,不思寝食,几天下来,和珅面容枯槁,仿佛自己死了亲娘一般。如此能与皇帝感同身受的,朝中可能就只有和珅一人!凡此种种,他对乾隆的脾气、爱好、生活习惯、思维方式了如指掌,可以想乾隆之所想,急乾隆之所急。这与一般的曲意逢迎、阿谀献媚有所不同。这些逢迎行为都是将心比心、悉心揣摩的结果。

案例评析:所有能打动人心的服务都是心理服务,和珅认准一个终生服务的顾客——乾隆皇帝,深入细致揣摩"顾客"的所思所想,并对其喜怒哀乐感同身受,所以最终赢得了乾隆这位天下唯一顾客的心。

2.5.3　旅游服务质量特性

1) 整体性

从总体角度来看,旅游活动具有综合性的特征,包括食、住、游、行、娱、购 6 大要素。在旅游过程中,顾客通过身体力行地与服务机构或服务人员进行接触,真实地感知各个服务环节每个"真实瞬间"的服务水平,从而形成整体旅游服务质量的评价,因而旅游服务质量体现着整体性的特征。从旅游企业角度来看,服务质量的形成需要全员的参与,不仅与顾客直接接触的服务人员会影响顾客感知的质量,其他员工(如服务辅助工作人员)也会间接影响服务质量。

2) 波动性

旅游服务质量的波动性主要表现为:一方面,旅游企业的员工在服务过程中由于自身或企业内部其他条件的影响,使每一次的服务质量不可能完全保持一致;另一方面,源于旅游服务的季节性导致服务质量存在不稳定性。在旅游旺季,顾客需求往往超过旅游企业的接待能力,服务人员超负荷的工作量势必影响服务质量的一致性。

3) 阶段性

从旅游活动的整体角度来看,旅游服务质量表现在以下 3 个关键阶段:第一阶段是顾客在客源地与组团旅行社、航空公司或异地旅游企业所发生的互动关系的质量;第二阶段是顾客在旅游目的地与相关旅游企业所发生的互动关系的质量;第三阶段是顾客返回客源地与组团旅行社或旅游目的地相关旅游企业所发生的延伸服务关系的质量。从旅游企业和顾客角度来看,由于旅游企业的职能分工以及顾客自身活动规律的过程性,也决定了旅游服务质量的阶段性。

4) 主观性

顾客对服务质量的感知主要来自于主观期望、心里感觉、个人判断等主观因素,这些主观因素往往是由文化背景、个人素养、心理偏好、个人经历等相互作用的结果,因此极有可能存在相同的服务质量得到不同顾客不同的质量评价。由于不可感知性,服务质量缺乏较为客观的评价标准,顾客的主观标准便成为重要的评价标准之一。由于不可分性,服务质量的形成必须有顾客的参与,而服务质量的感知较多地表现为顾客的一种心理体验,不可避免地带着顾客的主观烙印。

5) 有形性

有形性是指服务机构能通过组成服务的有形元素如服务场所的环境、设施、工具、人员、信息展示等向顾客展示服务的质量。主要体现服务企业有现代化的服务设施;服务设施具有吸引力;员工有整洁的服装和外套;公司的设施与他们所提供的服务相匹配。

6) 可靠性

可靠性是服务质量感知最重要的决定因素。可靠性意味着旅游企业能按照服务承诺行事,包括提供服务、解决问题、价格履行等各方面的承诺。正是由于旅游服务的不可感知性,顾客希望和信守承诺的旅游企业进行交易,以降低购买服务的潜在风险。例如,顾客希望航空公司的飞机能正点起飞按时抵达;顾客希望旅行社能按照承诺的旅游路线、食宿标准、餐饮规格提供服务。

7) 响应性

响应性是指旅游企业随时准备帮助客人,并提供迅速、有效的服务,主要体现在旅游企业服务传递系统的效率机制方面,并反映出旅游企业是否以核心设计服务传递系统。响应性意味着能对顾客的要求、询问、投诉等各项服务问题作出快捷地反应,以有效减少顾客的等候时间。例如,Hyatt 饭店针对办理登记入住的时间过长这一问题,开发了"一触即可"的自动登记系统,提前预订的客人登记时间不超过 60 秒,也只需 90 秒,使得整个登记过程便捷更省时。

8) 复原性

在发生服务过错时,如果服务机构能诚恳地认错并及时地采取补救的措施复原顾客所需的服务,就可能消解顾客的怨气,平息矛盾,转"危"为安。如一个客人预订的普通标准间,因为其他团队客人延迟退房导致不能正常办理入住手续,为此前台接待向客人道歉并安排其按原预订价享受豪华标准房,从而让顾客停止了抱怨。

2.5.4 服务质量影响要素

对旅游服务质量范围的认识有助于全面理解旅游服务质量的构成,为设计旅游服务质量评估体系与提升宾客满意度提供依据。

1) 旅游服务质量标准

旅游服务的异质性,使旅游企业必须制订严格的服务质量标准和规范的质量管理体系,才能保证持续的优质服务质量。旅游业中有公认的行业标准,可以为旅游企业的服务质量标准提供依据。例如,《中华人民共和国旅游涉外饭店星级》标准、《旅行社服务质量要求》、ISO 9000 质量认证、ISO 14000 质量认证等。旅游企业也会根据企业的经营性质和服务内容制订相应的服务标准。例如,丽思卡尔顿酒店的全面质量管理的黄金标准;IHG 集团的《假日饭店标准手册》等。旅游企业的员工按照标准化、规范化的程序提供服务时,才能保证顾客感知的服务质量基本达标。

2) 旅游服务质量传递过程

顾客参与旅游服务的生产过程,并以过程的感知结果为依据,进行服务质量的基本评价。因此,旅游服务传递系统的设计要符合顾客的活动和行为规律,并保持不同过程之间的有机衔接,以保证顾客感知的效果。另外,旅游企业需要对服务传递过程进行全面的监控,第一,要对顾客的需求作出快速反应,以更好地满足顾客的需求;第二,应加强与服务人员的沟通,及时发现服务传递系统中的问题,不断针对性地改进服务质量;第三,旅游企业还需要合理配置服务资源,增加过程的协调性和灵活性,以保证顾客对服务过程质量作出积极的评价。

3) 旅游服务质量结构

旅游服务质量结构是指旅游企业的有形设施、辅助设备和组织设计体系能否有效地满足顾客的需求。首先,服务设施和辅助设备直接影响顾客感知的技术性质量,服务设施决定了服务提供的数量,辅助设备影响服务的效率。设施设备的闲置或超负荷运转都是对服务资源的浪费,也会影响服务质量的输出。其次,组织的设计应与服务性质相适应。组织机构设计不合理,服务传递效率较低,会影响顾客对服务质量的评价。组织的柔性设计可对顾客的需求作出快速反应,并能及时解决服务现场的问题,提高服务传递的效率。最后,人员的配备也要与运营容量相适应。人员过多,服务人员之间会相互干扰,也会影响服务质量水平;人员过少,顾客等候的时间加长,势必也会影响顾客的满意度。

4) 旅游服务质量结果

旅游服务质量还需要以服务结果来衡量,通过宾客意见调查等市场调研手段,可得到顾客对服务结果是否满意的信息。常用的服务结果调研方法主要包括宾客意见表、顾客满意度调查、顾客投诉、走访 VIP 客人、大众点评网络意见搜集等。其中,顾客投诉或抱怨是反映服务质量结果的最重要指标,应引起旅游企业承包、管理者认真对待、及时处理,还要分析意见、整理归档,并提出改进服务质量的方案与行动计划。

5) 影响

旅游服务质量的影响反映在两个方面:一是旅游服务质量的时间影响,即服务是否给顾客创造了满意的经历,使得他们愿意再次光临或进行正面的口碑宣传;二是旅游服务的空间影响,即旅游服务给顾客带来的空间方便利益。旅游服务的可获性暗示了旅游企业服务质量的高低,也是顾客评价服务质量的重要因素。例如,休斯敦的 Marriott 酒店在地铁出口处设立"移动的总服务台"为顾客登记,以方便顾客直接从地铁口到客房。整个过程简单迅捷,客人无须再穿越大堂,也不必再到总服务台办理入住手续,从而方便了顾客的消费。

2.5.5　旅游服务质量测定

1)测定标准

①规范化和技能化:顾客相信服务供应方,职员营销体系和资源有必要的知识和技能,规范作业,解决顾客疑难问题。

②态度和行为:顾客感到服务人员用友好的方式主动关心照顾他们,并以实际行动为顾客排忧解难。

③可亲近性和灵活性:顾客认为服务供应者的地理位置、营业时间、职员和营运系统的设计和操作便于服务,并能灵活地根据顾客要求随时加以调整。

④可靠性和忠诚感:顾客确信,无论发生什么情况,他们能够依赖服务供应者,它的职员和营运系统。服务供应者能遵守承诺,尽心竭力满足顾客的最大利益。

⑤自我修复:顾客知道,无论何时出现意外,服务供应者将迅速有效地采取行动,控制局势,寻找新的可行的补救措施。

⑥名誉和可信性:顾客相信,服务供应者经营活动可以依赖,物有所值。相信它的优良业绩和超凡价值,可以与顾客共同分享。

在上述 6 个标准中,规范化和技能化与技术质量有关,名誉和可信性与形象有关,它可充当过滤器的作用。而其余 4 项标准:态度和行为,可接近性和灵活性,可靠性和忠诚感,自我修复,都显然与过程有关,代表了职能质量。

可感知的控制和自我修复之间的关系是显而易见的。如果有突发事件发生,例如,航班因技术原因晚点,由于缺少监督,顾客丧失对局势的控制能力,很快会造成一种紧张不安的气氛。如果航空公司职员能迅速、及时、有效地向候机乘客说明缘由,并告知晚点的准确时间,让乘客具有一定的可感知控制。自我修复,在告诉乘客目前的困境的基础上,为乘客解除因飞机晚点带来的相应问题。

2)测定方法

①服务质量测定一般采取评分量化的方式进行,其具体程序如下:

第一步测定顾客的预期服务质量;

第二步测定顾客的感知服务质量;

第三步确定服务质量,即服务质量=预期服务质量-感知服务质量。

②对服务质量的评分量化方法的大致步骤如下:

第一步选取服务质量的评价标准;

第二步根据各条标准在所调查的服务行业的地位确定权数;

第三步对每条标准设计 4~5 道具体问题;

第四步制作问卷；

第五步发放问卷,请顾客逐条评分；

第六步对问卷进行综合统计；

第七步采用第 3 章叙及的消费者期望值模型分别测算出预期质量和感知质量；

第八步根据上述公式,求得差距值,其总值越大,表明感知质量离预期质量差距大,服务质量差；相反,则服务质量好。

【知识链接】

旅游服务质量提升纲要(2009—2015)

详见中华人民共和国中央人民政府网:http://www.gov.cn/gzdt/2009-03/21/content_1264905_2.htm.

【延伸阅读】

酒店服务质量黄金标准

饭店服务质量的"黄金标准"是从客人角度出发,对饭店服务的环境、产品、人员 3 个方面提出的基本要求,是饭店视觉形象、服务功能性以及精神享受方面最本质的标准化服务规范。

黄金标准一:凡是客人看到的必须是整洁美观的

众所周知,客人认识一个饭店往往从表面开始,如饭店的立面、台面、墙面、顶面、地面、脸面等,由此形成对饭店的初步感觉。整洁,即整齐清洁；美观,即给客人一种美的享受。它是饭店环境、服务气氛的基本要求,是给客人的第一视觉印象。整洁美观,首先,必须注意饭店的店容店貌,饭店装修要精致典雅；装饰布置要画龙点睛；物品摆放要整齐有序；饭店环境要洁净美观；饭店气氛要井然有序。其次,必须注意员工的服饰仪表与举止,要求做到端庄、得体和大方。

黄金标准二:凡是提供给客人使用的必须是有效的

有效是客人对饭店服务的核心需求。饭店服务的有效,首先表现为设施设备的有效。这就要求饭店的功能布局要合理,设施要配套,设备要完好,运行要正常,使用要方便。这就要求饭店服务项目的设置要到位,服务时间的安排要合理,服务程序的设计要科学,服务方式的选择要恰当,服务标准的制订要适度,员工的服务技能要熟练。

黄金标准三:凡是提供给客人使用的必须是安全的,安全是酒店产品最基本的要求

"安全",即酒店所提供的环境、设施、用品及服务必须保证客人人身、财产和心理的安全。安全是客人的最低层次的需求。要保障客人的安全,首先,要保证设施设备的安全性,如科学安全的装修设计、完善的消防设施、有效的防盗装置、规范的设备安装等；其次,要保证安全管理的有效性,如科学完善的安全管理制度、有效的安全防范措施等；最后,要保证服务的安全性,如科学合理的操作规程,人性化的服务方式,尊重客人的隐私,保证客房私密

性等。

黄金标准四：凡是酒店员工对待客人必须是亲切礼貌的

亲切礼貌是酒店对客服务态度的基本要求。其主要表现在员工的面部表情、语言表达与行为举止3个方面。

面部表情，微笑服务始终是最基本的原则。但是仅仅有微笑是不够的，微笑服务，美在仪表仪态，贵在热情真诚，重在技术专业，巧在交流沟通。也就是说，微笑服务要与自身的仪表仪态相统一，同时要对客人有发自内心的热情，辅以柔和、友好、热情、亲切的目光，并在服务中及时与客人沟通，才能笑得自然、笑得自信，显得亲切礼貌。

语言表达，首先必须注意礼貌性。要用尊称语称呼客人，如客人进入时要用迎候语；与客人见面时要用问候语；提醒客人时要用关照语；客人召唤时要用应答语；得到客人的付款、协助或谅解等要用致谢语；客人向我们致谢时要用回谢语；由于我们条件不足或工作疏忽未满足客人需要或给客人带来麻烦时要用致歉语，要询问客人或要求配合时也要先致歉意；客人着急或感到为难时要及时安慰；客人离店时要用告别语。其次必须注意艺术性和灵活性。交谈中要理解客人的心理，做到有的放矢，不致盲目服务。

行为举止，则主要体现在主动和礼仪上，如主动让道，主动帮助，注重礼节等。

要使酒店的服务真正达到这一标准，关键在于全体员工必须确立积极的服务心态，并做到"三个一致"。

本章小结

- "服务"一词，在汉语字典里"是指为他人做事，并使他人从中受益的一种有偿或无偿的活动。不以实物形式而以提供劳动的形式满足他人的某种特殊需要。"顾名思义，我们可以看出，服务的对象是他人，目的是满足他人的需要。本书中，服务的定义为：服务是指用以交易并满足他人需要，本身无形和不发生所有权转移的活动。

- 旅游服务质量是指顾客在旅游活动中所体验的服务表现的总和，即旅游企业提供服务对顾客需求满足程度的综合表现。鉴于旅游服务交易过程的顾客参与性和生产与消费的不可分离性，旅游服务质量必须经顾客认可，并被顾客所识别。其内涵应包括：旅游服务质量是顾客感知的对象；旅游服务质量既要有客观方法加以制订和衡量，更多地要按顾客主观的认识加以衡量和检验；旅游服务质量发生在服务生产和交易的过程中；旅游服务质量是在服务企业与顾客交易的真实瞬间实现的；旅游服务质量的提高需要内部形成有效管理和支持系统。

【案例讨论】

空姐就一定要漂亮吗？

前几天和一位在×航工作过的学生一起讨论×航的实习感受，实习生似乎被×航洗了脑，坚信×航的服务是最好的，而且她的一些似是而非的感受有些让人啼笑皆非。

她说×航以准时、安全、服务为宗旨，建立了自己非常完整的培训体系，并对空乘人员进行专门的服务培训。这位实习生谈到：目前航空公司的竞争很激烈，如果不进行服务升级就会被其他航空公司超过。而且在她看来，航空公司都将招聘美女服务员作为竞争法宝，由于美女资源十分紧缺，于是空姐的工资远远高于服务业平均水平……她似乎还对自己天生不够漂亮感到有些遗憾。

我反问道：什么是服务业竞争的立足点？航空服务的核心又是什么呢？难道航空业是一个以色取悦顾客的行业吗？也许，把漂亮空姐当成竞争法宝是当前航空服务业的一种较普遍的短视思维，这显然已经将航空服务的核心本末倒置。他们通常的理由是：别的航空公司都在挑选漂亮空姐，如果我们不这样做，就会失去竞争优势、失去顾客。

其实在乘客看来，航空服务竞争应针对乘客需求定义与设计服务产品，真正解决乘客的实际需求。我前几天乘坐×航的空客 380 时，调侃一位美艳的空姐"你是哪家艺校毕业的？航空公司非得一定要你们空姐都这么漂亮吗？"这是一句复杂问句，既夸赞了她的漂亮，也提出了一个问题。美国的航空业并没有要求一定要招聘年轻漂亮的空姐，目前中国航空业刚刚起步，正在大规模快速发展，大量需要新人。对大多数乘客来说，乘坐飞机是为了安全准点到达目的地，如果航空公司不以乘客时间的系统节约为目标，而是以乘客在飞机上获得的短暂微笑、一按按钮就有服务员来到面前这么简单作为服务内容，显然是不负责的，而且也是把公司的责任推卸给了员工。

我以我的经历告诉这位实习生，乘客所需要的航空服务是什么。×航经常晚点，除个别航空管制原因、天气原因外，最主要的原因是飞机调配效率低下，其中更为重要的是航空公司飞机的冗余过低，例如，本应提前到达机场进行准备的，但却手忙脚乱，腾不出那么多的时间，经常听到的是飞机还没有从某地起飞。大多数航空公司都以成本节约为关键目标，其结果就只能牺牲乘客的时间。×航持股了国内某大型机场，竟然为了节约成本，很少启用航站楼优先使用权，乘客经常要在炎热的骄阳下提着沉重的箱子，辗转摆渡车才能登机，至于最近×航经常出现飞机飞不成，也不思检讨。其实除×航外，其他航空公司也大多如此，我国航空公司并没有认真地想过什么是自己的"服务"，而是把出售硬件或者肤浅地以为"漂亮就是顾客需要"作为服务的核心。

真正的航空服务并不是展示空姐色相，以为站了许多空姐在机舱门口，翻来覆去地说"欢迎光临""再见"顾客就会满意；更不是一遍一遍地检查登机牌和飞机座椅，在离降落机场还很远下降就生硬地要求乘客必须关闭电子设备。优质航空服务应从飞行安全、正点准时和兼顾乘客需求的前提下，采用系统的设计，最方便乘客和最大限度地节约顾客时间，最大限度地节约人力与物资投入，同时最大限度地提升顾客飞行体验的舒适感受。

第3章
旅游服务期望与顾客感知

【教学目标与要求】

- 理解并掌握旅游服务经历、旅游服务感知等核心概念。
- 了解旅游者的服务期望及其成因。
- 学习认识如何改进旅游服务经历,优化顾客感知。
- 学习寻找经历、期望与感知的联系。
- 掌握分析现实生活中具体的旅游服务经历与顾客感知。

【关键词】

服务期望;顾客感知;服务接触;面对面服务;旅游服务。

【案例导入】

国际金钥匙组织

国际金钥匙组织(Union Internationale Portiers Grand Hotel,UIPGH)既是一种专业化的饭店服务,又是一个国际化的民间专业服务组织;此外,还是对具有国际金钥匙组织会员资格的饭店礼宾部职员的特殊称谓;饭店金钥匙将给饭店客人带来惊喜,成为饭店特色化、个性化服务的代表。费迪南德·吉列先生是一名金钥匙,他为金钥匙事业呕心沥血,是金钥匙组织的主要创始人,被尊称为"金钥匙之父(Fathers of LES CLEFS DO'R)"。

洲际酒店中国最佳故事

2015年6月,国际金钥匙组织中国区福州地区首席代表、福州世茂洲际酒店首席礼宾司孙刚刚获得了"Greater China Best Story"殊荣。2004年8月,高等警官学院毕业的他,原本有着别人向往的公务员工作。可他毅然加入了香格里拉酒店任职门童,从此开启了自己的酒店人生。孙刚刚先后在洲际集团旗下国贸假日酒店、西安皇冠假日酒店、唐山万达洲际酒店礼宾部任职,经洲际集团区域人事选调,孙刚刚从三岔湖长岛天堂洲际酒店调往筹备开业的福州世茂洲际酒店任职首席礼宾司。一个外地人在福州任职首席礼宾司,首先是怎么了解本地?利用下班时间,孙刚刚步行、骑自行车、乘公交丈量完了福州所辖的五区八县,为洲际礼宾在福州的"In The Know"打下了坚实的基础。他拜访了福州各大星级酒店的礼宾部负责人,这为2014年9月国际金钥匙组织中国区福州地区成立奠定了基础。

现在他已是拥有10多年丰富礼宾工作经验"Inter-Continental Concierge 洲际礼宾"。他"In The Know"深入洞悉着有福之州,为来自上海的客人找寻孩提时代在福州求学的小庙、为法国客人从福州送遗留护照到厦门机场、为已经离店一年的客人收集星巴克星享卡、为一个陌生客人远赴厦门安排……他能记得每一位入住客人的姓氏、他能准确说出每位客人的入住次数、喜好、忌讳,最重要的是他能记得酒店所有同事的生日。

首席代表的心语

国际金钥匙组织中国区首席代表孙东对自己的事业有如下的认识:我热爱我现在的工作,因为我在这份工作中找到了真正的自我。我觉得当我满头白发,还依然身着燕尾服站在大堂里跟我熟悉的宾客打招呼时,我会感到这是我人生最大的满足。我以我自己能终生去做一名专业服务人员而骄傲,因为我每天都在帮助别人,客人在我这里得到的是惊喜,而我们也在客人的惊喜中找到了富有的人生。我们未必会有大笔金钱,但是我们一定不会贫穷,因为我们富有智慧、经验,富有为人解决困难的知识和技能,富有忠诚和信誉,当然我们还有一个有爱的家庭,所有这些,构成了我们今天的生活。青年朋友们,富有的人生不难找,它就在我们生活的每一天中,就在我们为别人带来的每一份惊喜中。礼迎天下,宾至如归;我不是服务员,我是金钥匙;这不是我的工作,是我的事业;这也不仅仅是我的服务,而是我一生的作品。

案例评析:"在客人的惊喜中找到富有的人生""在服务他人中找到自己人生的价值""理想与现实统一的思维方式"成为中国金钥匙服务的哲学思想。服务的极致在于给人以惊喜,客人因为感受到超值的服务而喜出望外,这是一种高附加值的服务,其核心是"高效+优质+个性内涵"。金钥匙的成功体现在,他们把服务做成了一项"满足顾客期望""给予顾客惊喜"的事业。

3.1 旅游者的服务期望

3.1.1 服务消费

1)服务消费的特点

所谓服务消费,是指服务从生产者转移到消费者手中并发挥效用的全部过程。在这个过程中,服务消费商品发挥效用的机理和物质商品并不相同,服务消费的特点具体表现如下:

（1）活动性

服务消费的对象也就是服务常常作为一种活动体现出来，一般不具有实物形态。

（2）同一性

服务消费的过程同时就是服务生产的过程。

（3）依赖性

服务的提供对于劳动者个人的能力、素质的依赖程度较高。

2）服务消费的属性

美国经济学家尼尔逊（Nelson）和达比（Daby）、卡尼（Karni）认为消费产品具有3类与决策有关的属性，如图3.1所示。

图3.1　服务消费属性

（1）搜索性属性（Search Attributes）

搜索性属性是指消费者在购买之前就可以确定的属性，如产品的款式、颜色、价格、触觉等；如服装、珠宝、家具、住宅、汽车等。

（2）体验性属性（Experience Attributes）

体验性属性是指消费者在购买之后或消费过程中才能感觉的属性；如汽车、餐旅、度假、美容美发、儿童护理等。

（3）信誉属性（Reputation Attributes）

信誉属性是指消费者在购买或消费之后仍然无法评估的属性，但可通过服务者的信誉加以参考，如电器维修、咨询服务、牙医服务、汽车修理、医疗服务等。

美国著名服务营销学者泽丝曼尔（V. A. Zeithmal）根据消费者评估难易程度设计了一个服务——产品连续区间，他认为由于服务的无形性、差异性以及现场性，因此服务的搜索属性很少,而体验属性较多。特别是由专业人员提供的服务,信誉性属性占主导。

3)服务消费决策的过程

（1）搜索信息

搜索信息主要从个人信息来源（如亲友和专家）和非个人信息来源（如公开的大众传播渠道）获取产品与服务的信息——为什么在购买服务时,消费者更重视个人化信息来源? 因为,大众传播媒介无法传播体验性属性的信息。其次,由于许多服务企业是地区性小型企业,不可能大规模进行广告宣传,导致消费者在购买服务之前无法了解服务产品的相关属性,所以消费者更倾向于依赖个人信息来源。

（2）建立评估标准

消费者在购买之前会根据自己的消费目的和需要,确定几类评估标准（如款式、价格、包装、景点数等）,对许多服务而言,消费者往往只能根据价格和服务企业的有形证据来简单判断。

（3）品牌联想

面对众多的相似服务产品,消费者一般根据能够联想起的品牌加以区分。所以服务企业的品牌美誉度对影响消费者的决策十分关键。

为什么购买服务产品会感到有较大的风险? 服务产品的无形性决定了服务消费以体验性属性为主,消费者在事前只能根据有限的信息来选择服务,所以风险较大。服务的现场性决定了服务质量的不稳定性,因此,在购买服务之前无法肯定将要消费的服务质量,这自然就增加了顾客的感觉风险。

图 3.2　服务消费过程

许多服务的专业性很强,顾客由于缺乏必要的知识与经验而无法判断服务质量,从而感觉到风险。服务消费过程如图 3.2 所示。

4)服务消费过程的相关理论

（1）服务角色理论

美国营销学家迈克尔·R.所罗门（Michael R.Solomon）、切皮耶尔（J.A.Czepiel）、伊夫利·G.古特曼（Evelyn G.Gutman）等引入。在面对面的服务中,顾客和服务人员分别扮演着不同角色,角色与互补角色共同构成了服务过程中的角色系列;不同的服务场景需要不同的角色模式和相关角色知识;理想化剧本与标准角色模式,新服务剧本与模糊角色知识;角色扮演是后天习得的,角色期望和社会化仪式决定着行为方式。

（2）服务剧本理论

美国营销学家格鲁夫（Stephen Grove）和菲思克（Raymond Fisk）认为,服务经历与戏剧十分类似。服务剧本就是服务活动参与者或观察者预期的服务过程;服务剧本规定了角色系列在服务过程中应有的行为方式;服务剧本是消费者理解各种服务结果、确定服务评价标准的基础（如豪华餐厅与一般餐厅的服务剧本区别）。

5）服务消费的评价过程及特点

（1）信息搜寻

消费者购买服务消费通常从两类渠道获取信息:一是人际渠道;二是非人际渠道,即产品本身、广告、新闻媒介等。服务消费更依赖于人际来源,原因有以下3点:

①服务产品特性:大众媒体多适合于传递有关有形产品可寻找特征方面的信息,服务产品多为经验特征及可信任特征,只适合于消费者向社会相关群体获取。

②服务商:服务提供往往是独立机构,他们不会专为生产者产品作经验特征的广告,而生产商与中间商所采用的联合广告往往侧重于产品本身的性能和质量,而不会专门为服务做广告。

③消费者规避风险:消费者在购买服务之前很难了解到服务的特征,为了避免购买的风险,乐意接受相关群体的口头传播的信息,以为这样的信息可靠性强。

（2）质量标准

质量标准只局限于价格和各种设施服务等方面,服务质量判断标准的单一性或连带性容易造成假象,对消费者造成误导。例如,在管道维修、物业管理、草坪剪修等服务行业,消费者在购买服务之前只能获得价格方面的信息,只能通过价格高低来判断服务质量;在理发、法律咨询和健身等服务,消费者则要根据有形的服务设计包括办公室、场所、人员及其设备等来判断。

在许多情况下,服务质量不一定与价格成正比,服务场所的设计和设备也不一定形成良好的服务质量。

（3）风险认知

服务的不可感知性和经验性的特征,决定消费者在购买商品之前所获得的有关信息较少,信息越少伴随的风险越大;服务质量没有统一性标准可以衡量,消费者在购买产品过程中的不确定性增强;即使顾客在消费服务的过程中或结束后感到不满意,也无法重新更改或退还;许多服务都具有很强或较强的技术性或专业性,有时即使在享用过服务之后,消费者也缺乏足够的知识或经验对其进行评价。

（4）品牌忠诚度

消费者对品牌的忠诚,主要体现在以下5个方面:

①满足社会心理需求,消费者购买品牌产品,认为由此可以获得他人和社会的认同,在心理上获得一种身份地位的满足感,品牌是身份地位的一种象征。

②以往的经验,当产品的品牌形象与消费者的自我形象意识一致时,便会选择这种产品来维持和提高自身的形象。

③降低购买风险,品牌产品的质量一般有保证,品牌忠诚度有利于降低消费者的购买风险。

④降低时间成本,当消费者树立了对一个产品的品牌有很高的忠诚度时,他便会一直购买这种产品,减少了消费者考虑和选择的时间。

⑤替代品的适用性,人们对某一品牌态度的变化,大多是通过与可替代的竞争产品相比较而产生的。根据顾客对竞争对手产品的态度,可以判断顾客对其他品牌的产品忠诚度的高低。如果顾客对竞争对手产品兴趣浓,好感强,就说明对某一品牌的忠诚度低。如果顾客对其他品牌产品没有好感,兴趣不大,就说明对某一品牌产品忠诚度高。顾客满意与顾客忠诚的关系如图 3.3 所示。

图 3.3　顾客满意与顾客忠诚的关系

（5）对不满意的归因

由于在服务消费过程中,顾客在很大程度上参与服务的生产过程,消费者会觉得对服务后果的不满意负有一定的责任,自悔选择对象不当,或是自责没有给服务提供者讲清要求,或是为没能与对方配合好而自咎。服务质量既是服务提供者的事,也取决于消费者的认同与看法,这为企业引导和调动消费者配合完成服务过程提出了更高的要求。

3.1.2　角色期望

1）角色期望的概念

角色期望是指人们对某种社会角色的特权、职责和义务的期望与感觉。人们一般会根据角色期望来调整自己的行为,以便与周围其他互补角色的行为保持协调关系。例如,餐厅服务员这一角色的互补角色包括顾客、其他服务员、引座员、收银员、厨师、经理等。通过角色社交活动,人们可以预见其他角色扮演者的可能反应,从而获得"了解他人扮演角色"的能力。这种能力对于预见他人行为反应,及时调整自我行为非常有效。

2）服务角色的一致性

（1）内部角色一致性

内部角色一致性是指服务人员对自己角色的看法与服务管理层对该角色的看法是否一致。主要问题表现在以下 6 个方面:

①角色模糊——不明白自己该干什么？（不了解）

②角色不当——该干的干不好？（能力问题）

③角色负担过重——干得太多了。（数量问题）

④角色矛盾——不该扮演的扮演了。（性质问题）

⑤角色冲突——不知道该按哪一个干？（选择问题）

（2）外部角色一致性

外部角色一致性是指顾客与服务人员对对方角色的看法是否一致。恰当地表明自己的角色特征,同时规定了对方的角色期望。

（3）保持"顾客永远都是对的"角色服务意识

顾客是上帝,但是上帝也有犯错误的时候,于是你认为你是对的,据理力争地与顾客发生了争论,最后你占了上风,赢得了胜利,把顾客说得哑口无言、无地自容,但仔细想想,你得到的是什么呢? 什么都没有,只会引起顾客的不满甚至是投诉,最终失去顾客。

3) 角色投入程度

美国心理学家萨尔宾(T. R. Sarbin)和艾伦(V. L. Allen)认为,角色的投入程度可划分为以下 5 个层次:

①不投入,表现为与自己完全无关,如已经终止会员资格的顾客。

②无所谓,松散的随意关系,如逛超市的一般顾客。在较低角色投入层次的服务中,消费者更重视服务的效率和可预见性,顾客满意度与可预见性程度相关。

③仪式化,例行公事,如职业化的微笑。

④投入,全神贯注,真正地投入。

⑤入迷,完全沉醉其中,如欣赏音乐。较高角色投入层次的服务中,消费者更重视服务的个性化,顾客满意度与服务的灵活性和个性化程度相关。

3.1.3 改进服务经历,优化顾客感知

【案例分析 3.1】

两种沟通,两种感受

夏日炎炎,某酒店 608 和 609 号房间的两位客人各买了一个大西瓜回到房间正准备享用。不巧的是,他们正好被两位楼层服务员碰见。为了避免弄脏地毯和棉织品,这两位服务员分头到客人的房间制止他们在房间里吃西瓜。

服务员 A 对 608 号房间的客人说:"先生,对不起。您不能在房内吃西瓜,会弄脏地毯的。请您去餐厅吧!"

客人很不高兴地答道:"你怎么知道我会弄脏地毯,我就喜欢在房间吃。"

服务员 A 再次向客人解释:"实在对不起,您不能在房间里吃西瓜。"

客人生气地说:"房间是我的。不用你教训。酒店多得是,我马上就退房。"说罢愤然而去。

服务员 B 对 609 号房间的客人说:"先生。您好。在房间里吃瓜容易弄脏您的居住环境,我们让餐厅为您切好瓜。请您在餐桌旁吃,好吗?"客人答道:"餐厅太麻烦了。我不会弄脏房间的。"B 又建议道:"要不我们把西瓜切好,送到您房间? 省得您自己动手,好吗?"客人点点头说道:"那就谢谢你了。"

案例评析:这两位员工的语言可谓"小同大异",其关键区别有两点:一是考虑问题的出发点不同。A 站在酒店角度,B 站在客人角度,想客人所想,服务就显得热情亲切;二是他们

解决的方法不同。服务员 A 明确地告诉客人"不能……"毫无商量的余地,使客人产生受控制之感。服务员 B 的语言较为委婉,显出征询客人意见的关切之情。在客人固执己见的情况下,服务员 B 能灵活地作出合理让步,既坚持了酒店不让客人在房内切瓜的原则,又保住了客人的面子,满足了客人的要求。

1) 理论知识

（1）个人控制理论

美国心理学家艾弗里尔(J.R.Averill)认为,个人控制有以下 3 种形式:

①行为控制:指人们通过作出某种行为反应,来直接影响或改变即将发生的某一事件的客观属性。

②认识控制:指人们对可能出现的不利事件的认知和评估。

③决策控制:指人们通过分析而预先选择一个可能对自己有利的结果。

对服务的控制感是顾客评价服务质量时考虑的重要因素。例如,民航服务活动中,若飞机误点,航空公司应及时揭示飞机为何误点、何时起飞、食宿安排等相关问题,以提高乘客认知控制能力,减少埋怨,配合服务。同样,服务人员也希望获得控制感,控制感一方面会影响他们的职业满意度——自豪感。例如,服务人员提供的服务计划得不到最高管理层的支持;另一方面会影响工作绩效,服务人员对服务过程的相关环节失去控制,会导致服务质量下降、服务效率降低等,最终影响工作绩效。

（2）服务剧本理论

①运用服务剧本理论解释服务经历。

剧本差异:消费者的记忆中有不同的服务剧本,分别适用于不同的服务情境。

剧本选择:当多个服务剧本都可适用于某一服务场景时,哪一个服务剧本最终形成顾客的期望是由服务开始时的有关暗示和线索决定的。

剧本变化:虽然顾客的记忆中保存有大量的服务剧本,但在实际服务过程中,顾客大多有一个他们所预期的服务角色行为变化的范围,这体现了消费者角色行为的灵活性。

消费者意识状态:在日常性和仪式化的服务过程中,服务双方的行为高度符合服务剧本的结构,所以消费者一般处于"消极的"无意识状态。

②预见性服务与个性化服务。

预见性服务是指完全符合服务剧本的设计,能够被角色系列中的其他角色理解和预期的服务行为。

个性化服务是指充分针对顾客的个人特点而设计的服务行为,在个性化服务中,角色期望的指导作用消失。

③服务剧本理论与服务角色理论的比较。

在角色投入层次较低的服务中,消费者更重视服务的效率和可预见性,顾客满意度与可预见性程度相关。在角色投入层次较高的服务中,消费者更重视服务的个性化,顾客满意度与服务的灵活性和个性化程度相关。服务剧本理论与服务角色理论的特点,见表3.1。

表 3.1　服务剧本理论与服务角色理论的特点

服务理论	关注点	支撑基础	总体评价
服务剧本	服务经历过程 （时空过程）	剧本主要是个人化的	比较主观
服务角色	面对面的服务 （交互过程）	角色是职业或社会化的	比较客观

2）服务人员在服务中行使控制权

①有形控制：如民航乘务员在送食品饮料前亮指示灯。

②诱导顾客：服务人员采取主动或抢先行动，引导交往过程，以减少自己的工作压力（点菜、打烊）。

③训导顾客：服务人员向顾客介绍管理规章，要求其服从。

④主观判断：在服务开始之前，服务人员根据有关线索来估计顾客的需求，并依据该主观判断，展开对顾客服务。

⑤讨好顾客：在服务中，服务人员采取某些牺牲局部利益的行为来迎合顾客，引导顾客配合自己。

3）顾客在服务中行使控制权

①更换选择：通过选择另一家服务供应商，获得更好的服务。

②主动诱导：顾客采取主动或抢先行动，引导交往过程，以避免对自己不利的服务情形（事先声明）。

③主观判断：在服务开始之前，顾客根据有关线索来估计服务人员特点，并依据该主观判断，参与服务之中。

④小恩小惠：在服务中，顾客采取某些小恩小惠来要求服务人员按自己的要求服务（如付小费）。

面对面服务各方在行为控制方面存在的矛盾，如图 3.4 所示。

4）服务优化方式

（1）提供优质的面对面服务

①了解顾客需求（要求顾客提供必要信息）。

②说明工作要求和期望（由服务员说明）。

③高效提供服务，减少顾客感觉中的风险。

（2）向顾客传递真实信息

首先服务企业在运营过程中向顾客传递的信息要准确、无歧义、不缺失。如产品的名

图 3.4　面对面服务各方在行为控制方面存在的矛盾

称、性能、价格等。并且,如果存在多个服务渠道,如呼叫中心、互联网、营业厅都提供服务,那么各个渠道提供的信息必须保持一致。

其次传递的信息要符合环境和对象的需要。产品、业务等信息在企业内部传递时可能具有专业术语等专业性信息,那么,在向客户传递时必须进行客户化转化。手机短信每条不超过 70 字,微博不超过 140 字,信息在通过特殊的渠道传输时,必须考虑渠道特性。

（3）在力所能及的范围内提供标准化服务

服务标准化是以服务活动作为标准化对象,其研究范围包括国民经济行业中的全部服务活动。开展服务标准化工作,有利于规范各服务行业市场秩序、提高服务质量、增强服务企业的核心竞争力。

服务标准化可以从不同的角度进行:一是服务流程层面,即服务流程标准的建立,要求对适合这种流程服务标准的目标顾客提供相同步骤的服务;二是提供的具体服务层面,即在各个服务环节中人性的一面,在一项服务接触或"真实的瞬间"中,服务人员所展现出来的仪表、语言、态度和行为等。

①服务流程标准化。顾客在接受服务的过程中,一方面希望获得专业化的服务;另一方面也希望得到极大的便利,减少等候的时间、方便结算。因此,在进行服务流程标准的设计过程中,要以向顾客提供便利为原则,而不是为了公司内部实施方便等。例如,病人到医院看病,要经历排队挂号、排队就诊、排队付款、取药 4 个环节。即便是每个环节的服务人员都工作的非常出色,也很难让病人满意。患者身体本来就已经很不舒服了,还要忍受这一系列烦琐的事情,即使由其他人代替,这也不是一个让人愉悦的过程。

②服务细节标准化。服务的质量与顾客满意度将在很大程度上依赖于"真实瞬间"的情况,如果能在这些"接触瞬间"提炼出可以标准化的部分,对企业本身而言也是一大亮点。"接触点"的服务标准化,主要体现为服务人员的仪表、语言、态度和行为标准等。

如果旅馆将"服务细致周到",转化为服务员要在顾客允许的情况下为其提行李、在顾客进房时对房间内顾客必需的设备进行介绍、3 分钟内为顾客打好热水等,这样自然就会体现出其服务细致周到,对服务员所提供的服务是否细致周到也有了判断的依据。

企业在向顾客提供服务的过程中,在着眼于服务的整体、采用系统的方法、标准化服务流程的基础上,根据行业特征和提供服务的特性从不同方面进行细节问题的标准化。当然,强调服务的标准化并不排斥个性化的服务,提供服务的企业可根据内部条件和顾客需求进行标准化和个性化的平衡。

（4）作出质量承诺

企业质量安全承诺书的内容:一是保证自觉遵守法律法规,按法律法规规定和标准要求,诚信经营,切实担负起企业的主体责任。二是自觉严格质量安全管理,完善质量安全控制体系,加强风险防控,加强质量培训,确保产品质量安全。三是定期主动向相关部门报告质量管理和产品质量安全情况、执行相关法律法规情况。自觉接受公共机构的监督管理,及时报告生产经营过程中发现的质量安全问题、存在风险隐患、质量安全问题处理情况,自觉召回不合格产品。四是如有违反以上承诺,企业承担全部责任。

【案例分析 3.2】

美容机构的"无效退款"

目前美容、减肥、丰胸、增高等宣传广告随处可见,不少还以名人宣传、现身说法、免费试用等方式让消费者体验立竿见影的神奇效果。消费者一下子被诱惑了,却忽视了无效的违约责任,维权相当被动。如果事前双方没约定"无效退款",无效就并不意味着退款。

张小姐到一家纤体中心体验纤体项目,纤体顾问说她只要一个疗程（两个月）就可减 3~5 千克,并出具承诺保证书。张小姐心动了,交了近 9 000 元的疗程费,美容院的《服务协议书》明确承诺,配合公司的服务要求,保证"从目前 53.8 千克减到 50 千克左右"。疗程过后,张小姐体重并没有减到 50 千克左右。张小姐认为纤体中心作出虚假承诺,要求全额退款。

案例评析:拿限制条款搪塞无效退款,据张小姐提供的《服务协议书》,有 5 项有关达到减肥效果需要张小姐配合的声明和事项,包括疗程进度因个人体质而有差异,因自身健康、疾病等原因影响疗程,还包括科学饮食和按时作息等要求。在接受这些要求的情况下,确实有体重"从目前 53.8 千克减到 50 千克左右"的承诺。

但更重要的是,协议内容从未出现"减肥无效退款"的承诺。尽管,纤体中心有减肥承诺,但并不意味就是"无效退款"的违约责任条款。专家提醒,"无效"不等于"退款"。这仅仅是美容等服务常用的宣传口号,但消费者千万不要把"无效"与"退款"画等号。

（5）树立良好的品牌形象

品牌形象塑造是一项长期而艰巨的任务,它不是哪一个人或哪一个具体行动就可以完成的。它需要按照一定的原则,通过一定的途径,全方位地精心塑造。具体有以下途径:

①加强品牌管理。首先,要求企业高层领导亲自过问品牌问题,把形象塑造作为企业发展的战略性问题,像抓产品质量一样来抓品牌形象塑造。其次,要树立全体员工的品牌意识,员工明白了塑造品牌形象的重要意义,就会产生责任感和使命感,进而形成凝聚力和战斗力。加强品牌管理的另一个核心问题是要在企业内部建立起特有的理念体系和运作机

制,建立起科学的组织架构和严密的规章制度,这是实施品牌管理的组织保证。

②重视产品与服务质量。质量是品牌的基石,所有强势品牌最显著的特征就是质量过硬。一项民意调查显示,有90.6%的中国人都认为名牌就是"产品质量好"。做品牌,一要有品质。企业为了提高产品与服务质量,应建立一套完善的质量保证体系,完善的质量保证体系会强化品牌形象,形成良好的品牌信誉。

③重视品牌定位。由于品牌定位是使品牌在社会公众心目中占有一个独特的、有价值的位置的行动,也就是勾勒品牌形象,因此,可以想象品牌定位对品牌形象的影响有多大。品牌定位过高、定位过低、定位模糊或定位冲突都会危害品牌形象。

④优化品牌设计。对品牌名称、标志和包装进行设计是突出品牌个性、提高品牌认知度、体现品牌形式美的必由之路和有效途径,是塑造品牌形象必不可少的步骤。不仅要对品牌识别的各要素进行精心策划与设计,还要使各要素之间协调搭配,形成完整的品牌识别系统,产生最佳的设计效果。

⑤重视社会公众,做好公关与广告。品牌形象最终要建立在社会公众的心目中,最终取决于品牌自身的知名度、美誉度以及公众对品牌的信任度和忠诚度。因而公关和广告要面向公众,以公众为核心,高度重视公众的反应。比如,很多强势品牌就善于利用公关造势而赢得社会公众的好感和信赖。当然,公关造势要善于抓住消费者的心理,否则会事与愿违。

(6)帮助顾客规避感知风险

企业可以采取一些措施来降低顾客的感知风险:营销人员可以通过提供担保、保证退款和自由退换有缺陷的商品等政策来减少失败的结果;在更低价位上提供小包装的产品,也能使顾客在首次试用该产品时减少风险;当顾客不能确定购买与否时,专家的认证可以使顾客确信产品性能;免费样品给予顾客购买之前试用新产品的机会。这些都可以使顾客的感知风险有所减少。

【知识链接】

降低感知风险的策略

罗泽柳斯(Roselius,1971)认为,顾客在面对风险性的消费行为时,可通过下列4种策略降低感知风险:降低风险发生的概率,亦即降低失败的可能性,或者降低后果的严重性;将感知损失降到顾客能忍受的范围;延迟消费行为;进行消费行为并吸收损失。罗泽柳斯为了进一步了解顾客常用的减少风险的方法,提出了11种可能的方法,针对472位家庭主妇,在不同的风险情境使用上述方法的可能性作了市场调查。他提出的11种方法分别是:

①背书保证:购买广告中有名人或专家推荐的品牌。

②品牌忠诚:购买过去曾使用,并感觉满意的品牌。

③主要的品牌印象:购买主要的、有名的品牌,依赖该品牌的声誉。

④私人检验:购买经私人检验、机构检验并认可的品牌。

⑤商店印象:在顾客认为可信赖的商店购买,依赖于该品牌的信誉。

⑥免费样品:在购买前先试用免费的样品。

⑦退钱保证:购买附有退钱保证的产品。

⑧政府检验:购买政府部门曾检验并认可的产品。

⑨选购:多到几家商店,比较几种不同品牌的特性。

⑩昂贵的产品:购买最贵的产品。

⑪口碑:探寻朋友对于产品的看法。

【案例分析 3.3】

<h2 style="text-align:center">一次令人回味的理发服务</h2>

朋友讲述了他印象深刻的一次理发经历——某天,他去一家理发店理发,这是他第二次来这家店,上一次已是三个月以前了。理发店里没有豪华装修、设施简单,整个理发过程与其他理发店没什么区别,只是觉得理发的老师傅工作起来很认真、仔细。结束时,朋友照照镜子,感觉还不错,问到"多少钱?"老师傅说:"十块,不过你不刮脸,收八块吧。"朋友连声感谢。出门时,老师傅叫住了我这位朋友,用手示意眼镜,然后走进里屋。朋友想"我没戴眼镜来呀"。一会儿老师傅拿出一副墨镜,一看,正是朋友前段时间一直寻找后来以为丢失的那副眼镜。

朋友感慨"真是不可思议,这位理发师傅每天接待那么多人,竟还记得三个月之前的我,而且还是大众脸的我,真正是好人,牛人啊!德才兼备,做理发师是屈才了。"他后来跟我说"那位老师傅理发技术精湛,人品又好,我现在无论多忙,就算排队我也要找那位老师傅理发。"

案例评析:一次简单的理发经历,一次面对面的服务接触,就在还眼镜的瞬间,顾客服务感知已经建立。也许理发师傅的技艺并非十分精湛,他的店面也许并不醒目,但是他能够设身处地为顾客着想,并对顾客给予特别的关注,关键时刻让顾客感动,正是这种"关键时刻",对获取高质量的声誉起着至关重要的作用。

在旅游服务的生产与传递过程中,顾客与旅游服务组织进行了多层面的互动,我们把这种相互称为服务接触(Service Encounter)。有时,一次服务接触就是一次完整的服务经历,如预订服务、付款服务;有时,顾客的服务经历中包含着一系列的服务接触,涉及多个服务人员、多个服务地点,如航空飞行服务。

在服务接触与顾客感知中,决定顾客对服务质量优劣的评价的交互作用被诺曼(Richard Normann)称为"关键时刻(Moment of Truth)"[1]。通常,这种短暂的接触往往发生在顾客评估服务的一瞬间,同时也形成了对服务质量好坏的评价。SAS 公司总裁简·卡尔森(Jan Carlzon)先生认为,这种关键时刻对获取高质量的声誉起着至关重要的作用。SAS 公司正是由于关注这些接触的过程才形成了具有鲜明特色且富有竞争力的高质量服务。按照卡尔森先生的观点,组织存在的目的就是支持那些直接与顾客接触的一线员工。他的具有革命性的思想是:摒弃把与顾客接触的员工置于组织结构最底层的传统做法,而应将其放在组织结

---

① Richard Normann.*Service Management*[M].John Wiley & Sons,*New York*,1984:89.

构的最顶端。组织中每个员工的职责是服务这些一线员工,后者直接为顾客服务。改变组织结构图表明对顾客满意的关注,同时对关键时刻管理的重视。有趣的是,实行这种理念通常要求将企业分解成不同的利润中心,允许那些接近顾客的管理人员根据自己的想法作出相应的决策[①]。

3.2　服务接触与顾客感知

3.2.1　面对面服务

1)面对面服务的品质层次

①了解顾客的需要:了解顾客需要的最基本的服务。
②满足顾客的需求:为顾客提供更高的附加价值。
③关怀顾客,为顾客提供独特的服务。
④超越顾客期待的服务品质:提供顾客想不到的服务。

旅游服务接触包括顾客与旅游服务人员之间的接触,也包括顾客与自主服务设备之间的接触。其中,人员之间的接触又可分为面对面的接触和通过电话或电子邮件的远程接触。美国营销学者切皮耶尔、所罗门、古特曼等认为,顾客与服务人员的交往是人类交际行为的一种特殊形式,其特点表现如下:

这种面对面的接触具有明确的目的性(绝非偶然性),如酒店各一线部门员工与客人之间是直接的、面对面进行的服务,这种接触具有明确的目的性。

顾客与服务人员的关系是一种特殊的陌生人关系(被社会认可的)——暂时性与角色化。例如,酒店员工每天接待来自世界不同国家的地区的客人,他们与客人之间是一种特殊的陌生人关系。

顾客与服务人员之间合理的交往范围受到服务性质与内容的限制(与服务有关的信息交流占主导)。例如,商务旅客就不同于度假旅游客人,这也决定了在面对面服务的过程中会有不同的服务内容。

【延伸阅读】

面对面接触中,服务质量的决定因素最为复杂和难于管理。服务人员的"语言"和"非语言"行为都十分重要,顾客之间的互动也会对服务感知产生重要影响。在旅游预订服务及一些售后服务中,经常会涉及远程接触,如顾客通过电话或互联网预订机票、酒店客房和旅游线路。对于电话接触,电话接线员的接线速度、语气、处理问题的效率、专业知识成为判断

---

① Jan Carlzon.*Moments of Truth*[M].Ballinger,Cambridge,Mass.,1987.

接触质量的重要标准;对于通过互联网进行的实时接触,服务人员的回复速度、语言表达、系统质量等成为主要标准。

服务接触对顾客服务质量感知的形成具有非常重要的影响。核心旅游服务基本上都属于高度接触的服务。根据统计,迪士尼乐园(Disneyland)的游客在每次游玩中平均要体验74种不同的服务接触,而其中每一次不愉快的接触都可能导致对其整体的负面评价。这也强调了服务接触对形成感知服务质量以及维持顾客关系的重要作用。

对旅游服务组织而言,如果能把握好关键时刻,就是在特定的时间和地点向顾客展示其服务质量、强化顾客服务质量感知;否则,一旦出现服务失误,顾客就会形成服务质量低劣的印象。为了弥补这种损失,企业额必须创造一个新的关键时刻,以重新获得顾客的认可与满意。比如说,主动与顾客联系,来纠正服务失误,至少要向顾客解释服务失误的原因。但这种努力有时并不能达到预期的效果,同时对企业来说这也意味着一定的成本。

2)面对面服务的分类

(1)感性的服务

感性服务是一种自我角色的确认,让顾客通过服务感受到自我角色的肯定,同时享受到精神满足的愉悦过程。

感性服务是一种亲切感,从关注客户的感受开始,用客户最喜欢的方式提供服务,让客户感觉特别亲切,犹如宾至如归的亲切。

感性服务是一种神秘感,用最有创意的方式满足顾客的需求,总是给顾客带来无穷的惊喜。

感性服务是一种口碑,用顾客体验创造口碑故事,让顾客口碑相传,赞不绝口。例如,一家餐厅,在顾客生日时免费送给顾客一份生日礼物。

(2)理性的服务

为顾客提供基本的服务,以标准化的操作来满足顾客的服务需求。例如,最基本的保险相关服务,保单变更,理赔;旅行社办理票务服务。

(3)面对面服务的要素

①顾客感觉(即顾客对服务特点的看法),它是由顾客的消费目的与动机、服务结果(结果本身与可逆性)、服务的重要性以及顾客的介入程度所共同决定。顾客感觉的风险与获取服务的代价和服务结果的可逆性因素有关。

②服务者特点(即服务人员的情况),它是由服务者的人口统计特征、服务技能、服务态度、个性特点以及与顾客的交往等方面决定。

③服务现实(即服务传递过程及现场情况),涉及服务的时间因素、技术因素、地点因素、服务内容、服务的复杂性、定制化程度、消费者人数等。

(4)面对面服务的评估

①企业评估,服务管理人员关心的是顾客评估结果对企业效益的影响。

②顾客评估(即顾客满意度),由实际的功能性质量和服务交往质量共同决定,其中功能

性质量是核心,但难以评估,而顾客对交往质量较容易评估,而且顾客在相互交往过程中的满意度会在一定程度上影响他们对功能性质量的感受。

③服务者评估,受到顾客感受、上级评价、激励机制多方面的影响;从"个人感情商业化"到"感同身受";从追求"顾客满意"到追求"员工满意"。

面对面服务的递进过程如图 3.5 所示。

图 3.5　面对面服务的递进过程

3.2.2　服务者 5S 原则

1)速度(Speed)

服务顾客要讲求速度,力求快速,及时。

【案例分析 3.4】

深夜等房的客人

一天深夜 3 点 10 分,两位面容倦怠的客人来到前厅接待处。想要一间普通的标准间。

接待员:"我们有豪华标准双人间,498 元一套,还有普通三人间 588 元一间。"顾客坚持要一间标准间。接待员:"真对不起,标准间刚刚卖完,豪华标准双人间也非常适合你们,楼层服务员现在正在清扫,请你们稍等片刻。""不行,刚才机场代表告诉我们是有房间的!"客人不禁皱起了眉头。接待员表示有房间,马上清理,请顾客在大堂等一会儿。于是便赶紧催促客房中心立即清扫普通标准间。15 分钟后,其中的一位客人来到接待处。

顾客:"小姐,到底有没有房间,我们坐了 3 个多小时的飞机,真的很累,想休息……"

接待员:"马上就好,请你们再耐心地等一会儿。"接待员连忙安慰客人,同时又打电话到客房中心询问普通标间有没有做好,客房服务员却说:"有一间豪华标准间做好了,其他房间还没有。"接待员:"你们在干什么呢,做房间那么慢,你们知道客人等得多焦急。"服务员:

"房间总得一间间做吧,哪有那么快。"说完电话挂断了。

过了15分钟,两位客人再次走向接待处问接待员:"你们到底有没有房间?把我们骗到这儿,根本没房,我们不在你们这儿住了。"说完,便向门外走去。这时,大堂副理走了过来想留住客人,可没等他说话,客人就劈头盖脸地说:"你不用多说,我们已经在这里白等了半个多小时了。"说完便愤然离去。

案例评析:以上这个例子就是由于在服务过程中,没有及时满足顾客的需求导致顾客选择不在此处消费的一个反面案例。从客人的第一句话"快点"开始,接待员就应该听得出客人的急切心理,在服务过程中,我们应急客人所急,为客人所想。当酒店一时满足不了客人的时候,要及时采取变通措施。虽然接待员在这个过程中言语礼貌,但是客房清理的速度太慢,而且客房服务员坚持按照以前清理房间的顺序,严重怠慢了顾客。在顾客等了半个小时之后还没有理出房间,导致顾客愤然离开。

2) 微笑(Smile)

用发自内心的微笑来感染顾客,从而成功推销自己。一位著名的酒店管理人不厌其烦地提醒手下的员工"今天你微笑了吗?",微笑蕴含的强大的正能量如今大家都能强烈地感受到,同样微笑在服务业至关重要。如在酒店中,微笑能让顾客感受到宾至如归,感受到温馨。

【案例分析3.5】

微笑——希尔顿的服务制胜法宝

美国"旅馆大王"希尔顿于1919年把父亲留给他的12 000美元连同自己挣来的几千元投资出去。开始了它雄心勃勃的经营旅馆生涯。当他的资产从15 000美元奇迹般地增值到几千万美元的时候,他欣喜而自豪地把这一成就告诉母亲,想不到,母亲却淡然地说:"依我看,你跟以前根本没有什么两样……事实上你必须把握比5 100万美元更值钱的东西:除了对顾客诚实之外,还要想办法使来希尔顿旅馆的人住过了还想再来住,你要想出这样一种简单、容易、不花本钱而行之久远的办法去吸引顾客,这样你的旅馆才有前途。"

母亲的忠告使希尔顿陷入迷惘:究竟什么办法才具备母亲指出的"简单、容易、不花本钱而行之久远"这四大条件呢?他冥思苦想,不得其解。于是他逛商店、串旅店,以自己作为一个顾客的亲身感受,得出了准确的答案:"微笑服务"。只有它才实实在在地同时具备母亲提出的四大条件。从此,希尔顿实行了微笑服务这一独创的经营策略。每天他对服务员的第一句话是"你对顾客微笑了没有?"他要求每个员工不论如何辛苦,都要对顾客报以微笑,即使在旅店业务受到经济萧条的严重影响时,他也经常提醒员工记住:"万万不可把我们心里的愁云摆在脸上,无论旅馆本身操守的困难如何,希尔顿旅馆服务员脸上的微笑永远是属于旅客的阳光。"

为了满足顾客的额外要求,希尔顿"帝国"除了到处都充满着"微笑"外,在组织结构上,希尔顿尽力创造一个尽可能完整的系统,以便成为一个综合性的服务机构。因此,希尔顿饭店除了提供完善的食宿外,还设有咖啡厅、会议室、宴会厅、游泳池、后屋中心、银行、邮电局、花店、服装店、航空公司代理处、旅行社、出租汽车站等一套完整的服务机构和设施,使得到希尔顿饭店投宿的旅客,真正有一种"宾至如归"的感觉。当他再一次询问他的员工们:"你认为还需要添置什么?"员工们回答不出来,他笑了:"还是一流的微笑!如果是我,单有一流设备,没有一流服务,我宁愿弃之而去,住进虽然地毯陈旧,却处处可见到微笑的旅馆。"

　　案例评析:旅馆大王希尔顿在长期的企业经营中,领悟出服务业经营制胜的法宝——微笑,并将微笑贯彻于旅馆经营的每一个细节,使每一个入住客人真切地感受到希尔顿的温情而流连忘返。

3) 真诚(Sincerity)

　　对宾客的服务要真诚,而不要觉得勉强、做作,要求服务人员有专业的服务意识,从顾客的角度出发,为顾客提供最需要的、最能满足顾客的服务。要求服务人员有"顾客就是上帝的意识"。

　　日本的酒店业,在把对宾客的尊重、关心、体贴放在了首位,真情服务贯穿于整个酒店的服务之中。见到客人亲切的问候、甜美的微笑、九十度的鞠躬、跪式服务、礼让服务等,处处体现出把宾客当成上帝、亲朋来予以尊敬、关心、体贴。这是国内酒店业在服务中所欠缺和所不能与之相比的。只有尊重、关心、体贴客人,才能提高整个酒店的服务质量,与客人建立朋友、亲人般的关系,是服务行业经营管理的宗旨,也是满足客人受尊重、受关爱心理需求的基本出发点和服务精要。只有真情服务,才能留住老顾客,进而吸引新顾客。

4) 聪明(Smart)

　　服务顾客要聪明,有创意,给顾客带来惊喜。此外,当顾客处于尴尬境地时,要巧妙地为顾客解决烦恼。既要保全顾客的面子,又要有效处理问题,这也是一个人情商的体现。

【案例分析 3.6】

多考虑顾客的面子

　　1108 房间的刘先生住宿后来到前厅结账,这时结账处接到楼层服务员报告:"1108 房间少了两个高档衣架。"收银员小陈立即微笑地说:"刘先生,您的房间少了两个衣架。"客人立刻否认带走了衣架。收银员小陈马上意识到出了问题,便立即通知了大堂副理。

　　大堂副理在前厅处找到了刘先生。"刘先生,您好,麻烦您过来一下好吗?"客人随着大堂副理来到了大厅的僻静处。"刘先生,您没拿衣架,那么有没有可能是您的亲朋好友来拜访您时顺便带走了?"大堂副理婉转地向客人表述酒店要索回高档衣架的态度。刘先生坚持没有朋友来过。"请您再回忆一下,您会不会把衣架顺手放到别的地方了?"大堂副理顺势提醒刘先生。"以前我们也曾发现过一些客人住过的房间,衣架、浴巾、浴袍之类的不见了,但他们后来回忆起来或是放在床上,或被被子、毯子遮住,或裹在衣服里带走了,您能否上去再看看,会不会也发生类似情况呢?"大堂副理干脆给了他一个明确的提示。

刘先生:"一个破衣架,你们真麻烦,咳,还是我上去看一下吧。"说着便匆匆地提着箱子上了电梯。不一会儿,刘先生下来了,故作生气状地说:"你们的服务员也太不仔细了,衣架明明就掉在沙发后面嘛!"大堂副理知道客人已经把衣架拿出来了,就不露声色很有礼貌地说:"实在对不起,刘先生,麻烦您了。"为了使客人不感到尴尬,大堂副理还很真诚地对客人说:"刘先生,希望您下次来还住我们酒店!我们随时欢迎您的再次光临,谢谢。"

案例评析:1.服务人员要善于观察和了解顾客的情况,在处理酒店与顾客的矛盾时,要从顾客的角度和为酒店争取客源的角度去考虑问题,绝不能当面指责他们,不要给顾客难堪,巧妙地维护顾客的自尊,这样,既维护了顾客的面子,又维护了酒店的形象。这个问题如果处理不好,顾客恼怒、争吵,会给酒店带来意想不到的负面影响。

2.服务人员要懂得,作为顾客即使做错了事仍然希望得到尊重,当服务人员确定顾客有"不轨"行为后,仍然对其表示"尊重",并为他设计一个"体面的台阶"好体面下台,给顾客"尊重"酒店的机会。案例中酒店通过分析顾客心理,在不得罪顾客的前提下维护了酒店的财产,这是一种较为常见且明智的做法。

5)学习(Study)

只有不断学习进步,提升服务品质,才能更好地进行面对面的服务。服务人员要不断参加培训,努力认真地研究顾客的消费心理、服务技巧,以及学习商品专业知识得到科学、系统的教学,提升自己在本行业的专业知识,不仅能发展自己,也为顾客带来了更加贴心的服务,有效地提高接待顾客的能力。

服务人员在服务过程中坚持以上5S原则,不但使顾客感到满意,而且使服务员得到成长,同时使企业也势必获得了顾客满意度,而所谓的5S原则的三赢作用,即客户、自己和企业。

3.2.3 顾客感知

1)顾客感知的含义

顾客感知是顾客对服务的感觉、认知和评价,建立在顾客的服务感受基础上的。奥里弗(Oliver,1997)把顾客感知定义为"顾客将所接受的服务同优质服务所作的一种对比"。服务企业要了解单个顾客心目中的"优质服务"是什么,并以此为标准来判断某一个特定的服务设施所提供的服务是否恰当。

人们一般认为,顾客感知是在服务接受后的最后一瞬间产生的,顾客在服务过程中和接受服务后对服务的判断是交织在一起的,共同对顾客、对服务的感知产生影响。因此,需要对顾客感知采取全面的整体性方法研究。

2)顾客感知的内容

顾客感知的内容包括服务质量、顾客满意度、服务价值和风险认知。

前三者之间的关系:服务质量影响顾客对服务价值的感知,而服务价值和服务质量则会共同影响顾客满意度的感知。

（1）服务质量

感知服务质量模型如图 3.6 所示。

图 3.6　感知服务质量模型

①可靠性（reliability）——确保兑现承诺。

在顾客感知服务质量的 5 个维度中，可靠性指准确可靠地执行所承诺的服务。从更广泛的意义上说，可靠性意味着公司按照其承诺行事，公司的第一次服务要及时、准确，并在指定的时间内完成服务。

②响应性（responsiveness）——主动帮助顾客。

响应性是指帮助顾客并迅速提供服务的愿望。该维度强调在处理顾客要求、询问、投诉问题时的专注和快捷；让顾客等待，特别是无原因的等待会对顾客感知带来不必要的消极影响。对速度的需求，已成为评价优良顾客感知服务质量的代号，快速地回应也是与顾客交易理应具备的要素。

③安全性（assurance）——激发信任感。

员工的行为能够增强顾客对企业的信心，同时让顾客感到安全。这也就意味着员工要有诚意以及解决顾客问题所必须具备的知识和技能。它包括可信的名称、良好的声誉、训练有素的员工。

④移情性（empathy）——将顾客当作个体来对待。

设身处地为顾客着想，并对顾客给予特别的关注，同时营业的时间要充分考虑顾客的实际情况。移情性的本质是通过个性化或顾客化的服务使每一个顾客感到自己是唯一的和特殊的。移情性有如下特点：接近顾客的能力、敏感性和有效地理解顾客需求。

⑤有形性（pangible）——服务的实物特征。

服务的有形性是指服务机构有策略地提供服务的有形线索，帮助顾客识别和了解服务。服务的有形线索是服务过程中能被顾客直接感知和提示服务信息的有形物。战略上强调有形性的行业，包括顾客到企业所在地接受服务的行业，如餐厅、饭店、超市和娱乐公司等。

（2）顾客满意度

顾客满意度反映的是顾客的一种心理状态，它来源于顾客对企业的某种服务产品消费所产生的感受与自己的期望进行的对比。顾客满意度是个人化的感受,能够使甲顾客满意的东西,未必会使乙顾客满意。只有对不同的顾客群体的满意度影响因素非常了解,才有可能实现100%的顾客满意。影响顾客满意度的相关因素分析如图3.7所示。

图3.7　顾客满意度的影响因素

企业不能闭门造车,留恋于自己对服务、服务态度、产品质量、价格等指标是否优化的主观判断上,而应综合考虑所提供的产品服务与顾客期望、要求等吻合的程度如何。

（3）服务价值

顾客对服务价值的感知基于顾客的个人主观判断,其核心是顾客享用该服务而付出的代价与所获得的感知利益之间的权衡（图3.8）,具体体现在以下6个方面:

图3.8　服务价值的感知

①服务价格:是激发人们购买的关键因素,服务经济时代,顾客对于服务价值的认知已经和产品经济时代有了明显的区别,但"服务性价比"依然是影响服务感知的关键因素。

②便利程度:也是影响人们对服务效率感知的重要因素,例如,肯德基、麦当劳等快餐店强调60秒内配餐且口味一致,这种标准化、科学化的快捷配餐方式达到了缩短顾客在店内的等候时间。

③快捷的选择:发达的网络提供了更快捷的选择方式,在线支付与手机支付等也给了人们快捷购买的更多便利。

④丰富的信息:会影响顾客对服务价值的感知,比如在电信市场,过去大家在购买行为中只对手机的外观、质量有要求,现在则会更多地考虑运营商、接通率或计费方式等实际因

素,服务体验整体满意度的要求正在提高。

⑤服务的功能:随着顾客服务需求的多样化及专业性,服务的功能也越来越被重视。现在很多行业都在大力建设自己的 IT 系统,比如金融、电信,其 IT 基础设施基本形成规模,他们遇到的问题已不是买设备,而是管理设备——怎么利用这个系统服务于它的客户,因此在IT 服务功能方面的需求就特别大。

⑥服务的形象等价值:这些价值体现了消费者购买这些服务的目的。

(4)风险认知

①风险的分类。

财务风险:指导致一切有形财产和无形财产(权益、信用)损失或贬值的风险,财产损失通常包括财产的直接损失和间接损失两个方面。在服务感知中,一般是由于消费者决策失当带来的金钱损失。

绩效风险:提供的服务无法一如既往的达到顾客的要求水准;产品不具备人们所期望的性能或产品性能比竞争者的产品差所带来的风险。

物质风险:由于个人或团体的过失行为,造成他人财产损失或人身伤亡,在服务管理过程中由于服务不当给顾客带来身体或随身携带的用品的损害。

社交风险:由于购买某项服务不能得到社交圈子的认可,从而影响顾客的社会声誉和地位,或因购买决策失误而受到他人嘲笑、疏远而产生的风险。

时间风险:消费者因更换不称心的服务可能会需要花费大量的时间与精力,如对酒店服务不满而进行投诉或更换酒店。

②消费者如何避免风险。

一是对于专业技术性服务,购买者可通过调查研究、借助试验、大量收集服务企业的内部和外部的信息等方式避险。

二是听从正面舆论领导者的引导,通过电视、网络、报纸等关注消费新闻,如购买政府部门检验并认可的产品。

三是考察企业的美誉度和信誉度,如在购买前探寻朋友对于该服务或企业的看法。

四是忠诚于满意的服务品牌,可以购买过去曾体验并感觉满意的服务。

3)顾客感知的层次

顾客感知层次主要体现在以下 4 个方面:

①对单个服务接触点的感知,就酒店而言,前台对顾客服务、餐厅对顾客服务都是单个服务接触点的感知。

②对多次服务经历的感知,酒店的回头客及常住客等对酒店的整体服务就会有比较多的印象和感知。

③对单个服务提供商的感知,综合多次的服务经理感知,顾客从而形成对酒店的整体评价。

④对某一服务行业的感知,通过对多个酒店的评价感知,就会形成对该行业的感知印象。

本章小结

- 顾客感知是客户与服务系统之间互动过程中的"真实瞬间",是影响客户服务感知的直接来源,客户感知又以服务接触能力为基础。相比"服务结果","服务过程"的接触更能影响客户满意或质量感知。服务的"功能性品质"比"技术性品质"更重要,因此,服务者往往会设法提升服务的功能性品质,增加客户接触的良好印象,提升客户的服务感知。客户对于服务的感受是在与服务提供者接触的瞬间所形成的。由于服务接触过程涉及较多的客户参与和互动,增加了服务提供时的不确定性和运作管理上的难度与复杂性,任意接触环节应对不当都可能会引起客户的不满,因此,对服务接触过程的服务质量进行监控、测评和改进,已成为各类服务运作和质量管理的重点与难点。

- 服务接触的重要性在于让我们实际观察到服务质量,同时有助于针对服务传递的产生过程、互动行为及结果评估间的关联性进行评估,并将互动结果反馈给客户、服务人员及企业管理层。

【案例讨论】

细微之处见真情

不久前,罗先生在江城某大厦做了短暂的两天停留,酒店细致周到的服务,给罗先生留下了深刻的印象,使其切实体会到了细微服务的魅力。

入住的第一天早晨,罗先生梳洗完毕,将个人携带的洗漱用具随便放在了客房的梳洗台上。用完早餐后,他发现自己携带的洗漱用具被重新摆放了,牙膏、牙刷被放在了一个干干净净的玻璃杯内,摆在最方便拿取的位置上,毛巾整整齐齐地叠放在毛巾架上,剃须刀放在面盆右侧离水龙头较远的地方,而原来摆放在那些地方的用品均被放到了其他的位置上。更令罗先生感到惊奇的是,他放在写字桌上的移动电话充电器旁,竟多了一个接线板!

第二天,罗先生同样又发现了许多个"惊喜":罗先生喜欢吃橘子,故而他仅取了果篮内的橘子吃,其他的水果均未动。这天外出回房后,他发现果篮内不仅添了橘子而且还增加了一个,更值得一提的是所放的橘子味甜无核,十分可口。罗先生非常高兴,立即打电话给酒店的客房部经理,赞扬酒店的服务周到、细致,希望酒店能够长期保持。几分钟后,罗先生接到了酒店客务总监陈先生打来的电话,陈先生代表酒店向罗先生表示感谢,并欢迎他今后多提意见,同时告诉罗先生,若他有什么需要,可随时通知服务员,也可以填写放在床头桌上的"顾客意见卡",写下自己的要求。出于好奇,罗先生在卡上写下了一句话——"被子有些薄,枕头矮了点",随后挂上"请即打扫"牌,外出办事了。晚上回来,客房内的灯亮着,客房内散发着柔和的乳黄色的光线,这与其他酒店开夜床时点亮的节能灯所发出的惨白光线有着截然的不同,令刚从夜幕中归来的罗先生备感明亮、温馨。床上多加了一床被子与一个枕头,垃圾桶内干干净净……

临别时,罗先生给酒店留下了一封信:"……贵酒店的服务堪称一流! 长期以来,我所住过的酒店都是在我提出要求后,酒店才提供一些特别服务,而贵酒店的服务却做在了我的前面,让我真正领悟了服务的魅力,也感受到了未来酒店服务的方向。今后,只要来江城,我都会选择入住贵酒店的……"

案例评析: 目前,许多酒店都将提高酒店软件水平提上主要议事日程,然而,结果大多收效甚微。究其原因,往往都是因为酒店"抓大放小",忽视了对员工满足顾客个性化需求的培训,现有的培训还仅仅停留在简单规范化层面上,故而造成酒店在对客服务过程中陷入比较被动的局面,一方面酒店在不断地努力强化管理,服务越来越趋向于标准化,然而特色也越来越不明显;另一方面顾客的真实需求得不到有效满足,顾客对酒店服务评价不高。而江城这家酒店的客房服务与其他酒店可谓形成了鲜明的对比,他们不仅仅能够满足顾客的需求,而且善于发现顾客的需求,适时满足顾客的需求,给顾客意外惊喜,这种看似简单的服务,实际上是经过酒店人员长期摸索,对服务人员进行不间断培训才能养成,它显示了酒店优质服务的特色。

第4章
顾客满意度与旅游服务质量管理

【教学目标与要求】

- 理解并掌握旅游服务质量的内涵、特性和基本要求。
- 了解影响顾客评估服务质量的范围要素。
- 学习旅游服务质量控制的3种主要方法。
- 掌握分析影响顾客感知服务质量的重要因素。
- 寻找旅游服务质量与顾客满意度之间的联系。
- 学会如何制订全面服务质量的控制策略。

【关键词】

顾客满意;顾客满意度;服务质量管理。

【案例导入】

理想的座位

Z先生因公出差在A酒店住了好几天,他渐渐发现西餐厅领位员好像知道他的小心思一样,每次都将他带到A区靠近窗户的座位上。这天早上,他又来到西餐厅,仍是那个西餐领位员在值班,座位仍旧是A区靠近窗户的那个座位。他终于忍不住问了:"小姑娘,你怎么总带我来这个座位呢?"领位员莞尔一笑:"呵呵,那天带您来这个座位时,您惊叹窗外还有小鸟,看您还拿手机出来拍视频,我就知道您特别喜欢这个位子了。"Z先生听完大受感动,"如此微不足道的小事,这家酒店的普通员工都能关注到,难怪生意这么好呢!"从此以后,Z先生便成了A酒店的常客。

案例评析:分析这名领位员是怎样成功打动Z先生,并让他成了A酒店的常客?

4.1　顾客满意度

4.1.1　顾客的服务期望

1) 预期服务质量概述

预期服务质量是指顾客在消费服务前,对该服务表现的一种期望水平,即对服务企业所提供服务的预期满意度。消费完毕后,顾客将服务的感知表现与期望表现加以比较,最后将会得出满意与不满意等评价。如果顾客对服务的感知水平符合或高于其预期水平,则顾客获得较高的满意度,从而认为企业具有较高的服务质量;反之,则会认为企业的服务质量较低。从这个角度看,服务质量是顾客的预期服务质量与感知服务质量的比较。

预期服务质量是影响顾客对整体服务质量的感知的重要前提。如果预期质量过高,不切实际,则即使他们所接受的服务水平较高,他们仍然会认为企业的服务质量较低。预期服务质量受市场沟通、企业形象、顾客口碑和顾客需求等因素的影响。顾客服务期望感知状态如图 4.1 所示。

图 4.1　顾客服务期望感知状态

2) 顾客的服务期望类型

顾客的服务期望是指顾客心目中服务应达到和可达到的水平,"服务期望"有时等同于"期望的服务"。顾客的服务期望通常分为以下 3 种类型:

(1) 理想的服务

理想的服务又称"欲求服务",是指顾客心目中向往和渴望追求的较高水平的服务,最佳水平是没有上限的,随不同的顾客而变化,因此,理想的服务实际上有一理想水平区,可称服务的理想区间。

(2) 宽容的服务

宽容的服务是指顾客心目中介于理想服务与合格服务之间的服务。"宽容"的意思就是不挑剔和接受。因此,宽容的服务也可称不挑剔的服务。宽容服务的波动范围称服务的宽容区间。

（3）合格的服务

合格的服务是指顾客能接受但要求较一般,甚至较低的服务。

顾客对服务期望的区间范围如图4.2所示。

图4.2　顾客对服务期望的区间范围

3) 影响服务期望的因素

顾客自身的因素、环境因素和服务机构的市场沟通活动、员工的表现和顾客口碑等都对顾客心目中期望的服务产生影响。

（1）影响理想服务的因素

①顾客的需求:在服务消费中,顾客的需要有主需要和辅需要之分,主需要重要,而辅需要相对不重要。例如,教师代表不介意学术午餐质量、"十一"黄金周婚宴通常需要提前半年预订等。

②顾客的背景:包括顾客对服务的认知、动机、态度和价值观等。

（2）影响宽容服务的因素

影响服务宽容区间大小或宽窄的因素主要有顾客的性质、服务的价格、服务的不同方面以及服务的理想区间和合格区间等因素。

①顾客的性质。一是顾客的不同服务要求,如邮件服务中的快件与普通件;二是顾客的不同专业水平,如美食家与一般就餐者;三是顾客的不同消费经历,如老顾客比新顾客的宽容区间窄;四是顾客的不同消费情境,如心情、病情状态等。

②服务的价格:顾客心中对服务的宽容区间一般与服务收费的升降呈反比。

③服务的不同过程:顾客一般对服务产出的宽容区间比较窄,而对服务过程的宽容区间比较宽。因为顾客对服务产出看得比较清楚,比较容易挑剔,而对服务过程一般看不到,心中没底,较难挑剔。

④服务的理想区间和合格区间:宽容区间的变化主要取决于合格区间的变化。当合

格区间的位置上移或上限上移时,宽容区间变窄,顾客变得挑剔;反之,则顾客变得不挑剔。

(3)影响合格服务的因素

①顾客的性质:急需服务的顾客对合格服务的期望比较低,回头客对合格服务的期望水平比较高。

②顾客挑选服务提供者的自由度。顾客挑选服务提供者的余地越大,自由度越高,他们对选中提供者的服务水平要求就越高。

③顾客参与的程度:在服务过程中,顾客参与的程度越高,越容易增加服务产品及与服务过程有关的各个方面的知识,对合格服务的期望就越高。如单点与套餐点单的期望值有所差别。

④服务者不可控因素的出现:如果顾客认为在服务过程中,服务机构会遇上不可控因素而影响服务质量,那么顾客有可能降低对合格服务的要求和期望。例如,出租车服务因堵车等原因将影响顾客对服务的要求。

⑤顾客对服务效果的预期:如果顾客预期服务所带来的效果比较好,那么顾客对合格服务的期望就较高。例如,随着景区门票的涨价,顾客期望值就呈现高标准要求,从而出现投诉的情况也会更多。

不同顾客对服务的期望区间,如图 4.3 所示。

图 4.3　不同顾客对服务的期望区间

(4)同时影响 4 种服务期望的因素

①服务机构公开的承诺:服务机构通过广告、宣传、推销员等市场沟通方式向顾客公开提出的承诺,直接影响顾客心目中理想的或合格的服务期望的形成。常见的有关于服务质量的保证、服务时限的保证、服务附加值的保证、服务满意度的保证等。例如,某些旅游企业承诺:"顾客只要不满意,无论何种原因,都可以全额退款。"

②服务机构暗示的承诺:如五星级酒店的定价和服务环境等促使顾客对其持较高期望。

③服务机构的口碑:如公众和顾客对国际联号和知名品牌的高星级酒店期望更高。

④顾客的经验:顾客经验越多,对该行业服务的理想期望和合格期望水平就越高。

4.1.2　顾客满意与满意度

对于以顾客为中心的旅游企业来说,顾客满意既是一种目标,也是一种营销手段,高度的顾客满意度是旅游企业最具有说服力的宣传。旅游企业要想在激烈的市场竞争中立于不败之地,必须不断地了解顾客的期望与抱怨,及时改进产品和服务,从而在有限的资源范围内使顾客满意最优化。

1) 顾客满意概述

(1) 顾客满意的含义

顾客满意是指顾客对其明示的、通常隐含的或必须履行的需求或期望已被满足的程度的感受,通过对一个产品或一个服务过程的可感知效果与他的期望值相比较后形成的愉悦或失望的感觉状态。

(2) 顾客满意的构成

顾客满意包括产品满意、服务满意和社会满意 3 个层次。

① 产品满意:是指旅游企业产品或服务性能带给客人的满足状态,包括产品的内在质量、价格、设计、包装、时效等各方面的满意情况。产品的质量满意层次是顾客满意的最基础因素。

② 服务满意:是指产品或服务性能在不同的生命周期阶段采取的服务措施令客人满意,主要指在服务过程中的每一个环节上都能设身处地地为顾客着想,做到有利于顾客、方便顾客,顾客不止接受到良好而满意的服务,而且在心理上得到满足。

③ 社会满意:是指顾客在对旅游产品和服务的消费过程中所体验到的对社会利益的维护,主要是指顾客整体社会的满意情况,它要求旅游企业的经营活动要有利于社会文明进步。

2) 顾客满意度概述

(1) 顾客满意度的含义

顾客满意度,也称顾客满意指数,是顾客满足情况的反馈和评价,它是顾客期望与顾客体验的匹配程度,即顾客对服务本身的可感知效果与其期望值相比较后得出的指数。

"满意"并不是一个绝对概念,而是一个相对概念。企业不能闭门造车,留恋于自己对服务、服务态度、产品质量、价格等指标是否优化的主观判断上,而应考察所提供的服务与顾客期望、要求等吻合的程度如何。

(2) 顾客满意度层次与级度

顾客满意级度是指顾客在消费相应的产品或服务之后,所产生的满足状态等次。

顾客满意度是一种心理状态,是一种自我体验。对这种心理状态也要进行界定,否则就无法对顾客满意度进行评价。心理学家认为,情感体验可以按梯级理论划分成若干层次,相应地可以把顾客满意程度分成 7 个级度。根据心理学的梯级理论,顾客满意度可分为以下 7

个级度：

①很不满意状态：是指顾客在消费了某种商品或服务之后感到愤慨、恼羞成怒、难以容忍，不仅企图找机会投诉，而且还会利用一切机会进行反宣传以发泄心中的不快。

表现特征：愤慨、恼怒、投诉、反宣传。

②不满意状态：是指顾客在购买或消费某种商品或服务后所产生的气愤、烦恼的状态。在这种状态下，顾客尚可勉强忍受，希望通过一定的方式进行弥补，在适当的时候，也会进行反宣传，提醒自己的亲朋不要去购买同样的商品或服务。

表现特征：气愤、烦恼。

③不太满意状态：是指顾客在购买或消费某种商品或服务后所产生的抱怨、遗憾状态。在这种状态下，顾客虽心存不满，但想到现实就这个样子，不要要求过高，于是就认了。

表现特征：抱怨、遗憾。

④一般状态：是指顾客在消费某种商品或服务过程中所产生的没有明显情绪的状态。也就是对此既说不上好，也说不上差，还算过得去。

表现特征：无明显正、负情绪。

⑤较满意状态：是指顾客在消费某种商品或服务时所产生的好感、肯定和赞许的状态。在这种状态下，顾客内心还算满意，但按更高要求还差之甚远，而与一些更差的情况相比，又令人安慰。

表现特征：好感、肯定、赞许。

⑥满意状态：是指顾客在消费了某种商品或服务时产生的称心、赞扬和愉快的状态。在这种状态下，顾客不仅对自己的选择予以肯定，还会乐于向亲朋推荐，自己的期望与现实基本相符，找不出大的遗憾所在。

表现特征：称心、赞扬、愉快。

⑦很满意状态：是指顾客在消费某种商品或服务之后产生的激动、满足、感谢的状态。在这种状态下，顾客的期望不仅完全达到，没有任何遗憾，而且可能还大大超出了自己的期望。这时顾客不仅为自己的选择而自豪，还会利用一切机会向亲朋宣传、介绍推荐，希望他人都来消费。

表现特征：激动、满足、感谢。

（3）顾客满意度的特点

①主观性：顾客的满意程度是建立在其对产品和服务的使用体验上，感受对象是客观的，而结论却是主观的。它与顾客自身条件（如知识、经验、收入状况、生活习惯、价值观念等）有关。

②层次性：心理学家马斯洛指出，人的需求有五大层次，处于不同需求层次的人对产品和服务的评价标准不同，因而不同地区、不同阶层的人或同一个人在不同条件下对某个产品或某项服务的评价可能不尽相同。

③相对性：顾客对产品的技术指标和成本等经济指标通常不熟悉，他们习惯于把购买的产品和同类型的其他产品或和以往的消费经验相比较，由此得到的满意或不满意具有相对性。

④阶段性:任何产品或服务都带有生命周期性或阶段性的特点,这就导致了顾客对产品的满意程度来自过去的使用体验,或是在过去多次感知服务的过程中形成的。

4.1.3　顾客满意度测评

1)顾客满意度测评维度

（1）横向方面

①理念满意:是旅游企业经营管理理念带给顾客的满足状态,其测评维度会重点关注企业经营宗旨满意、经营哲学满意和经营价值观满意等。

②行为满意:是旅游企业全部的运行状况带给顾客的满意状态,其测评维度要重点放在对其行为机制满意、行为规则满意和行为模式满意等。

③视听满意:是旅游企业具有的外在形象带给顾客的满意状态,应关注企业标志满意、标准字满意、标准色满意以及3个基本要素的应用系统满意等。

④产品满意:是旅游企业的产品带给顾客的满足状态,如产品质量满意、产品功能满意、产品设计满意、产品包装满意、产品品位满意和产品价格满意等都是顾客满意度测评体系的重中之重。

⑤服务满意:是旅游企业各项服务带给顾客的满足状态和整体感觉,应关注测评保证体系满意、服务的完整性和便捷性满意、服务的时效性和质量性满意、消费氛围和环境满意等各方面的因素。

（2）纵向层次

①物质层面:是旅游企业产品的核心层次,物质层面满意就是顾客对旅游企业产品物质层产生的满意情况,各个企业管理者应重点在产品的功能、设计和品种等方面的满意要素上下功夫。

②精神层面:是旅游企业产品和服务的形式层和外延层,精神层面满意是指对旅游企业产品的精神层产生的满意感受,如产品的外观、色彩、装潢、品位和服务等直接会影响顾客的精神层面的满意水平。

③社会层面:是顾客在对企业产品和服务的消费过程中所体验的社会利益维护程序的满意,如顾客整体的社会满意程度。

2)顾客满意度测评方法

顾客满意度可通过直接或间接的测量方法得到。顾客满意度的直接调查法是通过顾客满意度调查来获得的;顾客满意度的间接测量法包括追踪和检测销售记录、利润以及顾客抱怨等。下面介绍的是旅游企业中常用的顾客满意度的调查方法:

（1）百分比量表法

百分比量表法是指旅游企业请顾客对其服务情况根据百分比量表进行评价的方法。该方法实质上就是请顾客给旅游企业的服务质量给出一个具体的分数。从表面上看,这种方法量化程度较高,但是一个分数并不能反映旅游企业存在的问题,不能提供提升顾客满意度的直接改进意见。

（2）满意序列表法

满意序列表法是由企业向顾客发放一种五点序列量表,五点分别为很不满意、有点不满意、一般、有点满意、很满意;然后由顾客进行选填,旅游企业回收调查表,进行统计分析,得到一个满意度分会的方法。这种方法尽管对于满意度分值本身提供了更多的含义,但它仍是缺少一种诊断能力的指标来提升旅游企业改进的特定领域,不能对旅游企业要改进的领域进行说明。

（3）组合的方法

组合的方法在满意调查中使用定量分析与定性分析相结合的方法。在定量评分的基础上,旅游企业鼓励顾客提出企业应怎样才能做得更好的建议,然后旅游企业将这些建议进行分类,并确定这些建议在实施改进中的顺序。把定性分析和定量分析的资料进行有机结合,提高了顾客满意度调查的精准性,并为旅游企业的服务质量改进指明了方向,如喜来登饭店顾客满意度调查表即是采用了组合的方法对顾客满意度的调查。

3）顾客满意度测评模型与指标设定

服务质量分为“客观质量”和“感知质量”。客观质量是生产导向,感知质量是顾客导向,两者存在明显差异。“顾客满意度测评”主要是从“感知质量”方面进行考量,感知质量受消费者背景和偏好的影响,影响消费者决策行为。把消费者的感知质量评价作为服务质量评价标准进行调查,也称为“感知质量调查”。感知质量调查不是向客户询问工作人员做了什么,而是直接询问服务感受或满意程度,关注的是客户“感受到的服务质量”和最终的“服务效果”,顾客满意模型如图 4.4 所示。

图 4.4　顾客满意模型

感知质量调查特别关注客户关心什么,哪些是关键影响因素?搜集相关影响指标(具体测评指标体系见图 4.5),利用统计技术,可计算出各级指标对上一级指标的影响强度,从而找出关键的影响因素;结合指标满意度表现和影响程度,找出服务短板,优化资源配置。由于服务落实度调查对规范员工行为特别有效,发展出“神秘顾客”这样新的调查方式,并被广泛应用于各个旅游企业单位,尤其是窗口部门。

图 4.5 顾客满意度指数测评指标体系层次图

4) 顾客满意度测评的数据来源

（1）顾客意见调研

①问卷调查,是客观、系统地了解顾客需求的最有效途径,也是旅游企业顾客满意度测评的必要条件。问卷调查的方法有发放问卷调查、邮寄问卷调查、网上问卷调查、电话调查等。

②小组座谈会,选取一组具有代表性的顾客,在主持人的组织下对某个专题进行讨论,通过参与者之间的互动激发新的思考和想法。

③神秘顾客调查,由企业指派暗访人员以普通消费者的身份进入指定的检测地点,对事先规定的检测要点进行观察或亲身体验检测,在打分记录之后以普通消费者的感知对各项检测要点作出满意度评价,并提出相关改进意见或建议。这种方法,为旅游企业尤其是饭店业切实掌握整个服务系统的工作方法、工作流程、人员态度、应对技巧、语言以及处理突发事件的方法等提供了客观事实,使饭店能更有效、更深入地满足顾客需求。

（2）宾客投诉（抱怨）率

投诉率是指消费了旅游企业提供的产品或服务之后产生抱怨的比例。顾客的抱怨是不满意的具体体现,通过了解顾客抱怨率与抱怨的内容,就可以知道顾客的不满意状况,所以宾客投诉率也是衡量顾客满意度的最重要指标。如今的各大饭店都建立了顾客抱怨的情报系统,除了设立专人随时处理来自顾客的抱怨外,还建立了一种保险机制,收集来自营销人员、经销商、网站等相关顾客反馈的信息,甚至是竞争对手反映出来的顾客意见。

（3）旅游企业内部营销数据分析报表

有不少顾客对旅游企业提供的产品或服务不满并发出明确的抱怨信息,或代之以购买竞争对手的产品或服务,对此,旅游企业可建立内部营销数据分析机制,收集顾客潜在或隐形的抱怨信息。

4.1.4　顾客满意度提升途径

1) 与顾客有效沟通

旅游企业产品生产和服务过程本身就是一种人际互动与沟通,这也是企业产品和服务销售与一般商品销售的差别之所在。设法与顾客建立良好的沟通氛围和环境,让其放松心情,稳定情绪,才是最好的沟通。此外,旅游产品和服务的提供者还要让顾客能感受到你的职业美德。每个员工都应让顾客感受到你是忠诚工作、诚恳待人、充满爱心和热情的人,这样顾客才会信任你,才会乐于接受你所提供的产品和服务。

2) 肯定和接纳顾客

员工提供服务时要让顾客感觉到被肯定、被接纳。服务客人时要有耐心,保持微笑。一般情况下,微笑和应答可以让客人感到你乐于为他服务,对引起冲突或纠纷而发脾气的客人而言,有时微笑或换位思考比任何解释更可能说服他。

【知识链接】

微笑背后的科学

喜剧演员菲利斯·狄勒(Phyllis Diller)曾说:"笑能解决一切问题。"确实,笑能让人着迷,让人放下警惕,但是也可能具有误导性。如果深究就会发现,笑其实并不都那么好,因为它是较容易假装的事物之一。那么,为什么我们如此善于佯装笑容呢? 研究表明,假笑实际上能够让你的心情变好,而并不仅仅是人们当前情绪的一种体现。在具有心理压力的环境下,微笑者恢复得最快。因此,不管是不是发自真心,微笑都是缓解压力的良药。

不过,这种效果也有另外一面。来自美国伊利诺伊大学和加州大学的研究者们研究了职业拳击手在比赛开始前对峙时的笑容,是否能够预测谁会是赢家。让人意想不到的是,赢家在对峙期间的微笑比输家程度更小,而一拳制胜的赢家笑得则最不明显。这说明在需要身体支配的情境下,微笑可能是让步和下级地位的象征。微笑的拳击手不自觉地透露出了自身的弱势,因此,让对手在心理上更胜一筹。所以,在充满竞争的环境中,控制自己的情绪,并表现出庄严的面孔是一种较好的策略。

人们出于各种原因笑或者不笑,而并不仅仅看他们内心有多快乐,更多的是一种社交需要。俗话说得好,"识时务者为俊杰"。下次你在拍照的时候,一定要记住说"cheeks"。这不但能让你的嘴型更好看,还能提醒你把脸颊上提,装出一个满足的,看上去十分真实的微笑。

(根据《科技资讯》2014-12-28 整理)

3）满足顾客合理要求

为了提高顾客的满意度，只要顾客提出的要求合理，服务人员就应当予以满足，除了主动用心了解顾客的需求外，还要用心设计和采纳一些技巧，对自身的判断力充满信心，运用一定的授权或关系协调来解决顾客的困难。对于救宾客于危难之际的雪中送炭的举动往往比锦上添花的服务更能获得客人的最高满意度。

4）提高对顾客的关怀

体贴和体谅顾客不仅体现在旅游产品生产的标准化中，更体现在规范化和程序化服务以外的方方面面，尤其是那些充满人情味，又让顾客十分敏感的细节之处，往往能给客人带去惊喜，从而提高顾客的满意情况，利于培养顾客的忠诚度。

【知识链接】

喜来登酒店宾客满意度测量控制程序

1）信息控制

①宾客意见反馈（包括宾客抱怨和投诉）。

②喜来登酒店监视、测量获得的信息。

公关销售部负责按本文件要求做好宾客意见的收集、汇总工作。

2）结果控制

①宾客满意程度的数据分析指标。

②宾客不满意度的数据分析指标。

③不合格服务。

质量管理部每月发布《宾客满意月度分析报告》，识别和改进存在的问题。

3）活动控制

（1）宾客满意度的日常监视方法

宾客满意度的日常监视方法有发放、收集意见表；提供服务中和提供服务后与宾客谈话、问询；不定期的拜访；设置投诉电话；其他形式的收集。

（2）宾客满意度的日常监视

①客房部服务人员每天在客房中放置《宾客意见表》，收集宾客对本喜来登酒店客房、餐饮、康乐等服务的质量意见，对宾客已填写的意见表，服务人员及时收集，转交公关销售部。

②对在与宾客接触面上提供服务的各部门、人员都有责任在服务提供中与服务提供后通过与宾客谈话、问询的方式对宾客满意的信息进行监视和收集，发放《宾客意见表》。对重要的宾客满意信息，应按《内部沟通程序》的规定及时传递至公关销售部。

③公关销售部销售经理、质量管理部客户关系主任按《宾客沟通程序》的要求不定期对喜来登酒店客户进行拜访，整理形成《客户拜访记录》。

④设置宾客投诉电话，大堂副理负责接听，及时收集处理反馈宾客要求、意见，填写《宾

客投诉意见表》。

⑤全体员工都应注意在日常工作中以各种形式,倾听、问询、收集宾客满意信息,传递反馈至公关销售部。

(3)宾客满意度的定期测量

①公关销售部制订季度《宾客满意度测量计划》,确定测量的负责人、时间、方法、频次,并组织具体实施。

②现阶段宾客满意度的定期测量方法有:向市场公众发放《市场问询调查表》,收集市场对喜来登酒店服务满意或不满意的信息及要求事项;市场销售人员对宾客的登门回访;开展与宾客的联谊活动。

③公关销售部整理季度测量结果,编制《宾客满意测量季度报告》,分析存在的主要问题和事项。

(4)投诉管理

对在宾客满意监视和测量过程中发现的宾客抱怨、投诉等不合格服务应按《不合格控制程序》相关规定进行妥善处置。

(5)满意度监测

公关销售部负责建立《宾客满意监视和测量统计台账》,分服务项目、类别对宾客满意信息进行整理统计。

(6)宾客满意度的分析评定和改进

①公关销售部每月对收集的信息按《数据分析程序》的相关要求进行统计分析,计算出喜来登酒店和各部门宾客满意率的项目、数量和百分比,确定宾客满意程度的特性及趋势,找出与目标值和竞争对手的差距和持续改进的问题点,编制《宾客满意月度分析报告》。

②宾客满意的统计信息,输入《预防措施控制程序》以采取相应的预防措施,持续改进体系、服务质量及服务过程,增强宾客满意。

(资料来源:喜来登酒店质量内控手册。)

【案例分析 4.1】

新顾客的老经验

张先生近来高兴事儿特别多。因为这个月为他带来了许多"第一":第一次获得公司的大奖;第一次乘坐飞机;第一次随旅行团出国旅游。在飞机上,他感到什么都那么新鲜、那么好奇。他原以为只有在电影里机舱才是那么明亮,没想到在真实世界里的感觉更好;他原以为有那么多人排队,一定会有人没座位,还在想自己要不要学雷锋让座给同行团友,没想到根本不用操那份心;他原以为飞机的颠簸会出现晕机,借着坐火车的经验,专门要了一个靠窗的座位,难受的时候可以打开窗户透透气,上了飞机才发现没有这种可能性,更没想到反而把自己堵在里面,每次内急都要先"通知"邻座的年轻人方能通行;他原以为火车上的饮料贵,飞机上的肯定会更贵,没想到背了那么几瓶矿泉水在安检时被自己灌饱后还得扔两瓶,感觉真可惜,为此还一直担心在飞机上太渴怎么办,没想到飞机上喝水喝饮料竟然都不要钱;他原以为……真是太多的"原以为"和"没想到"！要乘坐8个多小时,又睡不着,张先生就边看影片边喝饮料,但又不敢多喝,喝多了总是打扰邻座多不好。好在邻座的小伙子想好好睡觉,见张先生跑得比较勤,就干脆与他对换了座位,这就为张先生多喝饮料创造了条件。张先生最怕麻烦别人,但从不怕别人麻烦他,而且认为这是别人看得起他,使他有机会可能"为人民服务",所以"靠走道坐"是他学习到的第一个经验。另一个经验就是,不要在空姐们推车送饭送饮料时上洗手间,否则会堵在走道上,进退两难。这种状况张先生已经遇到了两次,他可不想再像傻瓜一样站在过道的尽头等着空姐慢悠悠地完成工作任务,甚至连看都没有看到他,这种感觉真不好。

案例评析:1.张先生这样不停地反省自己,其实最应该反省的是谁?

2.旅行社或机舱服务人员应如何让张先生打消他的顾虑,好好享受他的旅程?

4.2　旅游服务全面质量管理

4.2.1　服务质量管理的意义

顾客服务已成为旅游企业赢得竞争的最终武器。服务质量管理与企业的生存和发展息息相关。

首先,加强服务过程的质量管理有利于增强服务性企业的竞争力。在服务过程中,顾客不仅会关心他们所得到的服务,而且还会关心他们是"怎样获得"这些服务,尤其是当同类型或同档次的服务性企业提供的服务大同小异时,"怎样提供"服务将成为顾客选择服务性企业的重要标准。

其次,加强服务过程的质量管理是防止服务差错、提高顾客感觉中的整体服务质量的有力举措。在服务过程中消费者和生产者必须直接发生联系,顾客必须参与服务的生产过程中去才能最终享用到服务的使用价值。由于顾客高度参与服务的过程给服务性企业的质量控制带来了很多难以预料的随机因素。顾客一旦对服务的某一方面不满,可能会导致他们对整个企业的全盘否定,这就是服务性企业经营管理中著名的"100 − 1 = 0"效应。

最后,加强服务过程的质量管理有助于树立企业良好的市场形象,增强顾客"认牌"购买的心理倾向。研究表明,顾客购买服务的风险很大,为了降低风险,他们往往对自己认可的企业或市场形象好的企业有较高的忠诚度。从某种意义上说,服务质量与企业形象是互为相长的。一方面,加强服务过程的质量管理可大大提高顾客感觉中的整体服务质量,帮助企业树立良好的市场形象,培养顾客的品牌忠诚度;另一方面,服务性企业的市场形象又会对顾客实际经历的服务质量产生重大影响。

4.2.2　服务质量差距模型

经过长期营销实践,美国服务营销学者蔡特哈莫尔、毕特和柏拉舒拉曼3人在1985年提出,建立一个以消除服务质量差距为目标的"服务质量 5 大差距模型(The 5-Gap Model of Service Quality)",专门用来分析质量问题的根源,突出解决质量管理是服务行业中独特的难题,如图 4.6 所示。

图 4.6 服务质量 5 大差距模型

服务质量 5 大差距模型有:

(1)质量差距-1——服务机构所了解的顾客期望与实际的顾客期望之间的差距

原因主要有:对市场研究和需求分析的信息不准确;对期望的解释信息不准确;没有需求分析;从企业与顾客联系的层次向管理者传递的信息失真或丧失;臃肿的组织层次阻碍或改变了在顾客联系中所产生的信息。

(2)质量差距-2——制订的服务标准与所了解的顾客期望之间的差距

原因主要有:计划失误或计划过程不够充分;计划管理混乱;组织无明确目标;服务质量的计划得不到最高管理层的支持。

(3)质量差距-3——服务企业的服务执行与制订的服务标准之间的差距

原因主要有:标准太复杂或太苛刻;员工对标准有不同意见,例如,一流服务质量可以有不同的行为;标准与现有的企业文化发生冲突;服务生产管理混乱;内部营销不充分或根本不开展内部营销;技术和系统没有按照标准为工作提供便利。

(4)质量差距-4——服务机构对顾客的承诺与服务实际之间的差距

原因主要有:营销沟通计划与服务生产没统一;传统的市场营销和服务生产之间缺乏协作;营销沟通活动提出一些标准,但组织却不能按照这些标准完成工作;有故意夸大其词、承诺太多的倾向。

(5)质量差距-5——顾客的服务期望与顾客的服务感知之间的差距

原因主要有:消极的质量评价(劣质)和质量问题;口碑不佳;对公司形象的消极影响;丢失业务。

通过差距分析模型,管理者可以发现质量问题的根源,并寻找适当的消除差距的措施。差距分析是一种直接有效的工具,它可以发现服务提供者与顾客对服务观念存在的差异。明确这些差距是制订战略、战术以及保证期望质量和现实质量一致的理论基础。

4.2.3 服务质量管理模式

针对服务质量的 5 个差距如何进行管理? 将重点探讨以下 3 种服务质量管理模式:产品生产模式、消费者满意程度模式和相互交往模式。

1) 产品生产模式

美国著名管理学家莱维特(Theodore Levitt)在 20 世纪 70 年代提出"服务工业化"的观点。他认为,管理人员可以引进流水作业,通过生产体系和人员合理分工,客观地控制无形产品的质量,企业可使用现代化设备(硬技术)和精心设计的服务操作体系(软技术),取代劳动密集型的服务工作,进行大规模生产,提高生产率和质量。

产品生产模式取决于两个假设:一是管理人员能够全面控制投入生产过程中的各种资源和生产过程使用的技术;二是管理人员规定的质量,消费者感觉中的服务质量与消费者行为之间存在明显的对应关系。

在面对面服务的过程中,这些条件并不存在,通常服务属性很抽象,企业能够完全控制的属性很少。在服务过程中出现的差错,会使消费者对一系列服务属性的看法发生不利的影响。他们感觉中的服务质量是由他们与服务人员短暂的交往过程中决定的。

产品生产模式具有管理人员容易确定的质量标准,便于衡量和控制服务质量等优点,但也有缺点:

①把服务属性看成可以观察、测量的有形属性,不能表明服务过程和消费过程的特点。

②把不同时间、不同场合、不同服务人员为不同消费者提供的不同服务等同起来。

③把顾客的消费行为简单地理解为合理的经济动机,而实际上消费者的行为往往不是合理的经济动机激发的,而是由他们的特殊习惯、心理需要和社会习俗指导的。

④只强调企业内部组织结构和管理人员规定的服务结果,忽视企业外部因素和消费者的感觉。

2) 顾客满意模式

"顾客满意模式"是服务业应用最广泛的一种模式,服务质量不仅和服务结果有关,而且和服务过程有关。它强调消费者对服务质量的主观看法,认为消费者是否会选用并反复购买某种服务,在服务过程中是否会和服务人员合作,是否会向他人介绍这种服务,是由消费者对服务过程的主观评估决定的。

消费者满意程度研究极大地丰富了管理人员对服务质量的理解,促使他们重视服务质量的动态性、主观性、复杂性等特点。从而能够引导企业和服务人员建立以顾客为导向的服务质量模式,注重服务的过程管理和了解顾客的感受。但是,消费者满意程度模式也存在以下缺点:

①片面强调消费者的满意程度,使企业难以兼顾员工的利益、企业的利益和企业的社会责任。

②忽视有关环境的影响。当消费者不了解企业之间的竞争,或当他们轻信某一企业广告宣传的服务属性和市场形象而对该企业的服务感到满意,这种满意都不是真正的满意。

③根据消费者满意程度研究的服务质量,要求管理人员将注意力从服务过程和服务结果转移到消费者的心理感受。消费者满意程度模式,实际上仍然将服务过程和消费过程分隔开来,并未克服产品生产模式的缺点。

④顾客满意度具有很大的主观性,难以准确测量。在消费者满意程度研究中使用的许多测量方法,实际上仍在测量服务的另一种静态、客观、有形的属性,而不是测量消费者对服务质量的主观评价。

3) 相互交往模式

近年来,许多企业管理学家和营销学家指出:面对面服务的核心应该是消费者和服务人员的交往,管理人员根据相互关系理论、角色理论等相互交往理论,分析面对面服务,指导面对面服务设计和管理工作。以美国波士顿大学彼德·G.克劳斯(Peter G.Klaus)为代表提出这种理论,特别强调了服务中的关系质量问题,在实施管理时比较难以掌握。

(1)面对面服务质量受以下因素的影响

①服务程序:在消费者和服务人员相互交往的过程中,与服务工作有关的行为方式是由企业的标准操作规定的,双方之间的"礼节性"行为是社会规定的。

②服务内容:指消费者和服务人员需完成的任务和需满足的心理需要。

③消费者和服务人员特点:消费者和服务人员同样重要,双方的行为方式与主观感觉也是面对面服务的要素。

④企业特点和社会特点:企业特点、社会特点、文化特点等一系列外部因素也会影响消费者和服务人员的相互交往。企业管理人员的主要管理方法是作好服务组织工作,并支持、激励员工提供优质服务。

⑤环境和情境因素:包括有形环境和服务时间,也包括与消费者和服务人员有关的特殊情况,如双方的心情、疲劳程度、消费者有多少时间接受服务等。

(2)面对面服务质量管理模式

面对面服务质量是上述各个因素共同影响的结果,主要是由协调、完成任务和满意3个层次组成的。

①协调:优质服务的首要条件是服务人员和消费者之间的礼节性行为和感情交流。如服务人员欢迎和尊重消费者,消费者对服务人员同样有礼貌。

②完成任务:优质服务也是消费者和服务人员都能完成各自任务,实现服务的目的。

③满意:消费者和服务人员都会根据自己的期望,评估满意程度。

这3类不同的服务质量管理模式适用于不同类型的企业,都无法普遍地用于企业的服务活动中。在实际工作中,单纯地套用某一模式通常并不适合具体的服务工作,企业应在借鉴某一适用模式的基础上,分析服务特点及影响因素,对服务质量管理过程的各个环节采取相应的管理办法。

【知识链接】

ISO 9000 质量管理体系在酒店的应用

用 ISO 9000 标准进行酒店质量管理,并以通过 ISO 9000 认证,获得第三方注册认证证书,成为不少酒店企业提升服务质量的手段。

导入 ISO 9000 质量管理体系的好处:

(1)规范酒店的各项管理服务程序,有助于提升酒店的管理水平

酒店服务具有生产与消费同步的特点,酒店管理迫切需要一种能事先预防、过程控制、持续改进的管理方法,而这些方法正是 ISO 9000 质量管理体系所具备的管理思想和体系运作模式。

导入该体系,酒店在初审阶段就将管理现状进行评估,会将酒店管理和服务精细到每个人、每件事、每一天、每一处。除了接受内审,酒店还要进行管理评审,以及第三方的认证审核,对程序运行中产生的问题,不断改进,在规范的基础上进一步提高酒店管理和服务水平。

(2)提升顾客满意度,利于企业树立良好的形象

导入该系统,酒店会建立以"顾客为关注焦点"的质量方针和质量目标,酒店还须对顾客的满意程度进行监视和测量,并对测量的结果进行改善。是打造优质品牌的有力证据,对于树立酒店良好外部形象起到重要作用。

(3)利于企业控制成本

酒店行业竞争激烈,控制成本费用的压力很大。导入 ISO 9000 质量管理体系将大大降低管理成本;酒店管理更加精细化,用制度和程序将无谓的浪费降到最低,降低各项费用开支。除了在节约开支方面作用明显外,在各项程序制度的指引下,酒店服务不断提升,提升顾客满意度,增加酒店营业收入。

导入 ISO 9000 质量管理体系常见的问题:

(1)重证书,轻改善,一些酒店管理人员认识有偏差

有些酒店导入 ISO 9000 质量管理体系的目的,只是为了获得第三方认证的证书,认为导入的过程就是迎接检查的过程。因此,在导入过程中,往往采用"搞运动"的操作方式,认证结束,获取证书,质量体系的运作也就此结束了,导致质量管理体系流于形式。

(2)质量管理体系符合性、有效性不强

①咨询公司及内部员工专业性不强,体系策划存在明显缺陷。

导入质量管理体系是一个技术性、专业性很强的工作,顺利完成贯标、认证,不仅需要咨询公司和酒店工作小组的鼎力配合,更重要的是咨询师和酒店项目小组要对质量管理体系、酒店行业特点以及酒店的实际情况有足够的专业能力和把控能力。

②必须符合导入酒店的实际情况才能发挥作用。

不少酒店由于多方面原因,在策划和导入体系时,不尊重酒店的实际情况,不量身裁衣,导致质量管理目标和方针严重脱离实际;有的酒店为了图方便,从网络或其他渠道下载成型的管理手册、程序文件和操作流程,但在实际运作时,很多服务程序会因自身条件不相符或者客源的限制无法实施。这一因素也是导致符合性、有效性较差的原因。

③员工流动率高、培训不到位,影响体系正常运行。

质量管理体系发挥良好作用,需建立在员工熟练操作的基础上。近几年,酒店员工流动率居高不下。新上岗的员工缺乏应有的体系培训,对体系的要求、运作模式缺乏了解,在日常工作中,无法按照操作文件的要求和标准提供服务。因此,员工频繁流动,再加上培训不到位,严重影响了体系的正常运行。

(3)程序繁杂,费用提升,基层员工难于应付

ISO 9000 质量管理体系的运行依赖于文件、程序的控制。管理者为了更加严密地解决服务、管理中发现的问题,往往利用烦琐的程序加以控制。就会出现一个简单的问题需要多个部门、多个环节相互控制。控制的环节越多,需要的人也越多,各项费用也会不断提升。

另外,在导入初期,酒店员工尤其老员工,对体系的运行往往不习惯,感觉增加了很多额外的负担,往往会暗中抵制,甚至有的为了交差,伪造记录和文件。

解决方法和思路:

(1)最高管理者重视、全员参与,是顺利导入体系的组织保证

新的体系能够在酒店生根、发芽、开花、结果,需要全员参与,尤其作为酒店最高管理者的总经理,必须提供各种必要的资源加以推进。最高管理者担任变革的带头人,有利于推动部门与部门之间的协调和沟通;让广大员工积极投入导入体系的工作中去,也是顺利导入管理体系的基础条件。虽然在导入初期,由于管理理念和手段的变化,会给广大员工带来不便和额外的麻烦,甚至很不适应。但从长期来看,导入体系的目的不仅是改善工作,更是提升整体员工的服务意识和服务素养,对个人的成长和发展十分有利。

(2)选择成熟的咨询公司,搭建有执行力的项目小组,是成败的关键

导入体系除了需要领导的重视和员工的积极参与,作为项目责任人的咨询师、管理者代表和酒店内审员的素质和执行力更重要。因为项目实施的进度、文件策划水平的高低、甚至外审是否顺利,都与项目责任人密不可分。

(3)应充分利用管理评审评价手段进行实施

充分利用管理评审有效评价酒店业绩,对计划指标、指导文件和工作流程进行动态管理,这样才能使 ISO 9000 质量管理体系的实施效果得以不断提升和改进。

评价酒店的业绩和管理体系不应流于形式,而应切实地评价其充分性、适宜性和有效性。除评价质量指标、财务指标外,还应评价服务水平与态度、员工素质、服务效率、新产品创新能力等指标。应根据指标的完成情况,结合政策和环境的变化,对已不适合的指标作出调整,对已不具操作性的指导文件和工作流程作相应更改,以做到持续改善。

(资料来源:中国旅游报)

本章小结

● 随着旅游业的不断发展成熟和中国旅游市场的逐渐开放,我国旅游企业面临着国际国内竞争日益激烈。旅游企业要想在高度自由竞争的市场上取得优势,提供顾客满意的服务是竞争的焦点和核心问题,其关键是服务质量。面对日趋成熟的消费者,怎样向顾客提供最佳的服务?怎样最大限度地满足旅游消费者不断变化的需求?这是国内各大旅游企业现在必须考虑的一个问题。如今旅游市场价格竞争已逐渐探底,旅游服务质量便无疑成为了占据旅游市场的关键因素。因此,各大旅游企业必须建立顾客导向的全面服务质量管理策略,注重通过优质的服务质量提升顾客的满意度。

【案例讨论】

丽思·卡尔顿酒店的全面质量管理精髓

丽思·卡尔顿酒店(Ritz-Carlton)建于 1927 年,作为酒店业中的第一个也是唯一获得了"梅尔考姆·鲍尔特里奇国家质量奖"。这项奖是在美国国会授权下,以美国前商业部长命名,由美国国家技术与标准学会设立的最有权威的企业质量奖。

今天,"丽思"已经成为豪华和完美的代名词。在《新英汉词典》中,它的中文注释是:极其时髦的、非常豪华的。

丽思·卡尔顿酒店的成功与其服务理念和全面质量管理系统密不可分。全面质量管理最初是在生产领域产生并得以应用,其基本含义包括以下 4 个方面:

第一,强烈地关注顾客。

第二,坚持不断地改进。

第三,改进组织中每项工作的质量。

第四,精确地度量。

在丽思·卡尔顿酒店,无论总经理还是普通员工都会积极参与服务质量的改进。高层管理者要确保每一个员工都投身于这一过程,要把服务质量放在饭店经营的第一位。高层管理人员组成了公司的指导委员会和高级质量管理小组。他们每周会晤一次,审核产品和服务的质量措施、宾客满意情况、市场增长率和发展、组织指示、利润和竞争情况等,要将其

1/4 的时间用于与质量管理有关的事务,并制订两项策略来保证其市场上的质量领先者的地位,其第一项质量策略就是"新成员饭店质量保证项目",高层管理者确保每一个新成员饭店的产品和服务都必须满足集团顾客的期望。这一项目始于一个叫"7 天倒计时"的活动,高层经理亲自教授新员工,所有的新员工都必须参加这项活动,公司总裁向员工们解释公司的宗旨与原则,并强调 100% 满足顾客的需求。100% 满足顾客是丽思·卡尔顿高层管理人员对质量的承诺。具体地说,公司遵循下列 5 条原则:

①对质量承担责任。

②关注顾客的满意度。

③评估组织的文化。

④授权给员工和小组。

⑤衡量质量管理的成就。

丽思·卡尔顿酒店长期秉承的全面质量管理的黄金标准如下:

1.信条

对丽思·卡尔顿酒店的全体员工来说,使宾客得到真实的关怀和舒适是其最高的使命。

2.格言

"我们是为女士和绅士提供服务的女士和绅士。"这一座右铭表达了两种含义:一是员工与顾客是平等的,是主人与客人的关系;二是酒店提供的是人对人的服务,强调服务的个性化与人情味。

3.直观三部曲

丽思·卡尔顿酒店将其服务程序概括为直观的三部曲:

(1)热情和真诚地问候宾客,如果可能的话,做到使用宾客的名字问候。

(2)对客人的需求作出预期和积极满足宾客的需要。

(3)亲切地送别,热情地说再见,如果可能的话,做到使用宾客的名字向宾客道别。

4.基本准则

具有丽思特色的服务战略——注重经历,创造价值。

全面质量管理使丽思·卡尔顿在竞争中处于有利位置,同时它在营销方面也不甘落后,采取一些有效的营销战略,使其经营管理更加面向顾客,它强调顾客的特殊活动,并通过其富有创造性的营销活动为顾客创造价值。

丽思·卡尔顿公司通过对质量的严格管理取得了成功,它那枚由凯撒·里兹先生亲手设计的徽章走向了世界,由象征着财源的狮子头与英国皇家标记皇冠组合而成的图案代表着丽思·卡尔顿的超值服务已经越来越多地渗透到我们的生活之中。

问题讨论:

1.丽思·卡尔顿酒店是怎样超过客人的期望?

2.丽思·卡尔顿酒店的回头客信息系统中,最关键的环节在哪里?

3.你认为丽思·卡尔顿酒店的经验在其他服务行业能推广吗?

第5章
服务失误与服务补救

【教学目标与要求】

- 了解什么叫作服务失误。
- 了解服务失误的原因和各种表现。
- 学习服务产生失误之后采取怎样的策略解决,赢回消费者的满意度。

【关键词】

服务失误;服务补救;服务补救悖论。

5.1 服务失误的原因及表现

【案例导入】

小失误,大代价

旅游管理专业毕业生小李,在初接触酒店服务之后,就已经意识到了服务失误管理的重要性。刚到酒店,小李被分配到酒店客房中心工作,有次轮到小李值夜班,接班手续办完没多久,小李接到顾客电话,一位中年男子用沙哑的声音说道:"明天早晨6点10分叫醒。"小李立刻记下了客户的叫醒要求,然后立即转告总机,当小李接通总机电话后,才突然意识到,自己竟忘了问清客人的房号,根本不知道是哪位顾客预订的叫醒服务,小李查看了刚才的电话机键盘,结果这部电话机没有号码显示屏,小李顿时心慌了,立即将此事向总机说明。总机告称也无法查到房号。于是小李的领班马上报告值班经理。值班经理考虑这时已是三更半夜,不好逐个房间查询。再根据客人要求一大早叫醒情况看,估计十有八九是明早赶飞机或火车的客人。现在只好把希望寄托在客人也许自己会将手机设置叫醒。否则,只有等待投诉了。

第二天早晨8点钟左右,一位男性顾客来到总台,投诉说酒店未按他的要求叫醒,使他误了飞机,其神态沮丧而气愤。早已在大堂等候的大堂副理见状立即上前将这位客人请到大堂咖啡厅接受投诉。大堂副理了解到,该客人是准备一大早赶往机场,与一家旅行社组织的一个旅游团成员汇合后乘飞机出外旅游。没想到他在要求叫醒时,以为服务员可以从电话号码显示屏上知道自己的房号,就省略未报。而由于这样的服务失误,打乱了顾客的旅游行程,酒店必须想办法进行补救,酒店方立即与这家旅行社联系商量弥补办法。该旅行社答应让这位客人可以加入明天的另一个旅游团,不过今天这位客人在旅游目的地的客房预订金 270 元需由客人负责。接下来酒店的处理结果是:为客人支付这笔定金,同时免费让客人在本酒店再住一夜,而且免去客人昨晚的房费。这样算下来,因为一次小小失误,导致酒店经济损失共计 790 元。所幸的是,顾客由于服务失误产生的经济损失等酒店都进行了及时的补救和合理的赔偿,并取得了顾客的谅解。

案例评析:服务失误在所难免,当服务失误招致了比较重大的损失或导致了客人的严重不满时,服务提供商要主动承担应有的责任。只要顾客要求与原服务价值相当甚至更低的补偿,那么酒店就可以将其归为合理的抱怨予以处理;尽量采用客人提出的方法,并让客人参与调查。这样既可以表示对客人的尊重,也能够体现企业的公正,从而有效地消除顾客的不满。

5.1.1　服务失误的概念及类型

1)服务失误的概念

服务失误是顾客对服务传递中没有满足其期望的一个或多个方面的感知。简单地说,就是服务表现未达到顾客对服务的要求及评价标准。

从这一定义中可以看出,服务失误取决两个方面:一是顾客对服务的评价标准,即顾客的服务预期所得;二是服务表现,即顾客对服务真实经历的感受,也就是顾客对服务过程中的实际所得。只要顾客认为其需求未被满足,或是企业的服务低于其预期水平,就预示着企业有可能发生服务失误。服务失误的大小可以表述为由于服务失误而给顾客带来的损失的大小程度,服务失误的严重程度的大小会对顾客满意度产生影响,失误的严重程度越大,顾客的满意度越低;服务失误发生在不同时间段也需要有不同的对待。

2)服务失误的类型

(1)过程失误与结果失误

服务失误按照服务的发展阶段来分,可以分为过程失误和结果失误。服务失误的结果维度涉及顾客实际从服务中得到(或损失)的经济利益,而过程维度涉及的是顾客如何获得服务,及其获得服务的方式。因此,所谓的结果失误是指企业没有能够满足顾客的基本需求,或者说没有完成核心服务。例如,由于某种原因,顾客向某家酒店预约房间失败。而过程失误则是指在履行核心服务的过程中出现了瑕疵,或提供方式出现某种程度的损失。例如,顾客在酒店前台登记入住时遭遇工作人员的粗鲁对待。

(2)可控失误与不可控失误

服务企业失误类型包括不可控制的失误类型和可控制的失误类型。服务企业系统出现故障,天气恶劣等不可抗拒的随机因素的影响等,这些属于不可控制的失误;因为服务人员个人的原因导致服务顾客时状态欠佳,服务技巧欠娴熟等,这些都是可以控制的失误。当顾客期望的服务与企业提供的服务相去甚远时,有时尽管并不是企业的责任,但是顾客往往会归罪企业,感到不满,这也会导致服务失误。

(3)按服务接触的程度分类

①结果性失误:是指那些没有能够完成顾客预期的基本服务内容而造成的失误情形,这类失误是与服务提供者的明确承诺紧密相关的,这一般也是与服务的核心结果有关。这类失误比较常见,例如,饭店不能为顾客提供预点的菜肴,旅馆不能兑现旅客预定的票务,理发店不能为顾客剪出应有的发型等。

②程序性失误:是指那些关于服务传递的规章、政策、方法等制度或习惯所造成的服务失误,例如,服务延迟、顾客等待。

③互动性失误:是指由那些直接人际互动过程所造成的服务失误,例如,一线员工与顾客的人际交流失败,员工的服务态度和礼仪不当等。

5.1.2 服务失误的原因

现实生活中服务失误产生的原因是变幻莫测、多种多样的,但系统分析并了解服务失误产生的本质原因,有助于企业在服务管理中找到规律,并找出应对方案。服务失误之所以可能发生的原因主要是因为服务的质量会受到一些因素的影响,而这些影响因素也正是探究服务失误成因的突破口。服务质量一般受到服务本身、服务提供者、服务接受者以及一些外在因素的影响,因此,服务失误的原因正是这几个方面的原因。

1)服务质量构成的特殊性

服务产品的质量水平不完全由提供服务的企业决定,还受到顾客的影响。服务质量是一个主观的范畴,取决于顾客对服务质量的主观预期与实际感知的服务水平之间的对比。服务质量是由技术质量、职能质量、形象质量和真实瞬间构成的。

①技术质量是服务过程中的产出,即顾客最后从服务中得到的东西。

②职能质量是服务推广过程中,顾客所感受到的服务人员在执行职责时的行为、态度、着装和仪表给顾客带来的利益和享受。

③形象质量是企业在社会公众心目中形成的总体形象。

④真实瞬间是服务过程中顾客与企业进行服务接触的过程。

2)服务提供者的原因

从服务提供者(企业)的角度来看,失误包括服务的系统性失误和员工的操作性失误两个方面。系统性失误是由于服务架构的缺损而导致服务中的失误,通常表现为,企业的服务体系不够完善,设计不科学,服务架构不完备,服务要求不到位,缺乏有效的服务监管体系或没有完备的服务保障措施来满足顾客的要求等。员工的操作性失误一般表现为服务的员工在接待顾客的过程中,因违反服务规程而出现的行动迟缓、态度欠佳、业务不熟、用语不当等现象,从而引发服务失误或服务失败。上述服务失误的出现,既可能与企业的服务理念有关,也可能与员工的素质有关,还可能与店家对服务的监管不力有关。

3) 顾客方面的原因

从服务接受者(顾客)的角度来看,服务具有生产与消费的同步性等特点,从而在很多情况下,顾客对于服务失误也有一定的责任。顾客的服务期望中既有显性的服务需要,也有隐性的服务欲求,还有模糊的服务期盼。如果顾客无法正确地表述自己的服务期望,就会带来服务失误与失败。

4) 外在随机因素的影响

在某些情况下,随机因素也会造成服务失误。如计算机病毒突然发作,引发收银系统发生故障,导致顾客长时间排队等候而引发不满等。对于由此造成的服务失误,企业补救的重点应是如何及时准确地将服务失误的原因等信息传递给顾客,与顾客进行沟通,以期得到顾客的理解。

5.1.3　服务失误的后果

服务失误的后果有隐性后果和显性后果之分,服务失误的显性后果是导致顾客流失。目前,随着竞争的不断加剧,零售企业间的竞争十分激烈。在激烈的竞争下,服务的失误、失败必然会导致顾客的流失。而服务失误的隐性后果则是"坏口碑"的形成与传播,即因不满意客户的"抱怨",而在周围人群中迅速传播,使潜在顾客对企业产生不良印象。由于服务产品具有较高的不可感知性和经验性特征,顾客在接受服务、购买产品前,其服务或产品信息更多地依赖于从人际渠道获得,顾客通常会认为来自关系可靠的人群或专家的信息更为可靠。因此,对服务产品的口头传播是消费者普遍接受和使用的信息收集手段。"坏口碑"传播导致的结果是企业形象受损,潜在顾客减少,竞争能力下降,形成恶性循环。可见,服务失误的后果是严重的,对失误的服务进行及时的补救则是至关重要的。

【知识链接】

早在 1981 年,韦斯特布鲁克(Westbrook R. A.)就在"Sources of Consumer Satisfaction with Retail Outlets"上提出服务失误的来源,主要来自 3 个方面:一是销售系统,产品销售系统的提供能力;二是购买系统,零售点上的选择、实际购买和收受产品;三是消费系统,产品购买后的使用和消费。1990 年,比特纳(Bitner)等在"Diagnosing Favorable and Unfavorable Incident. Journal of Marketing"中对服务消费事件的服务失误进行了分类。他们将服务失误构成分为 3 类:

一是服务提交的系统失误:主要是指企业提供的核心服务的失误,包含员工的 3 种类型的失误(无法提供服务、不合理延迟服务时间、其他核心服务失误)。

二是员工对于顾客需求的反应:包括员工对个别顾客的需要和特别请求的反应。

①顾客特殊需求,例如为素食主义者准备饭菜。

②顾客特殊偏好，例如顾客偏爱甜食，不喜辣味，要求更换饭菜口味。

③顾客自承认错误，例如顾客丢失酒店房间钥匙。

三是员工自发而多余的行为：对顾客的关照、不寻常的员工行为、文化规范下的员工行为、整体的体验、对于逆境下的反应。

【延伸阅读】

联邦快递如何快速补救服务失误？

联邦快递是全球最具规模的快递运输服务公司，为全球超过235个国家及地区提供快捷、可靠的快递服务。联邦快递设有环球航空及陆运网络，通常只需1~2个工作日就能迅速运送时限紧迫的货件，而且确保准时送达。联邦快递公司旨在提供精准快速的快递服务，为了提高服务准确性降级服务失误率，该公司利用Powership自动系统跟踪有关货件的行踪资料，以了解服务类别、送货时间及地点。这样服务人员可以及时了解到是否发生服务失误，并在第一时间采取补救措施。同时，服务人员记录和分析顾客的投诉以评估服务补救的效果，并以此了解服务失误发生的原因并作出相应的改进措施，之后将这些信息收集整理，建立数据库，用于改进内部工作程序，以减少下次服务失误的发生。当顾客打电话给联邦快递时，只要报出发件人的姓名和公司的名称，该顾客的基本资料和以往的交易记录就会显示出来，极大地提高了服务补救质量。

在这一服务补救过程中，美国联邦快递公司制订了非常严格的服务标准。公司承诺肯定于第二天上午10时之前送达物件，这样顾客会很清楚地了解其应获得的服务水准。同时，公司也非常重视员工的培训与授权、组织学习等。公司有相当好的培训制度，每时每刻联邦快递都有3%~5%的员工在接受培训，在员工培训方面的花费每年约为1.55亿美元。特别是对于一线服务员工，服务和服务补救技巧是必不可少的培训内容。同时，公司大胆对一线服务员工授权解决顾客问题。公司注重从补救经历中学习，通过追踪服务补救的努力和过程，服务人员能够获知一些在服务交付系统中需要改进的系统问题。

5.2　顾客对服务失误的表现

【案例分析5.1】

一流酒店也会疏忽

文华东方酒店因服务一流而成为行业佼佼者，其出众的服务和优异的管理经常获得国际大奖，但是这并不代表他们的服务不会出现失误。有两位客人讲述了他们在文华东方酒店的住店经历——预订酒店时,两位客人得知他们将在机场享受酒店的有偿专人接机服务,下飞机之后,他们乘坐的付费豪华轿车迅速抵达酒店。去客房途中,前台服务员向他们介绍了酒店以及客房的各种特色服务。然而两位客人从服务员的介绍中发现:接机服务员只向他们推荐了酒店最贵的豪华轿车的迎接服务,实际上,从机场到酒店还有费用低廉的出租车服务。两位客人开始怀疑服务员有故意"宰客"之嫌。

第二天,两位客人打算步行 10 分钟去会议地点,由于当时下着大雨,他们就向前台借了一把雨伞。服务员在前台储物柜里寻找了 5 分钟之后,非常抱歉地说:"所有免费雨伞都借出去了。"客人无奈地接受了这个解释,但由于是台风季节,客人就想最好还是为以后几天预订两把雨伞,预订雨伞的请求马上被前台服务员记录下来。但事情并没有想象中那么顺利,在接下来的三天里,一直下雨,两位客人一直没有借到雨伞。他们不相信像文华东方酒店这样的酒店会没有足够可供出借的雨伞,也不明白为什么每天总是无法预订到雨伞,最终他们质问了服务台,才发现服务部根本就没有可供借用的雨伞,两位客人被告知他们可以在酒店的零售店购买雨伞。

某天晚上,其中一位客人用客房的直拨电话给家里人打电话,他仔细研究了计费方式,最后算出如果加上服务费、各种税收以及外汇兑换费用等,他大概需要花费 5 澳元。打完电话后,发现他打的 4 分钟电话需要 45 澳元。他把这个情况反映给客服部经理,希望能给出合理的解释,客服部经理作了简单调查,承认服务指南上的电话计费方法容易让人产生误解,并向客人保证她会考虑怎样解决这个问题。

连续 3 次的服务疏忽引起了两位顾客的强烈不满,一次又一次的隐形"欺骗",不仅导致了两位顾客的经济损失,同时也对顾客的住店心情造成很大影响,两位顾客决定维护自己的权益,向酒店的管理层进行投诉,他们写了一封投诉信,表达了对雨伞欺骗事件、豪华轿车欺骗事件、误导性的电话收费指南的不满。针对这封投诉信,文华东方酒店该如何进行服务补救?怎样的补救才能赢回两位顾客的信任?

案例评析: 在上述案例中,顾客对文华东方酒店的服务失误的反应大致经历了 4 个阶段:第一阶段,默默忍受归结于自己运气不好;第二阶段,向经理反映情况;第三阶段,质问前台;第四阶段,向管理层写投诉信。文华东方酒店在整个服务过程中出现了多次失误,两位大学讲师对酒店服务失误的反应从默默忍受到最后爆发,将问题暴露出来,引起管理层的重视,而在很多现实案例中,大部分人处于第一阶段,默默忍受,而随着消费者维权意识的觉醒以及对服务质量的要求日渐提升,越来越多的顾客走向第二阶段,向服务提供者抱怨或者在解决不利后向管理层反映问题。

5.2.1 顾客对服务失误的两种反应

面对日常生活中的服务失误,消费者有各种不同的反应,这可能与消费者自身的性格、学历等有关,同时也与服务失误的类型与受失误影响程度有关,而我们首先要弄清楚的是,顾客面对各种服务失误可能有哪些反应,由此才能提供更具有针对性的服务补救,以及大大降低服务补救的滞后性。顾客对服务失误的反应,大致可以分为"不作为"和"作为"两个方面,如图 5.1 所示。

图 5.1　顾客对服务失误的反应

1) 顾客"不作为"

"不作为"是指顾客针对出现的服务失误并没有采取任何行动,一部分顾客选择继续停留在原服务提供者处,继续接受服务;另一部分顾客会更换服务提供者。在服务产品需求大于供给的状况下,大多数顾客在服务失误发生之后选择了不作为,选择忍气吞声,对自己进行积极的心理暗示"这只是小失误,不碍大事,也许是自己运气不好等"然后继续接受该服务;然而在服务业到达供大于求的阶段时,顾客有了更多的选择权,一旦出现服务失误,许多顾客会马上选择其他服务提供者,而不是默默忍受失败的服务,也不会花更多的精力去抱怨投诉。

2) 顾客"作为"

随着消费者维权意识的觉醒,顾客对服务失误的重视日益凸显,因而顾客应对服务失误时更倾向于"作为",即针对服务失误主动采取一些行动,如抱怨和投诉。

①向家人或朋友抱怨。这类抱怨,主要目的为发泄不满情绪和传播一些负面消息,阻止自己的亲朋好友再去所在服务提供者处消费。

②向服务提供者抱怨。向服务提供者抱怨又包含向服务员抱怨、向相关经理抱怨以及向企业管理层投诉等不同等级的抱怨。

③向第三方团体投诉。第三方投诉主要是指顾客通过政府部门、公共媒体、商会、消费者协会等第三方组织,以求服务供应商或企业能够对其损失进行合理的补偿。

根据抱怨和投诉的处理结果,顾客会对服务提供者采取应对策略和补救措施作出评价和衡量,最后决定是否继续接受原有服务提供者提供的服务或变更服务提供者。

5.2.2　顾客对服务失误的抱怨

抱怨是人们表达不满的一种方式,根据《韦伯斯特第三国际词典》,抱怨:"表达内心不平,不满意,反对,愤恨或者遗憾。"根据消费心理学中的研究,抱怨可能是有目的的或者是无目的的。有效识别抱怨的本质,也是进行服务补救的重要基础。

有目的的抱怨是为了改变事情并不想要的状况而表达的。例如,对服务员抱怨一份牛排没煮熟是有目的的抱怨。在这个例子中,抱怨者完全是希望服务员纠正这种状况。

无目的的抱怨并不期望改变不想要的状况。这类抱怨远多于有目的的抱怨。例如,关于天气的抱怨,如"真是太热了"并没有真正希望改变这种情况。另一种无目的的抱怨是一种对第三方所发出的,并不是针对最初的服务者发出的有目的的抱怨。例如,"觉得酒店附近的马路太嘈杂"。

1)抱怨者的种类

抱怨分为有目的和无目的两种,抱怨者也需要进行明确的分类才能为服务提供者进行服务补救提供清晰的指导。按照抱怨反应方向、是否传播负面消息以及是否转换供应商 3 个方面将抱怨者分为:消极者、发言者、发怒者、积极分子、恐怖分子 5 大类,见表 5.1。

表 5.1　抱怨者的类型

序号	抱怨者类型	抱怨反应方向			是否传播负面消息	是否转换供应商
		供应商	周围的人	第三方		
1	消极者	×	×	×	×	×/√
2	发言者	√	×	×	×	根据抱怨处理的情况而定
3	发怒者	√	√	×	√	
4	积极分子	√	√	√	√	
5	恐怖分子	√	√	√	√	√

（1）消极者

该类顾客极少会采取行动,他们一般不会向服务人员诉说任何事,也不大可能向第三方或周围的人抱怨,他们怀疑抱怨的有效性,因而不会传播一些负面消息,一般会选择默默忍受或转换提供服务的供应商。这类抱怨者不利于服务供应商及时采取补救措施,提升服务形象,保留住顾客。

（2）发言者

发言者乐于向服务人员抱怨,他们认为抱怨对社会有益且有效;他们不大可能传播负面消息、改变服务供应商及向第三方发泄不满。该类顾客有助于企业改进和提升服务质量和服务体验,给予服务提供者改正的机会。

（3）发怒者

该类顾客更有可能向服务供应商抱怨,并且极力向周围的人以及朋友、亲戚传播负面消息,一般不会向第三方讲述不满,他们相信抱怨会给社会带来利益,但很少给服务提供者改正的机会。

（4）积极分子

该类顾客在各方面更加具有抱怨的积极性：向服务供应商、家人、朋友以及第三方团体。他们会传播负面消息，非常乐于抱怨，并且对所有抱怨的潜在正面结果都有非常乐观的态度。这类顾客比较利于服务供应商进行改进，留住顾客并赢得更多的顾客。

（5）恐怖分子

该类顾客比较极端，会极力向服务提供者进行控诉以及向周围的人传达较多的负面思想，甚至发布具有煽动性的负面评论，同时也会向第三方发泄不满，并且不会给供应商进行服务补救的机会。这类顾客是服务提供者需要密切注意的，否则会给企业带来巨大的损失，并且不利于保持形象和留住顾客。

2）影响顾客抱怨的因素

影响顾客抱怨的因素可从抱怨的投入与产出两个方面考虑。简言之，顾客认为自己抱怨的投入要大于产出时，通常会选择沉默；而当顾客认为抱怨产出的利益要远大于投入时，则倾向于向服务提供者、周围的人以及第三方抱怨。当然能够左右顾客抱怨的因素还有，如抱怨的便利性、顾客个性等，顾客会考虑发生的服务失误是否对他有很大的影响，抱怨必须付出的时间成本与精力值，以及抱怨能给自身及社会带来多大的利益和贡献价值。影响抱怨的要素见表5.2。

表 5.2　影响抱怨的要素

抱怨投入	抱怨产出		抱怨渠道	抱怨者自身的因素
	正面结果	负面结果		
时间成本	心理抚慰	心理挫败		个性和性格；受失误的影响程度
经济成本	经济补偿	经济损失	是否便利	
情感与精力	尊重感	形象和名誉受损与威胁		
社会支持	社会贡献	社会负面影响		

3）顾客抱怨的原因

顾客之所以选择抱怨，是因为服务失误导致服务质量没有达到他们的期望，并且想要通过抱怨解决问题，他们基本上相信抱怨的投入会小于产出，并且具有较为便利的抱怨渠道、自己乐于抱怨，但有些人则只是想发泄不满情绪，并不在乎抱怨投入产出比。抱怨的原因分析如下：

①相信投诉会带来积极效果。

②对其他人或社会有益。

③相信自己会获得合理的赔偿。

④相信应该得到公正对待和优质服务,且认为服务本应做好。

⑤抱怨是抱怨者得以恢复某种控制力的方式。

⑥惩罚服务供应商和提供者。

⑦仅仅是喜欢抱怨或制造麻烦。

4)顾客不抱怨的原因

服务具有无形性,顾客对服务提供过程的评价基本上是主观的。因此,顾客经常很难保证给出客观的评论,服务生产与消费的不可分离性导致了顾客经常会对服务过程提供输入,因而也会影响服务产品的输出,最后既是遇到不想要的结果,也往往倾向于责怪自己;许多服务技术性和专业性较强,需要具有专业的知识与技能,因而顾客有时认为自己没有能力提出专业的评价或抱怨。而将顾客不愿意抱怨的原因可以大致归纳为以下6点:

①浪费时间与精力,需付出时间成本与心力。

②不相信对自己或别人有积极意义。

③抱怨不便利:不知道通过什么渠道抱怨。

④认为失误是自己造成的,并且得不到赔偿。

⑤缺乏相关的专业知识和法律知识。

⑥没有受到足够大的影响和造成很大的损失,不足以抱怨。

5)顾客抱怨时的期望

当顾客投入精力与时间时,期望都会随之提高。他们期望问题能迅速得到解决及获得帮助,期望对其产生的损失和不便进行合理补偿,期望在服务过程中得到亲切热情的对待。

顾客期望得到公平公正的对待,当然,这是从顾客自身的角度出发、带有感性色彩的公平。这种公平又包括过程公平、结果公平、互动公平。过程公平是指在服务提供过程中,顾客享受到的政策规定公平、服务等级以及时限公平等;结果公平是指顾客得到对等的服务质量;互动公平是指顾客在于服务人员互动沟通中被有礼貌、耐心和诚实对待。

【知识链接】

抱怨是金!

由于服务行业的特殊性,需要顾客在遇到服务失误后再抱怨与不抱怨、投诉与不投诉之间左右徘徊,因为顾客不知道失误是否由自己造成或者他们不确定是否能获得应有的赔偿,所以大多数顾客即使有不满的地方也不投诉,选择了沉默。然而沉默并没有给大多数企业带来幸运。顾客不投诉,不是企业的福气,而是企业的损失。据有关资料统计,一个不满意的客户会把他不满的态度告诉10个人,其中的20%会告诉20个人,其破坏力不可低估。因此,妥善处理客户抱怨对一个企业的经营管理至关重要。当时如果处理好客户的抱怨,70%的客户还会继续购买;如果能当场解决,95%的客户会继续购买。从中可以看出,处理好顾客抱怨是多么的重要,那么,在实际工作中该如何处理这些抱怨呢?

"抱怨是金"有研究发现,提出抱怨的顾客,若问题获得圆满解决,其忠诚度会比从来没遇到问题的顾客要高。因此,顾客的抱怨并不可怕,可怕的是不能有效地化解抱怨,最终导致顾客的离去。相反,若没有顾客的抱怨,倒是有些不对劲。哈佛大学的李维特教授曾说过这样一段话:"与顾客之间的关系走下坡路的一个信号就是顾客不抱怨了。"在过去的观念中,客户一旦抱怨,经营者就会认为他们是在找麻烦、添乱,而且只认识到抱怨给经营者带来的一些负面影响。但实际上这种观念是偏颇的,从一定意义上讲,顾客的抱怨往往比顾客的赞美对企业的发展更为重要,因为抱怨,表明企业还能够比现在做得更好,你的顾客会比现在还要更多。对大多数顾客来说,他们很少对你抱怨,相反地,他们总是一声不哼地选择其他服务,或者不再接受这种服务。但是如果顾客的抱怨得到鼓励,他们就会产生信任感。顾客抱怨往往说明他们正是信任你,因为他们有更高的要求,你满足他们要求的过程就是企业提升的过程。所以,当客户向你抱怨时,不要把它看成是问题,而应把它当作是天赐良机,所谓"抱怨是金"。

5.3 服务失误应对与服务补救

【案例分析 5.2】

希尔顿的特别服务补救

希尔顿酒店在服务补救方面的措施主要有:酒店首先对员工进行(Customer Relationship Management,CRM)客户关系管理入门培训,告知服务补救的重要性,使服务补救理念融入企业文化之中。酒店还制订了严格统一的服务标准,设立宾客档案经理的职位,负责顾客信息的汇总并建立数据库,从而保障在每个宾客的接触环节都可以识别某个顾客及其个人偏好。结合顾客反馈消息不断改良顾客信息库,这样在失误发生后,能根据客人的个人偏好、特殊要求以及在各个接触点的过往的服务失误采取有针对性的补救措施。

在上述补救过程中,酒店积极开发顾客投诉渠道,为顾客建立了"服务补救工具箱"供顾客投诉和反馈消息,以保证服务补救的成效,消除客人因为服务失误造成的不快。在希尔顿酒店,员工被授权可以花费 2 000 美元为顾客解决问题。尽管这笔钱很少用到,但公司这一激励措施使员工行使其补救权力时不用担心受罚。

美国通用电气六西格玛服务补救理念

美国通用电气公司(GE)已经从以往的 85% 的收入来自销售产品转变为今天的 75% 的收入来自服务,公司有一套全面的服务补救战略。其完善的报修系统能保证公司对顾客投诉及时作出反应,如平均响应时间 2 小时的线上服务,使工程师可以在顾客需要的第一时间到达现场,并以精湛的维修诊断技术及强大的后台技术支持及时准确地判断故障并解决问题。在接到顾客投诉后,服务人员通过公司数据库中的顾客和产品资料,能迅速分析和解决问题,从而提高反应速度。

在上述服务补救过程中,公司将生产线上品质管理的六西格玛标准运用到其顾客服务上,为服务制订了严格的标准。公司积极鼓励并支持顾客投诉,努力为顾客开辟投诉渠道。如公司每年为一天 24 小时、一年 365 天不间断运作的通用电气回复中心而花费 1 亿美元,该中心每年要处理 300 万个电话。GE 的所有产品上都印有 800 电话,鼓励顾客遇到困难时,直接向公司寻求支持。同时,公司注重对员工的培训,工程师定期接受与世界同步的维修技术培训,服务人员也要接受服务技巧和公司服务理念培训,以努力达到公司六西格玛的服务标准。公司挑选了大批高素质的员工并刺激他们不断学习公司的精神、主张以及赖以生存的基础,这之中当然包括了服务补救理念的传播和学习。

麦当劳严格的标准化服务

麦当劳通过制订一系列制度使其服务流程不断标准化。公司在第一时间内采取措施解决顾客问题,分析失误发生的原因并对其服务标准进行调整。在这一过程中,首先,公司对其提供的产品和服务有具体的标准,如任何麦当劳食品,一经制作出来,如果 3 小时内没有全部卖完,剩下的一律倒掉。公司积极为顾客提供投诉渠道,将投诉电话公布在店堂里,当顾客对其服务不满时,可直接拨打免费电话投诉。同时,麦当劳公司注重员工培训与组织学习。公司要求每个在麦当劳工作的员工都具有适合这项工作的个性,新员工正式上岗以前都要完成为期 3 天的在岗体验,以了解公司的服务理念。员工一旦被接纳,就会立即通过餐馆和汉堡包大学开始对其进行培训。培训内容包括产品和环境的质量标准、公司的服务理念、文化理念以及工作人员的服务态度和精神,所有培训出来的员工都要得到宾馆餐饮培训公司、环境健康研究所和各种教育机构的认可。

案例评析:总结以上案例可以看出,这些一流企业都认识到服务补救是一个包括服务售前、售中与售后的过程,他们都是将服务补救行为作为一个循环的过程来实施的,其在服务补救上有几个共同的关键步骤:首先,企业通过数据库或服务失误预警系统预测服务失误可能发生或出现的环节。一旦发生服务失误,企业迅速采取行动,尽快解决顾客问题,弥补服务失误。其次,积极分析服务失误发生的原因并加以改进。最后,将顾客反馈的相关信息搜集、分类和整理并建立服务补救数据库。

5.3.1 服务补救概念

1)服务补救的概念

"服务补救"一词,最早由英国航空公司在其"以顾客为先"的活动中首次提出,他们把服务补救(Service Recovery)定义为组织为了抵消由于服务失误或者失败而产生的负面影响力。狭义的服务补救是指服务提供者在发生服务失误后所作出的一种即时和主动性反应,主要强调及时性和主动性这两个特点。而广义的服务补救则是指针对服务系统中可能导致失误或已发生失误的任一环节所采取的一种特殊措施,它不仅包括失误的实时弥补,也涵盖了对服务补救需求的事前预测和控制,以及对顾客抱怨和投诉的处理。

本书中的服务补救是指服务企业员工在为顾客提供服务的过程中出现失误以后,企业、员工所采取的弥补性、挽救性行为。

在服务接触中,服务传送与其提供者是不可分离的。在服务传送的任何一个接触点都可能发生失误。企业在发现服务失误时,应采取行之有效的服务补救措施,减少可能发生的负面影响。恰当并及时的服务补救和真诚、主动的服务补救行为,可减弱顾客的不满情绪,有效化解矛盾,避免服务危机,最终赢得顾客的满意,换取顾客的忠诚,树立企业形象,提高企业声望。

2) 服务补救与抱怨管理的区别

第一,服务补救具有实时性特点。这是服务补救与顾客抱怨管理的一个非常重要的区别。顾客抱怨管理一般必须要等到一个服务过程结束之后,而服务补救则必须是在服务失误出现的现场。如果等到一个服务过程结束,那么,服务补救的成本会急剧上升,补救的效果也会大打折扣。

第二,服务补救具有主动性特点。顾客抱怨管理有一个非常明显的特点,即只有当顾客进行抱怨时,企业才会采取相应的措施,安抚顾客,使顾客满意地离去。顾客抱怨管理"不抱怨不处理"的原则,将严重影响顾客感知服务质量和顾客满意,从而影响顾客忠诚,使企业在竞争中处于不利的境界。但服务补救则不同,它要求服务提供者主动地去发现服务失误并及时地采取措施解决失误,这种前瞻性的管理模式,无疑更有利于提高顾客满意和忠诚的水平。

第三,服务补救是一项全过程的、全员性质的管理工作。而顾客抱怨管理则是由专门的部门来进行的、阶段性的管理工作。一般来说,服务补救具有鲜明的现场性,服务企业授权一线员工在服务失误发生的现场及时采取补救措施,而不是等专门的人员来处理顾客的抱怨。

服务补救与抱怨管理的区别,见表5.3。

表5.3 服务补救与抱怨管理的区别

特性 \ 类别		服务补救		抱怨管理
实时性	强	服务补救发生在服务过程中,服务失误现场	弱	抱怨管理不具有实时性,一般只能发生在服务过程结束之后
主动性	强	服务提供者主动地去发现服务失误并及时地采取措施解决失误	弱	只有当顾客进行抱怨时,才会采取相应的措施
全员性	强	服务企业授权一线员工在服务失误发生的现场及时采取补救措施	弱	只有专门处理抱怨和投诉的管理人员才能实施补救

5.3.2　服务补救悖论

1)服务补救悖论

服务补救悖论(Service Recovery Paradox,SRP)最早是在 1992 年由麦科洛(McCollough)和巴拉德瓦杰(Bharadwaj)提出,它是指服务失败后,服务商采取的补救措施为顾客带来的满意度超过失败前的满意度。

服务补救悖论认为,服务失败后的有效补救不仅能够维持顾客满意,甚至还能将满意提升到更高的水平。当服务人员与顾客服务接触过程中任何问题的出现,如果把握得好、处理得当,其实都是一个机会,一个超出其职责范围赢得顾客终身信赖的机会。

2)服务补救悖论的条件

服务补救悖论并不是在任何情况下都可以发生的,掌握好服务补救的度和补救悖论发生的条件,才能给企业带来正面的补救效应。

(1)服务类型约束

从服务类型上看,适合风险较小或者容易补救的服务;反之,如服务失误严重,对顾客伤害大,则任何高水平的补救都不会恢复顾客的满意。如医疗事故造成患者终身残疾或身心痛苦,美容失误导致顾客毁容等,无论企业采取何种补救措施都难以弥补顾客损失。

(2)企业层次要求

从企业类型上看,只有服务和补救水准都较高、服务补救系统完善的企业才适宜实施服务补救悖论。如果企业服务质量较低,服务失误频繁发生,企业就不能有计划地实施服务补救悖论;如果企业补救能力差,就会第二次造成顾客失望,进而增加顾客新的不满。当然,高水平的服务补救并非过度补救,它意味着按照服务标准或顾客期望第二次给予顾客提供服务。如果补救水平过高,一是会大幅度增加企业补救成本,致使企业得不偿失;二是会提高顾客期望,为企业以后的服务留下隐患。

(3)顾客类型锁定

从顾客类型上看,通情达理、容易满足顾客更适合补救悖论。首先,服务补救悖论的直接目的是弥补顾客损失,建立顾客忠诚,若顾客得理不让人或漫天要价,就会极大地增加企业补救成本和补救难度。其次,服务补救也是为了推动顾客口碑传播,以唤起其他顾客对企业的好感。

(4)补救频率控制

西方学者研究发现,一位顾客能够容忍一家企业出现 1~2 次服务失误,但服务过程中出现多次失误,顾客会把失误的原因更多的归咎于企业服务质量的不稳定,即使有努力的补救措施,也仅仅只能化解顾客的暂时不满、也很难让顾客产生很高的满意度和建立顾客忠诚,因为顾客面临企业再次失误、不予补救或不予足额补救的风险,企业应控制服务补救频率。

5.3.3　服务补救方式

【案例分析 5.3】

一流酒店如何进行服务补救？

针对两位客人发来的投诉信,文华东方酒店采取了一些列出色的服务补救措施,给这两位客人留下了不可磨灭的印象。接下来,看看文华东方酒店怎样化险为夷。

1. 立即反映

两位顾客发出投诉信后没多久,一名客房服务员来到他们的房间,赠送他们一篮新鲜奇异的水果并带来了一封楼层经理的信件。

2. 诚恳致歉

接着服务部经理来了并承担了"雨伞问题"的责任,她为给顾客带来的不便表示道歉,并且向他们赠送了全新的雨伞,还为他们提供了免费的豪华轿车送机服务。不仅如此,电话费的问题也得到很好的解决,客服部经理很有礼貌地解释电话费用没有错,但是她对服务指南所造成的误解表示道歉,接着他们又收到住店经理的道歉信,这位经理对服务部未能借给客人雨伞承担了全部责任。

3. 丰富的补偿以及折扣优惠

除了客房部送出的新鲜水果篮,还有服务部经理赠送的雨伞以及免费豪华送机服务,为了安抚顾客,客服部提出给顾客的电话费提供 10% 的折扣,这一系列的赔偿和补偿措施,弥补了由于酒店服务失误带给客人的不便和直接经济损失。

4. 及时改正

这一系列的服务补救措施给人留下了深刻印象,酒店为其失职承担了责任,各相关部门经理也及时承担了各自应该承担的责任,一切问题都得到了及时的解决。此外,酒店为防止此类问题的再次发生,当天晚些时候,两位客人亲眼看见了前台的员工忙着往柜子里摆放可供外借的雨伞。酒店还马上通知机场服务员以后必须告知每一位客人所有的交通选择。至于电话收费,酒店及时修改了服务指南,清楚地说明了电话的正确计费方式。

显然,文华东方酒店非常重视这封投诉信,酒店员工们真正把这封信当成一次提高服务质量的契机,事实上,这两位客人认为这次服务补救措施已经弥补了他们对酒店服务的不满,并且在一定程度上加深了他们对文华东方酒店的印象,并且他们表示,下次还会选择入住文华东方酒店。

案例评析: 服务补救时机的选择非常重要,一条基本的原则是服务补救越迅速越好。快速有效的服务补救不仅可以提高顾客对服务质量的满意程度,而且企业补救的成本也要比缓慢补救要小得多。另外,真正及时有效的服务补救必须依靠有效的服务补救系统。一个有效的服务补救系统通常包括 3 个组成部分:①借助不间断监控服务系统,及时发现服务失误;②及时、有效地解决服务失误;③从质量问题和服务补救中吸取经验教训。

1) 服务补救方式

关于服务补救的方式和手段,许多学者进行了有益的探讨,比较具有代表性的是按照产业类型进行归纳服务补救方式,主要有零售业、餐饮业、通信业等,下面是 4 位学者对相关产业服务补救方式的探索,内容见表 5.4。

表 5.4　服务补救方式探讨一览表

学　者	凯利等(1993)	霍夫曼等(1995)	郑绍成(1997)	廖桂森等(2000)
产　业	零售业	餐饮业	零售业	通信业
一般补救策略	提供折扣 更正错误 由主管或员工介入解决 额外补偿 更换产品 道歉 退款	免费 折扣 赠送优惠券 管理者或员工介入解决 替换 更正	更换 免费赠送 折价优惠 赠送礼物 赠送优惠券 现场人员口头道歉 管理人员出面处理 立即改正服务态度	道歉 承认错误并改正 金钱上的补偿

服务补救的方式多种多样,不同的企业文化、不同的企业类型提供的补救方式也具有较大的差异性,但总体来说,服务补救方式大致可分为以下 3 种:经济补偿、行动补偿、心理补偿,如图 5.2 所示。

图 5.2　服务补救方式

经济补偿是最为普遍的补救方式,主要是指针对服务失误给顾客造成的直接经济损失进行补偿,一般通过打折优惠、退费免费,赠送礼物、提供优质招待以及赔偿失误造成的额外经济损失。例如,航班晚点,乘客会获得免费的食物,并且航空公司在必要条件下会提供住宿。

行动补偿是为了让顾客感受到服务提供者的重视,采取实际行动才能带给顾客安全感,一般采取立即纠正会让顾客觉得受到了极大的重视,认为他们的问题引起了重视并能较快的解决。例如,顾客在餐馆吃饭,等菜的时间超过了合理时间,服务员立即过来解决问题会比较容易获得信任,而直接忽视顾客的等待或者在回答顾客问题模棱两可的态度更容易导致顾客厌烦情绪升级。

心理补偿是指对顾客进行心理上的安慰,一般表现为清晰的解释、诚恳的道歉以及耐心的安慰。诚挚的道歉往往是顾客接受服务补救的敲门砖,同时也是服务补救的第一步,服务提供者首先必须承认自己的错误,摆正服务态度,顾客才会给予服务提供者改正的机会,后续服务补救措施才能得以进行,忽视心理赔偿的服务补救,即使得到了顾客暂时原谅,但不能得到顾客心理上的认同,难以实现顾客忠诚。

以上3类服务补救方式极少单独出现,一般都是3种方式结合在一起的,不仅要给顾客物质上的补救还要在行动上表现积极性,同时也要重视顾客的心理感受。

2)服务补救流程

服务失误差异性较大,由于对应的服务补救工作也比较复杂,但一般都需要经过这样一个流程:识别问题、承认错误、及时回应、采取行动、解决问题、跟踪服务、汲取经验、导入服务补救系统,如图5.3所示。

图5.3　服务补救流程

由图5.3可知,服务补救是一个循环的流动过程。即预测潜在服务失误、采取补救行动、分析服务失误发生的原因并加以改进、搜集整理顾客反馈信息、建立数据库、根据数据库信息预测下一阶段的潜在服务失误。

服务人员需要对服务失误进行预测和识别,发现问题后,无论顾客是否向服务人员抱怨,员工都应主动承认错误,给予顾客诚挚的道歉,并迅速通过一系列的补救措施来弥补服务失误给顾客带来的不便与损失。解决问题之后,需要跟踪并反馈顾客在接受服务补救之后的动态,并与之建立起长期的服务关系,提高顾客忠诚度。同样重要的是从每一次服务补救的经历中汲取有价值的经验,并导入企业的服务补救案例库中,为建立服务补救数据库提供素材来源,服务失误的提前预测在很大程度上可以降低服务失误率,同时也有助于企业员工在第一时间识别同样的问题,从而能立即采取相关补救措施。通过数据库反映的信息,改进内部工作程序并预测下一服务阶段可能出现的服务失误。

5.3.4　服务补救策略

真正意义上的服务补救是具有实时性、主动性和全员性的,它是一系列贯穿整个服务过程中的服务行为,因而对应的服务补救策略也是贯穿整个服务流程,从避免服务失误、鼓励和引导顾客抱怨,并对顾客的抱怨进行及时回应及反馈,在处理服务失误的过程中公平对待每一位顾客,并不断从服务补救经历和流失的顾客身上汲取经验和教训。

1) 预防服务失误

每一个服务过程都是由一系列的关键事件,即顾客和公司相互影响的节点所组成的。能有效地实施服务补救的公司事先就会预知到他们服务提供的过程中最可能发生失误的地方,从而提前预防,降低服务失误的发生率。预防服务失误可以从以下几个方面着手:

(1) 深化企业质量文化,减少失误发生概率

引导员工对自身或他人的工作进行一个评定与反思,从根本上提升企业的整体形象。同时,运用标杆管理,对员工的工作质量进行审评,根据住客的满意程度制订相对的激励及惩罚措施,给员工的工作画一个基本的底线,从而有效地减少失误发生的概率。

(2) 培训员工,提高服务准确率

服务失误大多发生在员工流动性较大的岗位上,企业应特别关注员工流动率高的地方。许多流动率高的职位都是由低报酬的顾客接待人员来承担的,而这些员工经常缺乏激励或没有掌握有效的补救技巧。因此,企业更应该加强对员工的培训,不仅仅是技能上的,还需要有服务态度和责任心上的培训与引导,提高员工素质,树立认真仔细地对待服务的正确观念。

2) 积极鼓励顾客抱怨和投诉

如果顾客感到不满,大部分人不会向服务提供者投诉,而是选择向周围的人、亲戚朋友等抱怨,极力传播负面消息,这样不仅会失去很多潜在的顾客,更会严重地影响企业的形象和口碑。因此,要积极鼓励和引导顾客投诉,对顾客投诉不能只停留在口头上,而应积极地采取措施。

(1) 拓宽投诉渠道、简化投诉程序

为了获得服务补救的更好效果,要拓展顾客投诉或抱怨的渠道,降低他们的时间或精力成本,这样顾客再进行抱怨投入产出衡量时,会更多地选择向服务提供者抱怨。企业还要采用各种方式培训顾客如何投诉,简化投诉程序如通过促销材料、产品包装、名片等顾客能够接触到的媒体,告知顾客企业接受顾客投诉部门的联系方式和工作程序。

(2) 主动进行顾客调查,对服务提供过程主动监测

服务补救并不是被动的顾客抱怨处理,服务补救绝不是"顾客抱怨才补救",而服务补救是一种主动出击,主动对顾客进行各种形式的调查,了解顾客的真正需求和真实评价,从中

获得补救依据。同时也要对员工提供服务的全过程进行实时监督,不仅能避免许多低级服务失误的出现,还能为后续服务提供借鉴。

(3)树立欢迎投诉的企业文化

要在企业内部建立尊重顾客的企业文化,并通过各种渠道告知顾客企业尊重他们的权利。更重要的是让全体员工认识到顾客的投诉是可为企业提供取得竞争优势的重要线索,而不是给工作带来麻烦。让企业的管理层认识到那些直接向企业投诉的顾客是企业的朋友和忠诚的用户,对企业"沉默"的顾客会给企业造成更大损失,他们最容易转向与企业的竞争对手交易,而且还会散布对企业不利的信息。

(4)制订明晰的服务标准即补偿措施

许多顾客在遇到服务失误之后决定不投诉的原因很大部分是因为企业服务标准的模糊不清以及补偿措施的模棱两可。顾客在复杂的服务标准定义下,不知道投诉能否成功或者说能否弥补其受到的损害。因此,为鼓励顾客直接向企业反映情况,企业应制订明确的产品和服务标准及补偿措施,清楚地告诉顾客如何进行投诉及可能获得什么结果。

3)重视顾客问题并及时反馈

顾客认为最有效的补救就是企业一线服务员工能主动地出现在现场,承认问题的存在,向客户道歉(在恰当的时候可加以解释),并将问题当面解决。企业应做到使客户始终处于知情状态。一般情况下,客户希望看到企业承认服务失误并知道企业在采取措施解决这一问题。如果不能当场解决服务失误,就应坦诚地告知客户,企业正在努力,需要一段时间。当问题得到解决后,应告知客户解决的结果和企业从这次服务失误中所得到的经验教训以及将来如何避免此类事情的发生。服务失败后,企业员工的反应速度越快,顾客得到的问题反馈越快,服务补救的结果成功的可能性越大。

4)建立服务补救预警系统

有效的服务补救策略需要企业不仅能通过客户的抱怨和投诉来确定企业服务失误的原因,还能查找那些潜在的服务失误。服务失误和服务错误可以在任何时间和地点发生,这需要通过对服务过程、人力资源、服务系统和客户需要的详尽分析,寻找服务失误的"高发地带",预测补救需求和采取措施加以预防。有时,一个服务失误会引发一系列反应(如航班的误点),对这一类问题必须高度重视,做好预防工作。复杂的 IT 系统是引发服务失误的另一危险"地带",因为从目前的技术水平来分析,智能化程度再高的机器也不能和人相比。当然,通过引进新的系统可以较好地解决这个问题,寻找服务失误的"高发地带",采取措施,可以使服务补救取得更好的效果。

5)测算补救的成本和收益

服务失误会导致客户流失,这样就需要企业获取新的客户来弥补客户流失所造成的损失。更重要的是客户流失会给企业带来"坏口碑"。获取新客户的费用通常比维系老客户的费用要高出好几倍。而"坏口碑"对企业的影响是使企业获取新的客户更加困难。良好的服务可以有效地避免因服务失误而付出的额外费用,但企业很少能意识到服务失误所带来的经济损失。因此,较为准确地测算这笔费用有利于提高企业的质量意识。一个重要的衡量指标就是客户终生价值,即企业在客户整个生命周期里从客户那里获取的全部价值。如果某一客户的终身价值远低于为了弥补服务失误所增加的服务成本时,就应重新思考是否有必要采取服务补救措施和补救的投入强度。

6) 适当授权,提高补救效率

从企业的一线员工到经营管理者,都要树立对待服务补救的正确观念,把每一次服务补救都当成提高服务水平的机会。而这种正确观念的树立绝不是一蹴而就的,要在平时的积累中完成。除了加强员工服务补救意识外,还要授予一线员工适当的补救权利,以利于员工在服务失误出现后第一时间作出反应,而不是需要经过烦冗的上报和申请的手续,这样一方面会大大提高服务补救的效率,降低服务补救成本,同时也在很大程度上赋予了员工更强的责任感和主人翁意识,避免了在许多服务过程中由于员工疏忽造成的失误。例如,希尔顿酒店员工被授权可以花费 2 000 美元为顾客解决问题,这一激励措施使员工行使其补救权力时不用担心受罚,消除了员工及时进行服务补救的后顾之忧。

【知识链接】

服务承诺,一种特殊的服务补救

服务承诺是指对于销售产品的期望质量或使用寿命的一种保证,常常伴有补偿的承诺。对顾客而言,公司给出的服务承诺是对其服务结果补偿的一种保证,一定程度上安抚了顾客在遇到服务失误后的不安与焦虑,顾客会因此对服务提供者产生一定的安全感。有效的服务承诺是无条件的且具有实际意义的。有效的服务承诺可以补充企业的服务补救策略,同样作为一个服务工具可以有助于顾客接受服务补救,实现服务补救策略。

一个好的服务承诺促使企业关注其顾客。一个有效承诺为企业设立了清晰的服务标准。实施服务承诺时既是一个绝佳的补救机会,即令顾客满意也有助于维持忠诚。实施承诺产生的相关信息可以被追踪并导入服务补救系统。服务承诺降低了顾客的购买风险并建立了对服务提供者的信任。

【延伸阅读】

《携程服务宣言》的"三个一"承诺

国内在线旅行服务巨头携程旅行网为了更好地服务于广大旅行人士,2010 年在业内率先推出了《携程服务宣言》的"三个一"承诺,即一应俱全、一丝不苟、一诺千金。

目前,携程已在游客旅行意外处理、电子客票服务等方面设立了具体可行的措施,以期进一步提高其综合服务水准。

1.旅行遇自然灾害可获赔偿

如果在受灾期间,通过携程度假产品,前往受灾目的地的携程会员,可获全价退款补偿;对已订购,尚未成行的会员,也可取消行程,获全额退款。

2.1 小时飞人通道

携程在机票预订领域首创"1 小时飞人通道"电子机票极速预订服务,承诺在舱位保证的前提下,乘客只需提前 1 小时预订,并使用信用卡付款,凭身份证办理登机。

3.制订海外团队游标准

对眼下海外团队游市场存在的"低质低价""强制购物"等一系列严重问题,携程宣布推出"海外团队游标准",以几十条细则来规范自身的度假产品。

丽思·卡尔顿的服务准则

一个信条:对于丽思·卡尔顿酒店的全体员工来说,使宾客得到真实的关怀和舒适是其最高的使命。员工保证为宾客提供最好的友好服务和设施,使宾客始终享有热情、轻松和优美的环境与气氛。使宾客在丽思·卡尔顿酒店的经历充满愉快和幸福,甚至要尽量做到宾客未表达的愿望和需要都得到满足。

一句座右铭:"我们是为女士和绅士提供服务的女士和绅士!"一是强调员工与宾客之间是平等的主人与客人之间的关系;二是饭店提供的是人对人的服务,不是机器对人的服务,强调服务的个性化与人情味。

三步服务:热情和真诚地问候宾客,如果可能的话,做到使用宾客的名字问候客人;对客人的需求做好预期和积极地满足客人需要;亲切地送别,热情地说再见,如果可能的话,做到使用宾客的名字向客人说道别。

二十项基本要求(摘选):

1.所有员工要知道他们的内部宾客——同事和外部宾客——顾客的需要,这样就可以保证按照他们的期望来提供产品和服务。并要注意使用宾客所喜欢的便笺来记录宾客的需要。

2.每一位员工要不断认识整个酒店存在的缺点。

3.每一位员工接到顾客投诉以后应接受投诉并进行处理。

4.每一位员工要保证使投诉的宾客立即得到安抚。要快速行动,立即纠正问题,一定要在处理好问题以后的20分钟内再打一个电话给宾客核实一下问题是否已经解决到了使宾客满意的程度。要做一切你可能做的事,绝不要失去顾客。

5.要用宾客问题一览表来记录和处理宾客不满意的每一件小事。每一位员工被授权去解决问题和防止问题的重复发生。

6.要陪同顾客到酒店的一个区域去,而不是仅指明如何到那个区域去的方向。

7.在接听电话时要注意礼节,要做到在铃响 3 声内回答,并伴随着微笑。在需要时,要对打电话者说："请您拿着电话等一会儿好吗?"不要筛选电话,在可能的情况下要尽量接通电话,而消除再转的电话。

本章小结

- 服务产品具有无形性、异质性、并发性和易逝性等特征,同时还具有服务质量评价主观性的特点,这些都注定了服务失误不可避免且大量存在。即使对于有着最佳服务意识的、世界级的服务系统来说,服务失误也是难以避免的。只要有一次服务失误就可能导致顾客不满,并可能永远失去该顾客的信任。在这种情况下,企业怎么做才能避免因服务失误而导致利益损失? 能否通过成功的服务补救而增加利益?
- 服务补救可以提供一个机会去弥补这些缺陷并提供一个让顾客留下正面服务印象的机会。恰当、及时和准确的服务补救可以减弱顾客的不满情绪,并部分地恢复顾客满意度和忠诚度,在某些情况下,甚至可以大幅度地提升顾客满意度和忠诚度。服务补救不仅仅是企业重新获得消费者满意的一种手段,同时也是一种改进服务质量的有效工具。

【案例讨论】

员工被差评,酒店如何应对?

前些天,一位客人在大众点评上写评论时点名道姓说某酒店前台的某位员工收黑钱。老总找该员工谈话,令其停职,还说必须把事情调查清楚,否则不能上班。前台员工在大众点评上联系不到那位评论的客人,甚至也不知道自己到底得罪了哪位客人(因为前台员工都有工牌号)。前台员工又去公安机关、派出所,但派出所说无法立案,让前台员工去法院,法院的律师说,酒店让员工停职是违法的,这个事情应由酒店自己出面调查。然而直到现在这个事情还查不出个究竟。

讨论:酒店人遇到这样的事,您觉得该如何应付和处理? 这里包含:顾客、前台员工、酒店管理者、大众点评多方面。

分析举例:

A:首先站在酒店的立场考虑,先在大众点评上进行回应,据理力争以便酒店介入调查取证,以消除负面影响,仅仅听信客人一面之词就辞退员工有失偏颇,让员工蒙受委屈和不白之冤,投诉无门。这件事情可大可小,关键是管理者把握的寸度,依据酒店员工守则,该处罚则处罚,该辞退也应当辞退(遵循以人为本,内部处理),不可将客人投诉事件扩大到劳资纠纷的法律层面。先要弄清OTA(大众点评)上发布顾客评论的后台机制是什么? 如果可以随意发布泄愤的评论,可以危及公关应对,如果是实名注册的评论,应展开正面回应,强调酒店前台收黑钱行为零容忍,真凭实据,查实一个处理一个。

B:我觉得酒店应找大众点评网负责人进行交涉。按道理,网站应该是可以获得点评客人的信息。酒店方也可以网络回复点评,表明酒店方的态度,也希望客人看到回复联系酒店。酒店在没有查清楚实情就随意处理员工是不妥的,毕竟很多客人并不懂得酒店的一些操作,就会乱评论。酒店对此应成立调查小组进行调查,财务应对前台账务进行审查。

C:客人在网上评论这件事,不管这事是真的,还是客人栽赃的,都说明前台这位员工的问题很大,如果是栽赃的,那说明前台这位员工做出来的事或是说出来的话严重伤害到了这位客人(可以想象客人心里是多么恨这位前台员工),如果客人不是栽赃的,那问题更加严重,因此这位员工应该让他离职。

D:首先想尽一切办法联系客人并同时在系统中找出最近时间段这个网站所有客人入住的记录,边联系客人边调取监控,联系上以后调取相对应的监控录像,从客人到店到客人离店,查明事情真相后再作处理,不听信任何一方的片面之词,近年来,客人用网络好评与投诉要挟酒店的事情也屡见不鲜,所以不能只是见有网络投诉就立即处理员工,这是不公平的处理。酒店老总直接找到员工让其停职,并让员工自行查证,这个处理方式是欠妥的,这是酒店不负责任的表现,应由酒店网络负责先行与网络联系,获取客人资料,前厅部经理找前厅员工帮忙回忆最近有否网络客人不太满意,一一找出相关资料进行回访,根据入住信息一边查看酒店监控,双管齐下。

E:关于今天的讨论,有以下一些意见和思路。

1.对外有局限地回复酒店关于审计方面的做法,意在向外界传达酒店管理的其中一面。

2.酒店自查(或已在进行中)是否有出现个案。

3.如前辈们讲的,可能员工已经重伤客人的"面子",可以从这个方面对员工进行摸底和谈话,进而得出是否为个案还是常态化的表现。

4.由酒店方与第三方就此事进行沟通(包含:联系客人、第三方参与处理点评等)。

F:1.首先对网站评论进行回复。无论真假,先道歉,且表明酒店对此事非常关注及希望客人能配合一并处理好此事。

2.客人指的黑钱是什么呢? 前台乱收酒店明码规定的费用还是其他途径的费用? 一般客人对酒店不满进行投诉的,大多数是要向酒店讨说法,且要得到道歉或补偿之类的行为。

3.分别和前台人员进行沟通,看是否员工认识到错误而承认。如果有,则根据酒店规定执行。在没有证据的情况下,不可随意认定谁,既不科学,也不尊重他人。

4.再次分析此事,财务方面问题再次强调;个性化服务方面作相关规定。避免出现同类投诉。

G:这个案例很典型! 处理方式可看出管理层对内对外负责任的态度,本人观点:此案中客人已无法联系,成为单方言论,酒店应:

1.不露声色,暗中调查该员工平时的工作态度。假设该员工平时工作积极、上进心强,也许当时在工作中一时冲动,顶撞客人,造成私怨而带来客人故意在点评上黑她。酒店当以育人为宗旨,教育批评即止;如该员工平时对客态度恶劣可以找其谈心,也是以批评教育为主,相应按制度给予惩罚,也可采取调离岗位,以观后效。

2.对她经手的前台所有账单进行核查,如果真的黑酒店财款,视金额大小处分,金额较大可移交司法起诉。

3.尽其所能找到该住店客人,赔礼道歉,因为毕竟是服务态度上得罪客人,望能得到客人谅解,同时也让客人感受到我们有一个对客人负责的态度。最好不要追究客人造谣,也许也是一时激愤呢。

第6章
服务运营与服务体系设计

【教学目标与要求】

- 理解并掌握服务运营、服务利润链、服务蓝图等核心概念。
- 了解服务运营流程管理和服务蓝图在旅游业中的应用。

【关键词】

服务运营;服务运营流程;服务利润链;服务运营管理;服务蓝图。

【案例导入】

蹊跷的航班"集体返航"事件

2008年3月31日,中国××航空云南分公司从昆明飞往大理、丽江、西双版纳等六地14个航班在飞到目的地上空后,乘客被告知无法降落,该航班又全都飞回昆明。事发后,该航空公司对外宣称,飞机"返航"是因为天气原因。不过这一解释引发了乘客的质疑,因为在同一时间相同航线上,除了该航空公司的航班外,其他航空公司的所有航班均安全降落。而且其他同样乘坐该航空公司的乘客也发现最近几个月,已经多次发生航班以非正常理由"集体返航"的事件,这不免让人心生蹊跷。在广大乘客的强烈要求下,中国民用航空局介入调查,最后才了解到这次事件背后的原因是:多名飞行员与航空公司管理层就薪酬问题产生了严重的劳资纠纷,飞行员对航空公司管理层相当不满,大家都普遍带着抵触情绪上岗,结果就发生了以上"集体返航"飞行员变相罢工的重大事件,最终造成了乘客的严重不满和投诉。

案例评析:通常,航空公司更重视面对面接触的服务人员素质和顾客满意度,而往往忽略了顾客看不到的服务保障环节。在以上整个航行中,飞行员都处于个人空间中,无法得到来自顾客的正面评价,而"备受冷落"。面对高强度的工作、终身制的工作合约、不合理的薪酬水平,飞行员的不满最终爆发,由此可见,让员工满意才是顾客满意的源头。

6.1　服务运营流程与服务利润链

6.1.1　服务运营管理

1) 服务运营管理的含义

服务运营是将人力、物料、设备、资金、信息、技术等生产要素(投入)变换为无形服务(产出)的过程。服务运营管理(Service Operations Management,SOM)是指对服务业企业所提供服务的开发设计的管理,对服务运营过程及其运营系统的设计、计划、组织和控制。SOM 包括完整服务项目(Service Package)和服务提供系统(Service Delivery System)的设计,服务运营活动的计划、组织与管理,服务营销与服务运营的集成,服务提供过程中对质量、成本、时间的控制等。

服务运营管理与制造业企业运营管理所产出的物质形态产品相比,服务业企业产出的主要是一种非物质形态的"无形"产品,其生产与消费几乎同时进行,且具有较强的时间相关性、地点相关性与服务设施相关性。这种产品的特殊性从以下几个方面决定了服务业运营管理不能照搬制造业企业运营管理的方法。

2) 服务运营管理的特点

服务产出的特点决定了服务运营和管理过程与制造业相比,呈现出很大的不同。这些不同点见表6.1。

表 6.1　服务业运营管理与制造业运营管理的特点对比

内　容	服务业运营管理	制造业运营管理
运营的基本组织方式	以人为中心组织运营; 需求有很大的不确定性,无法预先制订周密的计划; 及时预先规范好服务程序,仍然会由于服务人员的随机性和顾客随机性产生不同结果	以产品为中心组织运营; 根据市场需求预测或订单制订生产计划,并在此基础上采购所需物料,安排所需设备与人员; 以生产进度、产品质量和生产成本为控制对象
产品和运营系统设计方式	服务与服务提供系统同时设计; 服务提供系统是服务本身的一个组成部分(即服务的"环境"要素),两者的设计不可分离	产品和生产系统可分别设计; 同一产品可采用不同的生产系统来制造。例如,可采用自动化程度截然不同的设备生产同一产品

续表

内　容	服务业运营管理	制造业运营管理
库存调节供需矛盾的作用	无法预先把"服务"生产出来,无法用库存来调节需求; 例如,航空公司无法把某航班的空座位存起来销售给第二天的客户	可以通过库存来调节供需; 可以充分利用一定的生产能力,预先将产品制造出来,以满足高峰时的需求和无法预期的需求
顾客在运营中的作用	积极作用:促使企业提高服务效率,提高服务设施利用率 消极作用:造成服务干扰	制造业企业生产系统相对封闭,顾客在生产过程中不起作用
职能间界限划分	生产运营、销售、人力资源管理职能很难区分,必须树立三者集成的观念,用集成的方法进行管理	生产运营、销售、人力资源管理三者职能划分明显
需求地点相关性	生产与消费同时发生,服务提供者与顾客必须处于同一地点; 不是顾客到服务地(如到餐厅就餐),就是服务提供者上门服务	生产与消费相对分离,销售地点需要靠近顾客,服务设施须分散化
人力密集特性	服务组织中员工地位更重要; 员工的知识、技能与表现对服务运营效率影响极大; 服务业中的技术进步更多体现为员工技能的更新和管理水平的提高	制造业对人力的依赖相较服务业略低

3)服务运营的类型划分

不同的服务类型,其产出特点可能有很大差别,相应地,其运营和管理特点也不相同。必须在把握共性的基础上对个性进行分析,通过不同的分类维度和不同的视角分析服务运营的类型,提高服务运营管理水平。服务运营类型具体划分如下:

（1）按运营特点分类

按运营特点,服务运营可分为项目型、批量型、流水线型、流程型4种类型,具体特点见表6.2。

表6.2　按运营特点的分类描述

类　型	运营特点	服务类型示例
项目型	运营时间长,数量少,每一次运营均各有特点	法律服务、咨询
批量型	运营时间短,数量少,比较顾客化的产品	医疗、餐饮
流水线型	运营时间短,数量大,标准化产品	洗车、自助餐馆
流程型	没有明显的运营开始与结束持续性的过程	保安、消防

（2）按运营流程分类

①服务工厂（Service Factory），是指服务流程的劳动密集程度较低（即服务设施设备成本占比较大），顾客接触程度和顾客化服务的程度也很低的服务类型。运输业、饭店、休假地以及银行等金融服务业的"后台"运营都是这种类型（表6.3）。

表6.3　按运营流程的分类描述

劳动密集程度	顾客接触程度与服务顾客化程度	
	低	高
低	服务工厂 航空公司 运输公司 饭店 健康娱乐中心	服务车间 医院 汽车修理 其他修理业
高	大规模服务 零售 批发 学校 商业银行的支行	专业型服务 医生 律师 会计师 建筑设计师

②服务车间（Service Shop），当顾客的接触程度或顾客化服务的程度增加时，服务工厂会变成服务车间。医院和各种修理业是服务车间的典型例子。

③大规模服务（Mass Service），有较高的劳动密集程度，但顾客的接触程度和顾客化服务程度较低。零售业、银行的营业部门、学校、批发业等，是大量服务的例子。

④专业型服务（Professional Service），当顾客的接触程度提高或顾客化服务是主要目标时，大量服务就会成为专业型服务。例如，医生、律师、会计师、建筑设计师等提供的服务。

6.1.2　服务运营策略

1）服务策略

服务策略理论包括4个基本要素：目标市场的核心、服务概念的内涵、运营策略的研发、服务传送系统的布置。

（1）目标市场

目标市场与那些物质产品生产厂家的工人们不同，服务业的每一个员工都要清楚地了解自己的企业应该满足的目标市场在哪里。例如，一家高档珠宝店的目标市场是那些愿意购买价值1万美元的耳环的人，然而下一位走进商店的顾客可能只是想买一只价值10美元的手表——商店里甚至没有这样的商品。当这样一位顾客占用了销售人员的时间，并且在店堂里大声聒噪的时候,真正的目标市场顾客可能会对这家商店的服务感到不耐烦,甚至愤然离去。即便角色转换一下,同样的问题也一样存在:一家专卖廉价珠宝的商店一定无法满足那些需求较为高档的顾客,而销售人员同样需要应付他们。服务业和物质产品生产行业的区别之一,就在于人们需要应付那些目标市场之外的潜在消费者。

（2）服务的概念

服务的定义是从顾客的角度出发来制订的:顾客们需要什么样的结果？从顾客的角度来说,服务的概念就是顾客选择某一家特定企业的理由。这种选择可以是意识中的,也可以是实际发生的。服务的概念还包括一种安全、愉快的感觉,或者很简单,服务就是速度——如美国联合包裹运送服务公司（UPS）和联邦快递（FedEx）的核心服务概念。

（3）运营策略

运营策略的定义是从企业的角度出发来制订的:我们应该采用什么样的结构来完成服务？哪些要素值得我们投入资金、时间和人力？人力资源、市场、运营和财务之间,应采用什么样的组织形式？

一个普通机场的汽车出租代理,可以很轻易地辨认出那些急于拿到汽车钥匙出发的客人们,这些客人希望柜台服务人员的速度能尽量快。但是,柜台服务人员追求的是让每一辆车尽量满员,因为他们的收入是和客人的数量成正比的,他们希望每一升汽油都能承载尽量多的客人。运营策略需要协调"速度"与"收益"的矛盾。

（4）服务传送系统

作为服务组织的内核,服务传送系统是由企业中的相关人员、流程、设备、产能、工具等要素共同组成的,一个好的创意在服务传送系统中有可能和服务的概念产生冲突。如租车服务,服务传送系统强调的是充分利用每一分钟抓住所有的顾客,提高公司的利润,以此形成延续的服务体系,但是这样势必降低服务的速度,也就是与服务的概念产生了冲突。

2）产能策略

对于大多数服务型企业来说,产能计划的制订都比物质生产企业困难。生产性企业可以简单地根据未来一段时间内的平均需求来制订产能。对于很多服务型企业来说,未来的平均需求这一概念根本毫无意义,因为市场需求可能具有很强的季节性,每天的需求都有可能发生很大的变化,甚至在同一天内都有不同时段的波动。如果一个生产性企业发现它的顾客总是在下午2时到3时之间购买自己的产品,这对它的生产计划不会产生任何影响,但是对服务型企业来说,这就是一个相当重要的信息。

服务型企业的产能决策比生产性企业更复杂、更重要。生产性企业平衡短期产出与需求的手段很简单,只要适应利用库存或者推迟某些后台订单的出货时间。对大多数服务型企业来说,产能的"库存"就是员工的工作时间,或者某个暂时闲置的装备,如旅馆的房间或飞机上的座位,因此,这种库存是不能储存到将来再使用的。后台订单在服务业中是不存在的。想象一下,如果某个企业的员工宣称他将在下一个星期二与某位顾客交谈,这位顾客有可能立刻就会转向其他企业寻求服务。因此,当需求小于供给时,总会产生暂时的供求不平衡,造成员工的无聊或设备的闲置;而当供给小于需求时,顾客又很容易转向购买企业的竞争对手所提供的服务。

【知识链接】

冰激凌的产能策略安排

一家冷饮店的顾客对冰激凌(只)需求如下:

工作日:100~300

星期六:500~1 500

星期日:500~1 100

对于生产冰激凌的企业来说,安排产能是一件很简单的事情,它可以将一周内的平均需求作如下计算:

$$5 \times \frac{100 + 300}{2} + \frac{500 + 1\,500}{2} + \frac{500 + 1\,100}{2} = 2\,800$$

因此,它每天只需要生产400(2 800/7)只冰激凌,并且将一小部分产品预留在库存中,在需求较大的时候卖出去。而对于那些必须在顾客走进店门时才将冰激凌倒进蛋卷的服务人员来说,简单的计算就完全不适用了。他必须为自己安排一个合适的服务产能策略。

常用的 4 项服务产能策略包括:

(1)完全供给策略

完全供给策略是指总是保证足够的产能。以冷饮店为例,假设每位员工能制作 10 个冰激凌,如果经理希望总是有足够的人来满足顾客的最大需求,那么,星期六冷饮店里就需要有 15 名员工,星期日 11 名,其余工作日中每天 3 名。雇用大量的兼职员工是不可能的,那么这种策略就要求冷饮店雇用足够多的全职员工来满足要求。

这种策略的服务质量固然是很高的,但是成本也一样很高,员工也会有大量的时间闲置,无事可做。具有这种特征的企业一般都是高利润的销售行业(如珠宝、豪华汽车)以及那些顾客中拥有很多富人的行业(如私人司机、私人银行)。还有那些竞争运输速度的行业应采用这种策略。

(2)匹配策略

匹配策略是指根据需求改变产能。以冷饮店为例,这种策略将在星期六雇用 10 名员工,在星期日雇用 8 名员工,剩余每天雇用 2 名员工。星期六和星期日超出平时数量的员工全部雇用兼职员工。这种方式适当平衡了服务质量和成本之间的取舍,在很多服务型企业中都属于比较典型的模式,包括大部分中低档餐馆和电话销售公司。

(3)主动策略

主动策略是指使需求适应企业的产能,通过价格、销售或预约体系,推平需求高峰,使需求与企业的产能相适应。这种模式主要应用在高资本投入的行业中,如航空公司和旅馆;还有一些高收入的专业服务人员,如医生和律师都会采用这种模式。

（4）控制策略

控制策略是指将产能的利用最大化。这种策略潜在的动力就是通过竞争让每一名员工的闲置时间都减少到零。该策略通常使用在公共事业部门和低利润率的服务行业，以及那些员工报酬较高的行业，因为企业需要充分利用每一名员工的工作能力。例如，有很多内科医生都会精心安排自己的时间表，以至于他们的候诊室里总是坐满了人。这种策略会牺牲一部分高峰时期的销售，但是保证所有的时间里企业都在满负荷运转。

3）增长管理

（1）多点服务的生命周期

许多销售课程中都会提到大家所熟悉的产品生命周期，实际上，多点服务也存在生命周期（表6.4）。图6.1描述了一个成功企业的增长周期。

图 6.1　多点服务企业的生命周期

每个阶段的焦点就是企业不同阶段发展策略的核心。企业策略会随着时间的推移自然地发生变化，也就是说，在不同的发展阶段，企业必须采用不同的运营结构、销售策略，雇用不同类型的员工来适应企业内部发生的变化。

表 6.4　多点服务企业的生命周期

阶　段	特　征
创业阶段	利润率是很低的，因为这时候服务的概念和服务传送系统都还在形成中。经历了创业阶段之后，只有一小部分企业能够获得进一步的发展，进入多点配合阶段
多点配合阶段	这个阶段中，企业必须从发起人的出发地和原有特征中蜕变出来，形成一个可以不断复制的、类似于"蛋糕模"的格局
增长阶段	如果企业能够在原有特征蜕变中获得成功，就将进入下一个阶段——增长阶段，通过不断复制形成许多单元

续表

阶　段	特　征
成熟阶段	企业完成品牌的维护和延伸,同时这也是企业利润率最高的阶段
衰退阶段	通过复制过程中的竞争压力、顾客品位变化等各方面的原因,企业可能进入衰退阶段,也有可能重新考虑服务的概念,进入再生阶段

①创业阶段。在最初的创业阶段,对于一个企业来说最重要的是创始人在当地的销售网络、公共关系和能够激励员工努力工作的人格魅力。在这个阶段,大多数员工获得的报酬相对较少,而且,还有可能根本拿不到什么报酬,因为这个阶段的大部分企业最终都将失败。然而他们还是要坚持找到创新的途径,围绕服务的概念发展服务策略和相应的传送系统,或者在寻求市场对自身的接受时修改服务的概念。

②多点配合阶段。在多点配合阶段,企业必须选择合适的,关于销售、运营和人力资源等各方面的最佳战略并且将其标准化。扩张的意愿必须转化成可以复制的程序,让其他员工通过简单的手册或者规则就能成功地再现同样的格局。在这个阶段,企业还必须发展自身的培训、会计体系,并且将运营流程制订好。在这个发展过程中,代表创业阶段的、创始人自身的个性、唯一性将慢慢地推出企业的管理策略。

③增长阶段。一旦进入增长阶段,企业就必须完整地完成自身的运营流程和未来发展目标的构思。在这个阶段,企业必须培养自身的销售能力,将自己的概念推广给更多的消费者和管理者。这个阶段大范围的广告比区域内的公共关系更重要,也更有效,投资者和销售者必须找到企业规模扩张所需要的资金。

④成熟阶段。在成熟阶段中,企业会在销售方面遇到一些困难,例如,维护自身在市场上的地位、保持企业对市场的敏感性,以及维持人们所谓的"新鲜感"。在经营中,要注意保证标准的执行以及运营控制,从而减少管理过程中感性因素的使用;企业这时必须注意雇用一些来自不同地区的员工。一线的员工此时不再处于创新过程中,相反,他们的工作开始变得安全。维持员工的热情和激情变得困难起来。

⑤衰退阶段。最后,当服务的概念变得陈旧无味时,人们必须重新设计服务的概念,在一个巨大的、已经适用于旧概念的网络中重新贯彻新的运营理念,这个时候企业领导的个人魅力又将成为企业的活力来源。

（2）行业滚动增长

在服务型企业的增长阶段,通常会使用一种叫作行业滚动增长的策略。这种策略从实质上来说是一种资本运作手段,也就是利用购买上市流通的股票,收购同行业内的一些小公司。通常,一个小型的、私有的"夫妻店"可以用自己的所有权入股,成为一个包含了许多类似小单元的大企业的一部分。

滚动增长的成功之处在于,各个彼此独立然而相互竞争的单元共享了各自的设施、货源及行家经验。当一个企业的滚动增长成功之后,它就会被看成是维护区域内市场和同行关系的核心,同时,还能为下属的小单元带来规模效应。

（3）特许经营

传统的内部投资扩张模式的另一个替代品就是特许经营权的设置。对于服务型企业来说，特许经营是一种很重要的策略选择。专营店的开设能够从财务、销售、人力资源和运营领域等各方面改变一个企业内部的工作方式。设置特许经营权是服务行业中常见的一种管理模式，美国大约有 1 500 家专营商（出售特许经营权的企业）以及 30 万家以上的专营店。零售总销售量的 1/3 左右是通过专营店实现的。美国商业界特别擅长于专营店的经营。专营店每年为美国贸易带来价值 10 亿美元的顺差，是美国对外贸易中特别坚强的、抵抗逆差的力量。

表 6.5　特许经营的优缺点

比较内容	优　点	缺　点
财务	自我增值；能够达到快速的资本增长速度；风险较小	降低成功服务概念的利润率
运营	经销商的品牌精神	控制较为困难
人力资源	可直接成为所有者；企业利润最大化激励联盟的形成	在专营店中的影响能力受限；专营店利润最大化阻碍联盟的形成
营销	—	限制市场渠道；区域改革扭曲市场信息；可能造成品牌分化；特别事件处理更加困难

从表 6.5 可知，在一个企业的快速增长过程中，有很多因素会影响企业关于特许经营权的决策。从财务上来说，如果一个服务的概念是非常成功的，设置特许经营权将大大降低企业的利润率，因为利润中有一大部分都归经销商所有。因此，也有很多企业在起始阶段设置特许经营权，等企业步入成熟阶段后再将其购回。

采用特许经营权模式的企业和采用公司所有模式的企业从根本上来说是不一样的。公司所有模式下的企业在扩展过程中必须拿出自己的资本，而特许经营权模式下的企业只需对那些申请成为经销商的人说"可以"或"不行"就够了。由于经销商个人利益建立在利润上，而上缴给企业的利润却建立在销售收入的基础之上，企业在市场销售方面的计划，在实际推行过程中往往会产生很大的冲突，因为其中涉及经销商和公司所有的销售部门之间的利益关系。

6.1.3　服务运营流程

1)服务运营流程的含义

服务运营流程是指企业把一定投入变换为一定产出的一系列任务，对于服务业企业来说，产出的主要是服务，其中一系列任务包括接待顾客、与顾客沟通、按顾客的不同要求为顾客本身或顾客的物品提供服务，其服务流程主要由提供服务所经历的步骤、顺序、活动构成。

对于一个服务业企业来说,即使已经设计了很好的服务产品和服务提供系统,制订了周密的竞争策略,但最后顾客是否满意,还取决于服务过程中顾客的感受。因此,服务流程的管理是最终赢得顾客的必不可少的一环,需要企业精心地管理和控制。

我们把服务过程中顾客与服务组织的接触称为"服务交锋"。顾客是否对一项服务满意,在很大程度上取决于"服务交锋"的那段时间或者只是那一刻。因此,服务流程的管理和控制还需要对服务交锋有特别的关注。

2) 服务运营流程类型

服务流程作为一个"投入—变换—产出"的过程,其最后产出的结果不是一件有形产品,而是可以被描述成为"一种行为,行为的结果或一种努力"。虽然有些服务的结果是用物品来表示的,例如,咨询专家的报告,但是在所有的服务中最重要的是顾客的身体、精神、资产或信息的变换过程。

因此,根据顾客本身及其资产进入服务流程的不同情况以及服务主要作用于顾客本身还是顾客的资产,可将服务运营流程划分为以下 4 种,见表 6.6。

表 6.6　服务运营流程分类

项　目	可接触	不可接触
顾客	作用于人体: 　要求顾客在服务过程中必须在场,即身处服务设施内。顾客与服务组织及某员工,设施在一段较长的时间内有紧密接触。例如,交通客运、外科手术、免疫服务、美容美发	作用于人的精神: 　服务的结果主要针对顾客的精神发生作用,使其感到愉悦、增加知识。得到信息或改变想法。有时并不要求顾客身处服务设施内。例如,娱乐教育、艺术展览、音乐会、电视节目
顾客资产	作用于顾客的有形资产(物品处理): 　要求顾客提供其物品,但不一定要求顾客在场;或服务组织上门服务,顾客只需给出足够的服务信息和指示。例如,修理维护、服装干洗、住宅保养、花园修整、包裹递送	作用于顾客的无形资产(信息处理): 　在顾客和服务组织接触并提出要求后,顾客没有必要在场。例如,网络服务、证券服务、保险服务、软件开发、文件处理

3) 服务运营流程的应用

(1) 服务流程图

服务流程图包括业务流程图和相对应的信息流程图,如图 6.2 所示。它是服务组织向顾客提供服务的过程和完成该过程所需要素的组合方式的信息图,展示服务行为、工作方式、服务程序和路线、设施布局、材料配送、资金流向等信息。

它们是运作管理最重要的工具之一,是分析、改变流程的向导,也是确认和消除流程瓶颈、平衡流程各部分能力的基础。它们通过细分相关工作及其流程而提高流程运作效率,同

图 6.2　服务流程图

时也说明市场营销如何受运作的约束,说明公司能销售出去什么、销售不出去什么。永远不要低估业务流程图或信息流程图的作用。必须清楚地知道每一步运作中顾客处于流程的什么位置。服务流程图分类见表 6.7。

表 6.7　服务流程图分类

服务流程图	内　容	特　点	作　用
业务流程图	包括流程的步骤次序、设备和技术的选择、流程各步骤所需的能力、需要完成的任务等内容	对流程的描述,是一张顺序图	说明各个运作步骤之间的前后关系或并行关系
信息流程图	包括如何确定这一系列具体流程的有关信息	表明在信息流程图中应该有怎样的流程信息	区分处于不同层次的管理者和普通工人的工作,并描述他们之间的信息是如何流动与反馈的

【案例分析 6.1】

旅行社门市销售业务流程图服务流程

图 6.3　旅行社门市销售业务流程图

①在业务流程图中(图6.3),不同的符号代表以下不同的含义。

长方形——表示一个操作步骤,要进行的某项活动。

菱形——表示一个决策点。不同的决策结果会导致其后流程的不同路径。

箭头——表示流程流动的方向。

三角形——表示存货点或处于等待的状态。

椭圆形——表示检查流程。

②有的运作步骤可能会循环,即由一个运作步骤会有两条箭头线分别指向其他步骤。另外,可并行完成的运作步骤与必须按顺序完成的步骤应清楚地区分开。

③有些运作步骤是在顾客在场的情况下完成的,可以在流程图中清楚地标明这些步骤。因此,一个服务流程图可以分成两个部分:一部分是顾客亲身参与的流程;另一部分则是与顾客分离的后台操作流程。

(2)甘特图

甘特图又称横道图,是第一次世界大战期间,由科学管理运动的先驱之一亨利·劳伦斯·甘特发明的。它以图示的方式,通过活动列表和时间刻度,形象地表示出特定项目的活动顺序与持续时间。凭借图形概要化、易于理解,目前有专业软件(VISIO 等)支持、无须复杂计算和分析等特点,甘特图被广泛地应用于中小型项目进程管理。

ID	任务名称	开始时间	完成	持续时间
1	任务1 项目确定	2015/11/9	2015/11/13	5天
2	任务2 问卷设计	2015/11/11	2015/11/14	4天
3	任务3 访谈试验	2015/11/13	2015/11/15	3天
4	任务4 问卷确定	2015/11/14	2015/11/15	2天
5	任务5 实地执行	2015/11/16	2015/11/28	13天
6	任务6 数据录入	2015/11/27	2015/11/30	4天
7	任务7 数据分析	2015/11/29	2015/12/2	4天
8	任务8 提交报告	2015/12/2	2016/1/5	35天

图6.4 甘特图示例

在图6.4中,横轴方向表示时间,纵轴方向并列机器设备名称、操作人员和编号等。图中以线条、数字、文字代号等来表示计划(实际)所需时间、计划(实际)产量、计划(实际)开工或完工时间等。

6.1.4　服务利润链分析

1）服务利润链理论分析

（1）服务利润链

"利润增长、顾客忠诚度、顾客满意度、提供给顾客的商品、服务的价值"与"员工能力、满意度、忠诚度和生产率"之间存在直接而显著的关系。

| 员工：
产品生产率
产品质量
忠诚度
满意度 | 顾客价值等式：
（结果+过程质量）/
（价格+顾客获得成本） | 顾客满意度
顾客忠诚度
收益增长
盈利能力 |

图 6.5　服务利润链的要素

如图 6.5 所示，利润与回报的增长都来自于忠诚的顾客，顾客的忠诚又始于顾客满意，而顾客满意往往会受感知服务价值的影响。在服务利润链各要素间存在着一些显著的关系：

①利润和顾客忠诚度；

②员工忠诚度和顾客忠诚度；

③员工满意度和顾客满意度。

（2）服务利润链模型

哈佛的研究者们对服务利润链（SPC）模型（图 6.6）有如下描述："利润和增长主要来自顾客忠诚的激励，顾客忠诚是顾客满意的直接结果，顾客满意在很大程度上受提供给顾客的服务的价值影响，价值通过满意的、忠诚的、有生产效率的员工来创建；员工满意，主要来自于使员工运送给顾客的高品质服务的支持和政策。"

服务利润链的研究主要涉及员工、顾客、组织业绩 3 个主题及其之间的关系。这一模型建立了一个将员工行为、顾客态度和企业业绩联系在一起的逻辑框架，以此构成了服务利润链的驱动机制。

①内部质量驱动员工满意。内部服务质量描述了员工的工作环境，它包括员工的挑选和开发、奖酬和认可、对服务信息的获得、技术和工作设计。

例如，USAA 是一家面向军官的金融服务公司，电话服务代表得到了一套复杂先进的信息系统的支持。该公司总部位于圣安东尼奥郊区，占地几公顷，很像一所学校的校园。该公

图 6.6　服务利润链模型

司拥有专门用于培训的 75 间教室,员工可以在此得到最新技术发展水平的相关工作培训。过硬的内部质量使该公司的员工满意度大大高于同行业的其他公司。

②员工满意度影响员工保留率及生产率。在大多数服务工作中,员工跳槽的真正成本是生产率的损失和顾客满意度的降低。在个性化的服务企业中,低员工流动率是与高顾客满意度密切相关的。

例如,西南航空公司一直是利润最高的航空公司,部分原因是该公司拥有较高的员工保留率,低于 5% 的员工流动率在该行业是最低的。

③企业员工保留率与生产率影响服务价值。高服务价值来源于企业员工高保留率和高工作效率,企业员工的工作是服务价值产生的必然途径,而员工的工作效率无疑决定了他们所创造的价值高低,只有高忠诚度的员工才能产生高的服务价值。

④服务价值影响顾客满意度。对顾客来说,服务价值可通过比较获得服务所付出的总成本与得到的总利润来衡量。

⑤顾客满意度影响顾客忠诚度。施乐公司对其顾客进行过一次调查,使用的是 5 分制,从"非常不满意"到"非常满意"。调查发现,"非常满意"的顾客再次购买施乐产品和服务的可能性是"满意"顾客的 6 倍。该公司称这些非常满意的顾客为"传道者",因为他们会转变那些不接受公司产品的人的看法。另一个极端为"恐怖分子",这些对产品非常不满意的顾客会产生不好的口碑。

⑥顾客忠诚度影响获利性与成长。因为顾客忠诚度增加 5%,利润可以增长 25% ~ 85%,因此,市场份额的质量可根据顾客忠诚度来衡量,应得到与市场份额一样的关注。

服务利润链模型具有实际的可操作性,它告诉我们企业如何把注意力放在员工和顾客这两个方面,为他们提供满意的服务,从内部创造员工价值,从外部创造顾客价值,以此来驱动企业的成长和业绩,提高企业在市场中的竞争力。

(3)服务利润链与战略服务愿景

服务利润链反映企业、员工、顾客和利润四者之间的关系;战略服务愿景为管理提供实施利润方式,都反映了一个重要的目标,即围绕着一种实现顾客想要的结果的服务概念,获得市场、经营和人力资源的核心。

2) 利用服务利润链

所有企业的核心就是为顾客提供的服务价值,它能产生另外两种关键结果——顾客满意度和忠诚度。而价值主要是通过那些满意的、忠诚的、生产率高的员工来实现的。这些指标合起来就构成了我们所说的服务利润链。

(1) 强调成本收益的比较,每个链环都有产生利润的使命

服务利润链每个链环有机联动并产生正效应的驱动力在于利润。要使服务利润链整体产生有效作用,任何一个链环都要有利润可图。否则,就有可能出现某个(些)链环断链,而使整个服务利润链失效。

利润是比较的结果。处在各个链环中的主体——内部顾客(员工)、外部顾客,把自己"得到的"价值同"付出的"成本相比较,得大于失(即有利润)时满意、得不偿失则不满意,最后反映在他们对工作的态度或购买决策上。

【知识链接】

合理待遇组合

从可计量的成本与收入来考虑,企业对待外部顾客一般不会做亏本买卖,从顾客那里得到的价格收入应大于成本付出。同理,企业对待内部顾客也不应出现"账面亏损",即企业给予员工的各类待遇总和应该是一个不超过其"贡献值"的"合理数"。问题的难点就出在企业怎样评估员工的"贡献值",企业怎样确定满足员工的"合理待遇"。员工贡献有可以量化的部分,但服务业员工提供服务让外部顾客感受得到的服务质量大多数情况下是难以量化的。

例如,微笑服务次数并不容易跟踪计数,微笑的迷人程度更是无法度量,且因人而异。员工贡献的服务质量不仅与员工的技能有关,更重要的是与员工的态度有关。员工"贡献值"难以度量,"合理待遇"的制订本身就少了一个关键参照值。此外,不同员工个人偏好有异,企业内部不同层级、不同职能机构的工作没有统一认同的可比性,社会及同业还对企业有影响,员工对自身待遇的期待往往管理者难以预测。这就要求企业做好薪酬与绩效管理,关注和参照社会与业界动态,在待遇中注入人文关怀元素,用愿景导引员工的心理期待,以确定有吸引力的"合理待遇组合"。在"合理待遇组合"的前提下,用优秀的企业文化和管理制度,通过员工积极性、创造性的激发和忠诚度的增加提高员工"贡献值"。"合理待遇组合"给了员工想要的"利润"。企业则通过员工"贡献值"增加产生超出员工"合理待遇组合"总值的"溢出",使服务利润链各个链环都为企业创造"利润",保证整个企业服务利润链有效作用,最终创造出企业盈利。

(2) 找出服务运营中的关键链环,并确保能够有利可图

服务利润链,每个链环都必须有机联动,对服务利润链有机联动影响最大的就是关键链

环,关键链环的主体"利润"必须得到确保。

有些服务环节特别依赖特定的服务设施装备或特定的服务技能。这些"特别依赖环节"往往构成服务利润链的关键链环;例如,理发服务的关键链环是理发师的使用管理;网上银行服务的关键链环是网络交易安全技术及管理;民航运输服务的关键链环应是飞行安全保障与管理。中国民航快速发展,飞行员缺口大,培养体制落后,导致飞行员的使用和管理成为目前我国民航服务利润链的关键链环,本章"案例导入"就是反面例证之一。

服务企业在发展过程中,从进入行业门槛到业务成熟,不同时期服务利润链关键链环会有所转化。在发展初期,如何在业界站稳脚跟、如何赢得外部顾客眷顾往往是关键链环;成长期,如何改善员工工作条件和工作待遇与如何引导员工价值取向成为这个时期服务利润链关键链环;成熟期,服务利润链关键链环应该是外部服务的优化,即设法为外部顾客提供最高的顾客让渡价值。对于资源稀缺性造成的服务利润链关键链环,解决资源短缺问题后,原先的关键链环可能自行转化。以中国民航服务业为例,改进飞行员培养方法,延长飞行员飞行年限,引进国际飞行员,建立飞行员富余储备,配合飞行员数据库建设和转会交易市场化。

(3)开发切合企业自身特点的服务利润链审计工具

服务利润链理论强调服务市场份额的"质量"比服务市场份额的"数量"更重要。而反映"质量"的满意度、忠诚度等很多指标参数都不是会计账簿可以记录的。服务利润链各链环的绩效衡量(即成本收益的比较)并不直观、非常困难,而这一点恰恰又对服务利润链实际应用十分重要。那么,企业适用什么样的服务利润链审计工具呢? 罗伯特·卡普兰的平衡计分卡(The Balanced Score Card,BSC)打破了传统的只注重财务指标的业绩管理方法,从学习与成长、业务流程、顾客、财务 4 个角度审视企业自身业绩。这一方法的基本思想与服务利润链所强调的理念不谋而合,平衡计分卡可以为服务利润链审计所借鉴。

由于服务企业千差万别,服务利润链各链环的构成要件很不相同,因此,像基本会计准则那样的统一记账方法难以为服务利润链审计所找到。也就是说,服务利润链审计需要各服务企业借鉴 BSC 等科学的业绩管理方法,结合自身特点,发展属于自己的有效的服务利润链审计工具。

6.2　旅游服务蓝图设计

6.2.1　服务流程与服务设计

美国银行家协会的权威人士林思·休斯塔克(G.Lynn Shostack)是最早提出服务设计的学者之一。她将服务设计称为"服务系统设计",涉及以下 4 个基本步骤:

①明确服务过程:确定服务的输入、流程与输出,描绘蓝图,划分步骤。

②识别问题环节:找出服务过程中可能由于人员、设备以及其他原因容易出现失误的环节,以便进行有针对性的监测、控制和修正。

③设定时间标准:按照顾客所能接受的标准确定每个环节的时间标准。

④分析成本收益:对每一环节及整个服务系统的成本与收益进行分析,并加以改进,以提高效益,增加收益。

1) 服务设计定义

所谓服务设计就是服务企业根据自身特点和运营目标而进行的关于运营管理的战略性规划与设计,其核心内容为完整服务产品与服务提供系统的设计。

服务设计涉及以下两大方面:

①硬件:服务企业的建筑物、电子设备、用具、物料等。

②软件:服务流程安排、质量管理体系、监控体系、人员管理体系等。

2) 服务设计过程

服务设计的基本过程主要包括"服务产品设计"与"服务提供系统设计"两大方面,如图6.7所示。

图 6.7　旅游服务设计流程

3) 服务设计方法

目前在服务业通行的服务设计方法主要有以下 3 种,见表 6.8。

表 6.8　服务设计 3 种方法的比较

具体方法	理论基础与前提	主要特点
工业化方法（生产线方法）	20 世纪 70 年代初,哈佛商学院西奥多·莱维特（Theodore Levitt）提出将制造业企业的管理方法应用于服务业企业,实现服务业运营工业化	通过总体设计和设施规划来提高生产率,从系统化、标准化观点出发,使用标准化的设备、物料和服务流程,实现精确控制,使服务过程具有一致性
顾客化方法（自助服务法）	1.顾客有兴趣了解服务运营流程,不希望仅仅被动接受服务; 2.顾客希望能参与到服务运营中,主动影响服务过程,并使服务更符合自己的偏好; 3.顾客愿意自己承担部分服务工作,以节省时间、减少费用,并获得自由	1.以顾客参与代替服务劳动力:酒店旋转门代替了门童、沙拉自选台、航空公司鼓励顾客自己搬行李; 2.平衡服务需求:常用方法是通过预订来调整顾客消费时间,顾客可避免服务高峰所带来的长时间等候
技术核分离法（前后台分离法）	将服务系统分为与顾客紧密接触的前台和与顾客基本不接触的后台,后台可视为脱离人工服务环境的"技术核（technical core）"。在后台应用工业化的设计方法,而在前台则采用以顾客为中心的设计方法,以实现服务水平和服务效率的综合提高	1.设计方法:先划分服务系统中与顾客的高接触部分和低接触部分,分别进行设计,然后将两部分进行集成; 2.前台设计讲求主观和应变性,以及错误纠正的及时性; 3.前台设计讲求控制标准的精确性和应变性,错误的纠正具有一定的缓冲时间

6.2.2　服务蓝图工具

1）服务蓝图的概念

服务蓝图（Service Blueprint）就是以简洁明确的方式将服务理念和设计思路转化为服务系统的可视化方法。

服务蓝图按其表明内容的详细程度又可分为概念性蓝图和细节性蓝图两种。前者是对服务系统的总体描述,后者是对服务系统的某一部分的详细描述。

开发新的服务或改善已有的服务,最关键的是将服务概念开发、服务过程开发及市场测试等阶段准确地描绘出来。特别是能客观准确地将服务过程的特点加以描绘,并使之形象化。这样,顾客、员工和管理者都会清楚地知道正在做的服务是什么,以及在服务实施过程中自己所扮演的角色,通过服务蓝图,可以很好地解决上述问题。

2）服务蓝图的构成

服务蓝图作为服务传递系统的一种可视技术,它由感知与满足顾客需求的一组有序活动组成,如图 6.8 所示,包括顾客行为、前台员工行为、后台员工行为、支持过程以及可视分界线与互动分界线。前台员工行为与顾客行为由一条互动分界线隔开,而可视分界线将前台员工与后台员工隔开,有时在后台员工与支持过程之间由一条内部互动线分开。

图 6.8　服务蓝图的构成

①顾客行为,包括顾客在购买、消费和评价服务过程中的步骤、选择、行动和互动。例如,在法律服务中,顾客行为可能包括决定请律师、与律师交谈等。

②前台员工行为,是顾客能观察到的员工的行为和步骤。例如,在法律服务中委托人(顾客)可以看到律师(服务人员)的行为,可能包括会面、出具法律文件、出庭辩护等。

③后台员工行为,是发生在幕后的员工行为。这些行为对前台的服务活动有支持作用。例如,在法律服务中,律师的会面准备和文件准备等活动。

④支持过程,包括内部的服务及员工的服务步骤和互动行为。如在法律服务活动中,受雇人员的法律调查、秘书准备文件等。有时,支持性活动可被包含在后台员工行为之中,不加分离。

在设计有效的服务蓝图时,特别要注意应从顾客对服务过程的理解的观点出发,逆向导入实施系统。顾客行为、前台员工行为、后台员工行为、支持过程4个部分,分别由互动分界线、内部互动分界线及可视分界线3条分界线分开。

①互动线交际,表示顾客与服务企业间直接的互动,一旦有一条垂直线穿过互动分界线,即表明顾客与组织发生接触。

②内部互动线,用以区别接触顾客人员的工作和其他支持性服务人员的工作,垂直线穿过该线,表明发生了内部接触。

③可视线,把顾客能看到的服务行为和看不到的行为分开,即把员工在前台与后台的工作分开,该线在服务传递系统的设计中具有重要的意义。

服务蓝图的最上方列出了服务的有形展示(图6.9)。有形展示是将无形的服务有形化。因为服务本身是无形的,顾客常常在购买之前通过有形线索对服务进行判断,并在消费过程中或在消费完成后对服务进行评价。每个接触点上方都应列出服务的有形展示。

图 6.9　服务蓝图简化图

3）服务蓝图设计步骤

服务蓝图设计步骤如图 6.10 所示，具体如下：

图 6.10　服务蓝图设计步骤

①识别需要制订蓝图的服务过程，并对整个服务过程进行分解。

②识别目标顾客对服务的经验。针对细分市场中顾客的具体要求，制订具体的服务，使服务过程更加清楚明白。

③识别顾客的角色描绘服务过程，或称描绘顾客的行为，即描绘顾客在购买、消费和评价服务中的行为，对于内部服务，应描绘员工的行为。

④描绘前台与后台员工的行为。主要区分哪些是顾客能看到的行为（前台），哪些是顾客看不到的行为（后台）。

⑤把顾客行为、服务人员行为与支持功能按步骤相连。

⑥为每个顾客行为步骤加上有形展示。

6.2.3　服务蓝图设计

酒店服务蓝图示例如图 6.11 所示。

顾客行为是指顾客消费酒店服务的行为，包括预订客房、办理登记手续入住酒店、在酒店中接受各种服务、结账离开酒店。

前台员工行为是指顾客能看见的酒店服务人员表现出的行为和步骤，包括顾客入住酒店。前台服务人员的服务有迎接服务、行李服务、登记服务、结账服务等。

后台员工行为是指能够影响酒店前台服务质量，但顾客看不见的行为，包括前厅服务人员的夜间稽核、餐厅服务员的餐前准备等。

支持过程是指酒店内部服务或者支持服务人员履行的服务步骤和互动行为，包括酒店的工程维修、保安服务、电话总机、采购工作等。

有形展示：停车场 / 运送行李 / 住宿登记卡 大厅 钥匙牌 / 电梯 走廊 房间 / 运送行李 / 房间 卫生间 设备 物品 / 菜单 / 送餐托盘 菜肴 酒水 / 食物 / 结账 总服务台 大厅 停车场

顾客：到饭店 / 行李交给门童 / 办理住宿登记 / 进入房间 / 收到行李 / 洗浴休息 / 送餐服务 / 收到送餐 / 用餐 / 结账 离开饭店

服务人员（前台）：迎接并拿行李 / 办理登记手续并安排房间 / 递送行李 / 提供送餐 / 办理结账

服务人员（后台）：送行李到房间 / 要求送餐订单

支持过程：登记系统 / 餐厅准备食物 / 登记系统

图 6.11　酒店服务蓝图示例

有形展示是指顾客在酒店服务现场可以看到的用于提示服务质量的实体内容，包括酒店的装潢设计、设施设备、服务物品等。

1）旅游服务蓝图的使用

根据旅游企业不同的战略意图，可采用不同方式使用服务蓝图，即横向使用、纵向使用和全面使用。

（1）横向使用

①如果旅游企业的战略意图在于了解顾客是如何使用服务的，则可从左至右使用，跟踪顾客的行为，并提出如下问题：

a.顾客使用各种不同类型服务的规律是什么？

b.顾客使用服务的参与程度如何？

c.顾客对有形展示有什么要求？

d.如何满足顾客的需求，是否能保持与服务战略和服务定位相吻合？

②如果旅游企业的战略意图在于了解服务员工的角色，则可从左至右使用，跟踪服务人员的行为，并提出如下问题：

a.服务人员的操作流程是否合理、有效率、有效果？

b.哪些员工与顾客直接接触，在什么时间？什么地点？发生的频率如何？

c.顾客的服务问题是由一名服务人员直接负责到底，还是需要向其他服务人员交接？

（2）纵向使用

如果旅游企业的战略意图在于了解服务过程不同因素的组合，或者在大背景下识别某一员工的位置,则可纵向使用旅游服务蓝图。这时,我们会清楚地看到顾客有哪些服务要求,旅游企业的服务任务是什么,由谁来执行这些服务任务,哪些人在服务中起关键性的作用,执行这些服务任务需要内部组织提供什么样的支持。为解决上述问题,旅游企业需考虑以下问题:

a.在关键性服务环节上,需要什么样的服务人员?

b.为支持关键性的服务接触,服务人员需要做哪些后台工作?

c.相关的服务接触需要提供什么样的支持行为?

d.在不同的服务环节之间是如何衔接的?

(3)全面使用

如果旅游企业的战略意图在于对服务进行重新设计,则可从总体上全面使用旅游服务蓝图。

首先,需要了解服务的总体特征和服务过程的复杂程度,这是进行重新设计服务的基础。其次,对顾客接受服务的行为进行观察,发现重新设计服务的关键性环节,并进行改进。同时考虑这些变化要求服务人员如何改变行为,需要组织内部提供怎样的支持性行为。另外,还要考察有形展示的内容是否需要发生变化,这些变化与服务战略目标是否保持一致。最后,旅游服务蓝图还用来发现服务过程的失误点和瓶颈点,进而进行分析和研究,提出解决问题的方案。

2)旅游服务蓝图的建立

(1)建立旅游服务蓝图的意义

①提供全局性的视点,让员工树立整体性的服务意识,找准自己在蓝图中的位置,并考虑自己能为整体性服务做些什么,从而在员工中树立以顾客为导向的服务意识。

②识别服务过程中的薄弱环节,然后确定服务质量改进的目标。

③通过服务人员与顾客的接触线,发现顾客在何处感受并评价服务质量,从而促进服务的设计。

④通过内部互动线的显示,发现顾客在服务现场的接触点,以促进服务质量的持续改进。

⑤通过显示服务过程的构成要素和关系,以促进服务战略的形成。

⑥为识别成本、收入以及向不同的服务要素投资提供基础。

⑦为外部营销和内部营销活动提供重要的基础。

⑧提供一种由表及里的提高服务质量的途径。

(2)建立旅游服务蓝图的步骤

①识别制订旅游服务蓝图的意图。在开发旅游服务蓝图之前,首先需要识别建立蓝图的目的,并就此在组织内部达成共识。服务蓝图可以在旅游企业不同的层面上开发,既可以在整体层面上开发,不涉及具体的服务细节,如酒店的整体服务蓝图;也可以在职能部门的层面上开发,如酒店前厅部服务蓝图;还可以就某一具体业务进行开发,如送餐服务蓝图。

另外,还可以基于某些特定的细分市场或某些服务产品进行服务蓝图设计,如会议服务蓝图、婚宴服务蓝图。

②识别顾客接受服务的经历。任何旅游企业都服务于特定的细分市场,而不同细分市场的顾客需求存在差异,他们对服务质量的期望也不相同。因此,旅游企业需要根据顾客的需求,确定顾客接受服务的经历和过程,如团队观光客人和商务散客对酒店的服务需求存在差异,他们在酒店中的活动规律也不相同。

③从顾客角度描绘服务过程。该步骤是指顾客在咨询、消费以及评价中所经历的选择和行为。如果描述的是内部服务,则顾客就是参与外部顾客服务的员工。从顾客角度认识服务过程,可以将注意力集中在关键性服务环节和关键服务要素上,避免从主观角度认识顾客需求,造成服务资源的浪费和顾客满意度的下降。

④描绘前台和后台员工的行为。首先画出顾客与服务人员的接触线以及区别前台行为和后台行为的可视线。然后从顾客角度和服务人员的角度设计绘制过程,并区分出前台行为和后台行为。若是对现有服务的描述,可以向一线服务人员征询其行为,以及哪些行为顾客可以看到,哪些行为发生在后台。

⑤把顾客行为、服务人员行为和支持性行为进行组合。首先画出组织内部服务的互动线,然后识别出服务人员的行为与内部职能部门的联系以及联系的程度。从中可以发现服务行为的关键性支持因素,也就是说,这些因素与顾客满意度的关联性较强,需要引起旅游企业的高度重视。

⑥在顾客行为上加上有形展示。旅游服务蓝图开发的最后一个步骤就是在蓝图上添加有形展示的内容,以此说明顾客在每一个服务经历中所需要的有形物质以及看到的实体内容。这些物质实体可以通过照片、录像等形式加以反映,以帮助分析有形展示对顾客感知服务质量的影响以及是否与企业的服务战略和服务定位保持一致。

本章小结

- 服务运营类型并不是一成不变的,随着时间的推移和市场的变化,许多行业的服务运营本质也在发生着变化。以餐饮业为例,传统的餐厅可以有着较高的顾客化服务水平和中等程度的劳动密集度,与顾客的相互作用更强,可以划分为服务车间类型;雅致、个性化的美食餐厅则以特定目标群体为科员,以顾客化服务为目标,与顾客的接触程度不断提高,可以划归为专业型服务;而对于快餐业来说,顾客化服务和顾客的相互作用程度都很低,劳动密集程度也较低,属于服务工厂类型。
- 服务流程是指顾客享受到的、由企业在每个步骤和环节上为顾客所提供的一系列服务的总和。一家企业服务体系设计一旦确立后,通常就不会有人再去考究其是否正确,而服务质量问题往往就出在服务体系本身。

【案例讨论】

宜家(IKEA)零售商店自助式服务流程

宜家(IKEA)家居集团是一家著名的家具制造商和零售商,由瑞典人坎普雷德于1943年创建。在全球 38 个国家和地区拥有 311 个商场,其中有 17 家在中国内地。宜家产品主要包括座椅、沙发系列、办公用品、卧室系列、厨房系列、照明系列、纺织品、炊具系列、房屋储藏系列、儿童产品系列等约 10 000 个产品。其产品特点是:价格低廉、便于拼装。由于实现了模块化设计,顾客可自助购买各种家具组装件,并按自己的想法拼装成多种不同形式的完整家具。

宜家家居以出色的自助式服务流程设计著称。具体自助式服务流程如图 6.12 所示。

图 6.12　自动式服务流程图

案例评析:自助式服务是服务运营流程中十分独特的一种类型,目前也十分流行。提供自助式服务必须在服务设施和中线安排上有精良的设计,宜家的设计就充分说明了这一点。同时,推行自助式服务还可降低人员成本,非常适合采用总成本领先战略的服务组织。

第7章
旅游服务需求与服务能力管理

【教学目标与要求】

- 了解服务供需平衡的定义和状况。
- 了解服务供需失衡的现象和原因。
- 掌握服务需求和服务供给的特点。
- 熟悉服务需求管理的基本策略。
- 掌握旅游企业服务能力管理的基本策略。

【关键词】

服务供需平衡;服务供需管理;服务能力。

【案例导入】

一张机票引发的官司

一张机票引发的一场官司,也正是这场官司完善了一项民航管理措施。

一位乘客通过电话向上海民惠航空服务有限公司订购机票,言明在虹桥机场登机。第二天,民惠公司送来一张中国南航股份有限公司(以下简称"南航公司")CZ349 航班机票。出发当天,这名乘客兴冲冲赶到虹桥机场,但怎么也找不到自己要乘的航班,一打听才知道该航班应在浦东国际机场登机。于是只好办理退票手续,另购下一个航班的全价机票。

这名乘客事后将上海民惠航空服务有限公司、南航公司告上法庭,庭审中,两被告辩称,作为承运人和出票人,他们都按"行规"操作,使用自动打票机填开机票。机票上标有国际通用机场代码,"pvg"表示浦东机场,"sha"表示虹桥机场。作为受过高等教育的原告,对此应当认知,即使有疑问也可通过各种渠道随时询问。

法院调查后发现,绝大部分乘客对专用机场代码并不清楚,承运人有义务在出售的机票上使用我国通用的文字,清晰地标明航班起降机场名称,或以其他方式明确说明。据此,依照《合同法》有关条款,法院判令南航公司退还原告机票款 770 元,并赔偿 80 元。

案例评析:我国航空公司的机票如果都是英文,肯定不方便本国游客。如果强调"高学历的消费者"应该能看懂,这就是强盗逻辑,服务提供者不能妄加猜测或自行定义需求者的

"应当行为",只有充分考虑服务需求的现实情况,提高服务供需匹配度,才能完善企业服务能力。

7.1　旅游服务供需平衡状态分析

7.1.1　服务供需平衡基本概念

1)服务供需平衡的定义

服务供需平衡即服务能力与服务需求的平衡,是指具有独立服务功能的机构来说,其服务能力能够满足服务需求,不存在服务能力供给过剩或者是服务能力供给短缺的问题,从而实现服务供给与服务需求的最佳匹配,这些机构包括商场、机场、火车站和餐厅等。从服务供给和服务需求管理的目标来看,它是要实现服务供给与服务需求的平衡,从而将服务系统各方面的损失(包括空闲损失、机会损失和顾客损失等)降到最小。

企业所面临的市场需求往往是波动的,而企业的生产供应能力通常是一定的。因此,对于企业管理者来说,无论是制造业还是服务业,如何使供需达到平衡都是一个重要的管理问题。

对于制造业而言,解决供需平衡的方法多种多样。它不仅可以利用库存,预先把产品制造出来,以满足高峰时的需求或无法预期的需求,还可利用加班、外协或推迟供货等方法。但对于服务业而言,由于服务产品与需求存在特殊性,不可能库存,因此,供需矛盾的解决就显得困难重重。

2)服务供需平衡状况

服务能力与服务需求之间存在 4 种平衡状况,见表7.1。

(1)需求过度

当需求大于最大服务能力时,即服务需求超过服务机构最大可提供的服务容量,造成多出来的顾客离开服务机构,给企业带来机会损失。在这种情况下,一些潜在顾客可能离开,而且可能是永远离开。

(2)需求大于最优服务能力

当需求在最优服务能力和最大服务能力之间时,即当需求大于服务系统可提供的最佳容量,可能发生顾客接受有缺陷服务的情况,此时虽然没有顾客离去,但是服务条件劣化,服务质量下降。这时,管理者必须采取措施以控制服务水准的降低并防止顾客不满。

(3)供需平衡

在供需平衡情况下,企业的最优利用能力与最大服务能力是相同的,即需求和供给在最佳服务容量点上达到平衡,所有的服务设施和员工都没有闲置,顾客和服务机构都达到最佳,这是最理想的状况。例如,在剧院或体育比赛现场(座无虚席),令人兴奋的气氛。

(4)服务能力过剩

在其他类型的服务中,当供给能力没有达到满负荷时,顾客可能会感觉更好。例如,餐饮服务(座位)、航空服务(旁边的座位)。在修理和维护服务中,如果日程表被挤满了,可能导致临时发生工作的延误。

表7.1　服务供需平衡状况表

类型	需求过渡	需求大于最优服务能力	供需平衡	服务能力过剩
表现	需求水平大于最大服务能力	最优服务能力<需求<最大服务能力	需求＝最优服务能力	需求<平均服务能力
结果	一部分顾客得不到服务,潜在顾客离开,企业销售额甚至是信誉丧失	服务环境拥挤,顾客得到的是低水平的服务	需求平衡于最优服务能力,顾客得到准时而良好的服务	资源没有得到利用,影响企业生产效率
案例	剑湖山王子饭店客满时,会示意顾客到附近的嘉义耐斯王子饭店就餐	打的时,距离太近,不去;目的地偏僻,不去;换班时段,不少空的士驶过,却对乘客视而不见	绝对供需平衡不存在	饭店顾客过少,使人怀疑其服务品质;消费者会选择生意较好(人多)的餐厅

【延伸阅读】

打的为何如此难?

出租车"拒载"现象十分常见,打的时,距离太近,不去;目的地偏僻,不去;交通高峰期,不少空车驶过,却对乘客视而不见。在发达地区,由于轨道交通网络化运营等公共交通较为发达,出租车扮演着大容量公共交通的"补充"角色,被当作是"个性化服务";而在欠发达地区,由于公共交通服务不够发达,未能充分满足公众日益增长的出行需求,出租车成为公共交通的主要角色,被当作是"普通服务"。近年来,城市发展迅速,市民生活水平提高较快,对更优质的公共交通服务有很大的需求。但由于出租车供给远远小于公众需求,再加上出租车司机狭隘的经营心理,既然他觉得"不差钱"了,那么他就不会为"赚点钱"而去忙乎,使得打的难成为中国大多数城市普遍存在的问题。

这种乱象层出不穷的原因有很多方面,其中之一便是服务供不应求,需要打车的顾客很多,但是出租车司机由于距离近、收费少、赚取利益小等理由拒绝载客,给乘客出行造成了极大的负面影响。为了解决这种局面,应充分规范出租车市场,对拒载行为进行严厉的打击和惩罚,增加出租车行业的服务供给,形成出租车市场的良性竞争。

7.1.2　旅游服务供需失衡

1) 旅游服务供需失衡现象

在实际经济活动中,服务能力与服务需求之间的完全平衡是很难达到的,不平衡是绝对的,而平衡则是相对的。比较常见的现象是:在需求高峰期,由于服务设施的接待容量有限造成顾客流失,而在非需求高峰期,服务能力有时大量闲置造成不必要的损失。

常见的服务供需失衡现象有两类:

第一类:服务生产能力相对固定不变,而顾客服务需求规模波动。如武汉的公共交通运输能力是固定的,由于乘客对交通运输时间段需求不同,所以一天中,公交的拥挤程度也不同。上午 7—9 时和下午 5—6 时,是上下班高峰期,是交通最为拥挤的时段,早上 6:30—7:00 从财大到武大,坐公交车只用 25 分钟左右,而下午 5:30 从武大到财大,坐公交车往往需要 1 小时以上。

第二类:服务能力与服务需求都发生波动的情形。这一类主要是由突发事件引起的。例如,在发生地震时,对心理医生的需求迅速上涨。

2) 旅游服务供需失衡的原因

相对于制造业来说,服务业的供需平衡更为复杂和具有挑战性。制造业经营者可以利用多种工具和方法来应对供需平衡,如加班、增加存货、延迟交货等,但服务的无形性、不可存储性等使得这些方法不能完全适用于服务业。

(1)服务能力难以储存

首先,大多数服务具有稍纵即逝的易逝性。因此,不可能通过预测后期有较大的需求而提前生产服务,对大多数服务业来说,库存这一方法并不适用于去应对服务需求的波动。

其次,需要服务提供者与消费者共同参与。服务的需求与消费是同步的,需要双方共同参与,是双向的互动行为。例如,当顾客愿意等待时,推迟服务是可能的,海底捞的座位是有限的,但大多数顾客却愿意等上两三个小时。

最后,供需平衡中仍需顾虑顾客满意度。供需平衡是质量与数量两方面的结合,顾客满意度是对服务质量的衡量。

(2)服务产能受到限制

服务产能受人员、机器设备、材料、方法、大环境设施的限制,如何有效利用服务产能成为关键。如医院病床数,旅馆房间数。

(3)服务需求难以预测

人们的服务消费具有很大的随机性,服务需求变化多端,且往往发生在很短的时间内。如外出就餐、看电影、理发等,人们总是心血来潮或者是恰好方便的时候才突然决定的,没有进行事先的安排计划。

（4）服务行为受时空限制

因为所提供服务的多样性，服务个性化和顾客需求多样性等，使得很难预测对一定量顾客所提供服务的时间。餐厅就餐顾客就餐速度不同，所用时间也是不尽相同的。

服务具有现场性，只能在一定时间、一定地点提供服务。对于在不同地点提供服务的机构来说，服务供需不能跨地域调节。

7.1.3 服务需求的特性分析

1）服务需求的特性

（1）波动性

服务需求的波动性是指服务需求并不是固定或长期不稳定不变，相反，由于内外因素的不确定性使得服务需求经常波动。

（2）层次性

不同层次的顾客需要不同档次的服务，愿意为不同的服务水平和质量支付不同价格；不同层次的顾客对开发相同的服务有不同的反应，较高层次的顾客对新服务的反应更强烈。例如，医院的病房有 VIP 病房和普通病房，选择住进 VIP 病房的病人需要病房提供高档的服务，如宽敞舒适的病房，独立不被打扰的空间，高级护工的护理；而住进普通病房的病人对病房的要求并没有那么高，只需要在医院将病情治愈即可。

不同层次的人由于自身所具备的条件不同、消费欲望不同，对服务的要求不同导致服务需求呈现出不同层次的特点。

（3）伸缩性

服务需求的伸缩性是指随着各种因素的共同作用，服务需求会随之扩大或缩小，这是服务需求弹性的一种表现形式。伸缩性大小与消费者所选择的商品类型有极大的关系。人们基本的消费资料（如基础教育产品）的需求弹性较小；享受和发展资料（如娱乐、审美和科研产品）的需求弹性较大，即需求的伸缩性较大。例如，柴、米、油、盐、酱、醋、茶的需求弹性较小，而是否选择到餐厅就餐就有很大的伸缩性。

（4）发展性

人们对服务的需要，无论是在数量上、质量上还是在品种上，都处于不断的发展变化之中。某种服务需求被满足了，又会产生新的服务需求，并且服务需求趋势总是由简单到复杂、由追求数量上的满足到追求质量上的满足发展着的。这表明服务需求总是在变化发展的，不是静止不动的。

（5）可诱导性

服务需求在一定条件下是可以引导和调节的。消费者最易受产品特色、广告宣传、营销方式、现场氛围等因素的刺激，诱发冲动性需求。开发出新的产品，会使潜在的服务需求转化为现实需求；良好的售后服务，会使无需求转化为有需求，诱导"看客"成为现实买主。例如,分子食物的诞生引发消费者新一轮的消费热潮,这种新开发的以科学实验为基础的食品引发广大消费者的好奇心,使得许多人跃跃欲试,这种"从无到有"的食品引导消费者尝试新事物就是引导服务需求的极佳证明。因此,服务需求是可以由提供服务方来引导被服务方进行消费的。

【知识链接】

旅游服务需求的"旺季"与"淡季"

旅游景区并非所有时间都是"人满为患",它会分旺季和淡季两个经营期。旺季,常常会出现游客将景区挤得水泄不通的现象,而淡季景区则明显游客大幅度的减少,这包含游客和景区两个方面的原因。划分旺季和淡季的标准往往是景区由于本身自然风光受季节的限制,而将景区自然风光最好的时候定为旺季,其他时间定为淡季。而游客由于时间的限制,往往在法定节假日、周末等才有时间去旅游,所以景区往往节假日时十分火爆,其他时间稍显冷清,由此推出的服务需求由于内外因素的影响无法一直保持稳定状态。内因是指消费者自身收入、时间、消费预期、服务期望等因素;外因则是指服务水平、质量等,内外因造成的服务需求的波动性使得服务需求难以预测。

旅游企业作为服务企业的重要组成部分,其服务需求的预测具有较大的波动性。众所周知,旅游是季节性很强的服务业,其经营管理和运营在很大程度上受到季节的影响。"淡季"门可罗雀、"旺季"人满为患的现象十分常见。旅游企业需要充分考虑这些问题,采取相应的措施将淡季的损失降到最低,并尽最大努力控制旺季的游客量,从而提高旅游景区自身的盈利和旅游者的满意度。

2) 服务需求的规律

服务需求的内外因作用使得服务需求的变化呈现无规律可循的现象,但进一步分析会发现其实服务需求的变化未必无规律可循。

（1）周期性

服务需求变化的周期性需要进行细分市场方可看出。旅游市场的淡季、旺季使得服务需求在旺季增加,淡季减少,节假日增加,工作日减少,这是季节性变化和节假日变化;医院在换季时病人会增加。

（2）转移性

人们的服务需求存在着群体内、群体间以及时间、地点的转移和扩散的规律,即服务需求的转移规律。例如,女性顾客会在友人的介绍下从原来的买衣服的店转移到朋友推荐的店中去买;有人由从不健身转而投身到健身的行列中,这些都是服务需求转移性的表现。

7.2　服务供需管理的基本思路

7.2.1　服务供需管理

服务供需管理包括对服务需求的管理以及对服务能力供给的管理。服务过程管理中，需求波动是管理者不得不面对的一个挑战，如果不能很好地解决服务供需平衡问题，会造成服务质量下降、顾客满意度降低、顾客价值减少、成本上升等一系列问题。

从需求的角度来看：一是想办法影响和调节需求，使需求的波动减小；二是想办法管理和应对需求，以便灵活地满足顾客需求。这需要首先研究需求的特点和变化模式。

从能力的角度解决问题：一是需要了解不同服务类型下服务能力的特点；二是考虑如何通过利用服务能力本身的弹性和增加服务能力的弹性来满足不断变化的需求；三是在面临不断增长的服务需求时，还需考虑如何扩大服务能力。服务能力与需求管理的基本思路如图 7.1 所示。

图 7.1　服务能力与需求管理的基本思路

【案例分析 7.1】

海底捞：餐饮连锁供应链平台化模式

海底捞，一个以"好火锅自己会说话"作为唯一广告词的火锅店，"服务好"，似乎是消费者一致的好评，在此话题下人们可以举出一系列的实例和感动；同时也引起了同行或服务类企业的纷纷学习与效仿。"服务好"背后需要一系列的管理体系作支撑，其中海底捞的供应链运营体系功不可没。海底捞旗下的蜀海投资是海底捞供应链的核心运营机构，2013 年，海底捞的后台供应链真正实现了全国全网平台化服务,集中化采购、集中化中央厨房处理,海底捞的整个供应链成为传统餐饮领域供应链标杆企业一点不为过。

模式解读:

1.采购与库存管理:海底捞末端门店几乎是零库存(库存仅供当天消费),每天由各个门店报送需求后,后台系统全程可视,汇总后下达采购及生产任务,整个供应链系统实现快速响应机制。

2.时蔬基地直供:海底捞全国都有自己的直供蔬菜基地,基地的种植计划与前端门店的计划完全协同,基地的每种蔬菜的播种、采摘都有严格的时间计划,也就是基地种植的菜什么时候上餐桌都有严格的计划。

3.物流:海底捞在全国建立了多个物流中心+中央厨房,集中统一的冷链物流配送是其核心,值得注意的是为了保障冷链不断链,海底捞的物流配送门店是亲自到楼下取货,而不是物流企业送进店,从而有效地保障食品安全。

4.海底捞的供应链内涵:尽量向供应链的后端移动,实现规模化管理和效益;将生产与服务剥离,分别实现标准化和人性化管理,从而有可能达到各自的最优。这也许是海底捞的商业逻辑。

餐饮连锁的供应链是最难运营的体系,海底捞的成功不仅仅是前台的贴心服务,如果没有后台供应链的支撑,海底捞不会有成功的今天。集中中央厨房式供应链体系,打造集中采购+直供的供应链模式,是餐饮连锁参考学习的标杆。

案例评析:在餐饮业的连锁化经营过程中,供应链体系至关重要。海底捞火锅连锁的"时蔬基地直供"、全程数字化采购与零库存管理、多物流中心+中央厨房的强大物流配送体系,有效保障了海底捞的服务生产能力和菜品品质。

7.2.2　服务需求市场细分

所谓服务需求市场细分,是指企业根据消费者需求的差异,按照细分变数将某一整体服务市场划分为若干个消费群体,每一个消费者群都是一个具有相同需求或欲望的细分市场,从而找出适合本企业为之服务的一个或几个细分子服务市场的过程。

图7.2　服务市场细分方法

有人说:"除非你只有一个顾客,只卖一种产品,否则就有市场细分问题。"同样地,不同的顾客有不同的服务需求,就必然要对服务需求市场进行划分,正确定位企业服务范围和战略目标,有效利用企业服务资源,更好地满足顾客服务需求。

7.2.3 服务需求管理策略

进行需求管理的基本思想是:将高峰期的需求转移到低谷期,从而使服务能力在某种程度上得以均衡。这样的需求管理有时可用直接的方法来实现,有时则需要采用间接的方法。

1) 直接需求管理

(1) 预约系统

很多服务业可通过引入预约系统来管理需求。例如,航空运输或火车运输等供给能力有较强约束的服务行业都可采用预约系统。适合使用预约系统的服务行业,如医生和其他健康服务、高级餐厅、多数专业性服务、价格十分高昂的商品销售(房屋、艺术品)。不适合使用预约系统的服务行业,如零售业。

当然,预约系统可以和"先到先服务"的非预约系统(如旅馆业、运输业及餐厅)并存,很多拥有足够的服务能力但又不想使运作过于死板的企业都采用这样的并存系统。但是,必须让顾客知道,如果他们进行了预约,一旦能力变得紧张时,他们会优先于未预约的顾客而得到服务。

(2) 分类管理

分类管理与预约系统是密切相关的。航空公司运用这一方法是相当成功的。分类管理的基本思想是以不同价格提供多种条件的服务,以最大限度地利用服务能力,获得尽可能多的收入。随着预约情况的变化,服务企业可以灵活地调整每一种价格的服务规模,以达到最佳使用率和最大获利的目标。

例如,航空公司提供带有不同约束条件但同时价格也不同的机票。最低价的机票在数量上有限,且要求乘客必须至少提前多少天订票,在目的地停留时间不得超过多长,以及如果要更改机票时间的话必须支付较高的违约费用等。而其他费用较高的机票却没有这些限制,有很大的灵活性。

2) 间接需求管理

间接需求管理主要是促使在高峰期需要服务的顾客将他们的需求转移到非高峰时段。间接需求管理的任务集中于可以刺激顾客的价格和服务政策上。

(1) 价格政策

顾客关心价格,如果需求下降,降低价格将是推动顾客更多地购买服务的一个很强的激发因素,而提高价格肯定会使事情变得更糟。如果企业希望削平需求高峰,在高峰期提高价格非高峰期降低价格会奇妙地实现这一点。例如,电力系统在用电低峰期间会提供较便宜的电费,电话公司在晚上时段提供减价服务,电影院提供早场特价票,旅馆的低价仅限于周末等都是这样的例子。

(2)非价格服务政策

用非价格服务政策来转移需求,通常不如价格政策那样有效,但经常与价格政策同时使用。例如,旅馆不仅提供周末的减价房间,而且在周末提供免费早点、室内香槟和高尔夫球场;旅游度假区为了削减午后网球课程的高峰期,可能会同时提供高尔夫球课程或沙滩上的一些刺激性的娱乐项目;提前预约的顾客可以获得额外的服务等。

①调整服务时间和地点。通过改变提供服务的时间或地点来应对市场需求。主要有4种模式:通过改变提供服务的时间来应对需求对不同天、不同季节等的偏好;在一个新地点提供服务,例如,提供移动服务,而不是要求顾客到一个固定的地点;另外,资产是可移动性质的企业,可以跟随移动的市场变动;利用新技术,企业还可同时改变提供服务的时间和地点。

②提供互补性服务。通过提供给其他关联服务来分散等待中的顾客焦急心理,有助于满足等待中的顾客,减少他们的抱怨,吸引并留住他们,使他们愿意等待,并觉得心情愉快。

③淡季需求管理。对需求不同来源的寻找会导致对非高峰期服务能力的创造性地使用。有些服务的需求具有确定且不易改变的季节特性,对价格也不敏感。例如,人们通常只会在夏季蜂拥而至海滨浴场,冬天去滑雪场。这类服务在非季节时的需求非常少或者根本没有。在类似的情况下,价格策略、预约或宣传通常都对平滑这类需求的高峰没有作用。这时一种更合适的管理策略就是以相同的设施、相同人员能提供的与原有服务变化特性相反的其他服务。例如,许多风景区在没什么风景的冬天提供滑雪服务项目,海滨饭店则在冬季提供接待团体会议服务。

【案例分析 7.2】

一卡游遍湖北　智慧旅游惠民便民

2016 年 10 月 18 日,湖北旅游年卡首发仪式在武汉洪山宾馆隆重举行,湖北省旅游发展委员会主要领导及多家合作企业应邀出席了这场盛会。

湖北旅游年卡,是在省政府职能部门指导下,由湖北省旅游委及合作科技企业联合全省旅游资源提供单位、渠道商,合力推出的一款智慧旅游产品,将要惠及湖北省内居民和国际国内广大游客。湖北旅游年卡具有权威可靠、覆盖全面、亮点突出、系统稳定、补贴多样、平台开放、渠道丰富等特点。

湖北旅游年卡定价 300 元,一年内可无限次畅游全省 88 家优质签约景区。其中,

AAAAA 景区 6 家,AAAA 景区 40 家,这些景区门票总价 5 269 元。大冶雷山温泉、嘉鱼山湖温泉能不限次满足游客泡温泉的需求,一些重点景区还在陆续加入中,年内预估可达 120 家。能充分保障系统的稳定可靠,主管部门、景区、经销商都可实时共享系统的运营信息。同时通过资源整合,各单位为湖北旅游年卡提供多方式补贴。

湖北旅游年卡还具有平台开放、渠道丰富的特色。系统平台与运营商、银联银行、线上支付、保险、交通进行了对接;近期将推出与武汉通的联名卡,使旅游卡具备公交功能,进一步方便游客。

案例评析:湖北旅游年卡发行有效地牵起了景区与游客的手,"旅游年卡"一年内可限次畅签约景区的承诺,在极大方便游客的同时,也有效地减缓了景区在节假日的高峰客流,而且还成为了营销景区、延伸相关服务的平台。

【案例分析 7.3】

故宫假日应对能力在不断提升

近年来,故宫博物院通过加强公共服务设施建设、引入社会保安机制等措施,服务质量以及门前秩序明显好转。一是加强了端门广场服务设施,比如售票窗口由原来的 16 个增加到 30 个,并合理规划窗口位置,售票接待能力增加 87.5%,在大大缩短观众排队时间的同时,也打击了违法倒票行为;建设了端门观众服务中心,为参观者提供讲解咨询、自助查询、饮水休息、免费轮椅等服务;增设了端门西朝房南侧卫生间,面积为 112.18 平方米,端门地区公共卫生间比之前增加了一倍;建设了端门西朝房"故宫商店",售卖故宫博物院研发的文化创意产品;端门区域增设可供 600 名观众休息的座椅。二是午门广场新增安检设施,安检通道增加,由原来的"两机两门"的安检通道变为现在的"六机十二门"安检通道,检票通道由原来的 12 条增加到 20 条,空间开阔,缓解了高峰时检票口的压力,且在东西掖门分别设置了两个备份安检通道作为应急通道;安检人员由 12 名安检职工变为暑期 96 名安检保安人员和淡季 64 名安检保安人员的工作模式。三是引入社会安保机制,今年 10 月 1—7 日,每天增设 195 名安保力量,并借用 95 名武警和 20 名消防战士。其中,在开放线路上每天有 106 名保安和 22 名武警,负责疏导观众,维护参观秩序。在端门—午门广场、神武门、东华门等出入口,每天有 89 名保安和 73 名武警负责售票、检票等秩序维护和疏导观众。

景区环境与周边秩序等旅游基础建设情况是长期困扰旅游管理部门、旅游经营者,以及游客游览质量的大问题。尤其是假日期间,景区游客量明显增加,景区环境秩序,以及厕所、休息、就餐场所等公共服务设施接待能力备受考验。

案例评析:故宫博物院通过有效的服务能力管理,合理的配置旅游景区服务生产能力,使景区服务生产能力得到了最大限度地发挥,提高旅游旺季接待能力。服务企业应针对顾客需求,加强内部管理,再造服务流程,提高服务系统的运作效率,服务运作系统要完善,能保证服务流程的通畅,并能根据各种外界情况的变化,改进服务流程。

7.3　旅游企业服务能力管理策略

7.3.1　服务能力的概念

1) 服务能力

服务能力是指一个服务系统提供服务的能力程度,通常被定义为系统的最大产出率。从运作角度讲,能力由定量度量的能力和定性度量的能力组成。生产潜在因素的定量能力指的是一段时间内最大的量化运作能力。一段时间内的最大产出可以作为量化的运作能力的度量。生产设备和设施的定性能力包括一个集团实施不同生产过程的能力,指的是个人态度和资格。能力利用度可以定义为需求能力与可得能力之间的比率。

$$能力利用率 = \frac{每个阶段实际服务的客户数量}{服务能力}$$

当能力利用率接近 1 或超过 1 时,服务将变得更加拥挤,服务时间延长,等待时间增加,客户感觉服务质量下降。当服务能力利用率接近 1 时,如果对客户服务的时间稍有延长,就会导致排队等待的时间大大延长。因此,一般的服务系统都要对服务能力利用率留有余量。

2) 服务潜力储存

服务的生产和消费是同时进行的。但是服务的潜势是可以储存的。如果服务需求相对于服务能力不足,结果将导致服务人员和设备闲置。因此,就有必要更好地协调服务供给与需求来提高服务能力的使用率。这里涉及两个方面:一方面是改变和调节顾客需求,利用的是营销导向策略,例如,使用价格诱因和促销来刺激低谷期的需求;另一方面是控制和调节服务供给水平,例如,通过计划工作班次、使用兼职雇员、对与顾客接触的员工进行交叉培训等,对顾客需求的变化作出更灵活的反应。

3) 服务过程控制

为了更好地适应顾客的需求,缩小顾客满意度与服务水平之间的差距,必须在服务过程中进行控制,最主要的是服务质量控制,这也是保持和提高服务能力的一种手段。服务质量控制可视为一种反馈控制系统。在一个反馈控制系统中,将输出结果与标准相比,与标准的偏差被反馈给输入,随后进行调整,使输出保持在一个可接受的范围内。图 7.3 为服务过程控制。

7.3.2　服务能力五要素

服务能力五要素包括:人力资源、服务设施、设备和工具、时间、顾客参与。

图 7.3　服务过程控制

1) 人力资源

人力资源是服务能力的关键要素,主要包括 5 个方面:第一,技能水平。即专业服务以及基于信息和知识的产出尤其依赖于高技术水平的专业人员。第二,组合安排。即对于饭店服务员、护士、电话接线员等大量重复性的服务工作来说,各岗位员工的安排、劳动生产率也是决定产出的关键。第三,团队与领导激励。即高效团队并配备最好的设备将对企业的服务能力产生不可估量的影响,领导和激励的双重作用将进一步提高服务能力。第四,流动性。即人力资源具有高度灵活性。第五,能力调整。即人员通过全时工作、兼职工作或加班加点,交叉培训而胜任多项工作,实现对服务能力的灵活调整。

2) 服务设施

服务设施包括 3 个方面:第一,用于容纳顾客和提供服务的物质设施。例如,医院床位、宾馆、飞机、巴士、游泳池、剧院和大学教室。此时的能力限制主要指空间容量,如床位、房间、座位、桌椅的数量。在某些情况下,出于人身安全和防火要求,对容纳顾客的数量上限还制订了法规。第二,用于存储或处理货物的设施。这里的货物可能是属于顾客的资产或是要卖给顾客的商品。例如,超市的货架、运输管道、仓库、停车位或货车车厢。第三,基础设施。基础设施是对客服务的载体,例如,通过电话、网络、电子邮件或广播提供的服务。在设施设计中需要考虑顾客市场规模与瞬时最大流量,基础设施的能力决定了服务能力。

3) 设备和工具

设备和工具是指服务过程中所需的用于处理人、物或信息的物质设备。

【知识链接】

麦当劳服务的标准化

麦当劳是世界上最大的快餐集团,1955 年创办至今,在全世界已拥有 3 万多家餐厅,麦当劳的黄金双拱门已经深入人心,成为人们最熟知的世界品牌之一。

麦当劳金色拱门承诺"品质、服务、清洁和物有所值"的经营宗旨,人们不管是在纽约、上海、香港或北京光顾麦当劳，都可以吃到同样新鲜美味的食品，享受到同样快捷友善的服务。麦当劳是如何做到的呢？它的答案就是——QSCV。

麦当劳将企业理念和经营方针浓缩为"QSCV"（Quality，Service，Cleanness & Value），意即麦当劳为人们提供品质一流的产品、周到的服务、清洁的就餐环境以及让人们感到在麦当劳就餐是物有所值的。

1.QSCV 中的 Q（Quality）即品质、质量。

首先是在当地建立生产、供应、运输等一系列的网络系统，以确保餐厅高品质原料供应。同时麦当劳食品须经一系列严格的质量检查，仅牛肉饼就有 40 多项质量控制。比如，严格要求牛肉原料必须挑选精瘦肉，牛肉由 83% 的肩肉和 17% 的上等五花肉精制而成，脂肪含量不得超过 19%，绞碎后，一律按规定做成直径为 98.5 毫米、厚为 5.65 毫米、重为 47.32 克的肉饼，并制订了操作规程和细节，如"煎汉堡包时必须翻动，切勿抛转"等。

无论是食品采购，产品制作，烤焙操作程序，炉温，烹调时间等，麦当劳对每个步骤都遵从严谨的高标准。规定：面包不圆、切口不平不能要；奶浆供应商提供的奶浆在送货时，温度如果超过 4 ℃必须退货；生菜从冷藏库送到配料台，只有两个小时保鲜期限，为了方便管理，所有原材料、配料都按照生产日期和保质日期，先后摆放使用。

麦当劳还竭尽全力提高服务效率，缩短服务时间，例如，要在 50 秒内制出一份牛肉饼，一份炸薯条及一杯饮料，烧好的牛肉饼出炉后 10 分钟、法式炸薯条炸好后 7 分钟内若卖不出去就必须扔掉。麦当劳的"产品质量指南"规定，三明治类的保存期为 10 分钟、炸薯条 7 分钟、炸苹果派 10 分钟、咖啡 30 分钟、香酥派 90 分钟。

2. QSCV 中的 S（Service）即服务。

为了吸引顾客，提高服务质量，麦当劳始终坚持优质服务策略。比如：

①努力营造欢乐温馨的气氛；

②在餐厅内尽量避免喧哗游逛；

③营造出一种与在家中就餐一样宁静的环境，比如桌椅舒适，服务员热情周到。

麦当劳服务有三大要求：

①F（Fast 快速）：指服务顾客必须在最短的时间内完成，因为宝贵的时间稍纵即逝，因此麦当劳十分重视时间的掌握。为了给日益增多的自驾顾客提供快捷的就餐，麦当劳在四通八达的高速公路两旁和郊区开设了许多汽车餐厅，乘客经过时，只要打开车门，向通话器报上所需食品，当车开到店侧小窗口时，就能一手交钱，一手取货，并能马上驱车上路。

②A（Accurate 正确、精确）：不管麦当劳的食物多么的可口，倘若不能把顾客所点的食物正确无误地送到顾客手中，必定给顾客一种"麦当劳服务的态度十分草率，没有条理"的坏印象。所以麦当劳坚持在营业高峰时段，也要不慌不忙且正确的提供顾客所选择的餐点。

③F（Friendly 友善、友好）：友善与亲切的待客之道。不但要随时保持善意的微笑，而且要能主动了解顾客的需求。麦当劳提供细致入微的关爱，例如麦当劳所有连锁店的柜台高度都是 92 厘米，因为据科学测定不论高矮，人们在 92 厘米高的柜台前掏钱感觉最方便。而且柜台必须设在后门入口处，顾客可不经柜台到达餐桌，以免除不购物者的尴尬。

麦当劳餐厅还备有职员名片，后面印有 Q，S，C 3 项评分表，每项分为好、一般和差 3 类，顾客可以给其打分,餐厅定期对职员的表现给予评判。

通过标准化管理,使服务成了稳定的、无论何时何地由谁来提供都没有什么差别;实际上,这一切并没有改变服务的本质特征,而是使服务获得了更高的表现形式,从而增加了吸引顾客回头的频率。

3. QSCV 中的 C(Cleanliness)即清洁、卫生。

提供清洁幽雅的就餐环境,是麦当劳营业场所追求的目标。在麦当劳的观念中,"清洁"不仅是指字面意义上的清洁,凡是与餐厅环境有关的事情,都属于"清洁"的含义,都纳入严密的监视和管制范围内。因此,无论是在柜台服务,还是在厨房制作食品方面,工作人员除了完成规定的工作之外,都养成了随手清理的良好习惯。另外,麦当劳还非常重视餐厅周围和附属设施的整洁,连厕所都规定了卫生标准。

①所有的餐具、机器在每天下班后必须彻底拆开清洗、消毒;

②餐厅内不许出售香烟和报纸,器具全部都是不锈钢;

③每隔一天必须擦一遍全店所有的不锈钢器材;

④玻璃每天要擦、停车场每天冲水、垃圾桶每天刷洗;

⑤每星期,天花板必须打扫一次。

4.QSCV 中的 V(Value)即价值。

所谓价值,就是要价格合理、物有所值。麦当劳除了尽力为顾客提供一个宜人的环境,让顾客进餐之余得到精神文化的享受之外。麦当劳的食品非常重视味道、颜色、营养,价格与所提供的服务一致,让顾客吃了之后感到真正是物有所值。

在乳类制品中,钙的含量很高,它能帮助骨骼健康成长,牛奶还含有丰富的蛋白质、维生素、微量元素等,对身体健康很有好处。因此,麦当劳鲜奶制品成了食谱中的必需品,从吉士汉堡包到各种口味的奶昔、新地,都是美味的高钙食品。麦当劳还积极实行一系列的价格削减,推行了大量的特价销售,并且"物有所值"开始成为其广告主题。

麦当劳强调,"提供更有价值的物质商品给顾客"。现代消费者的需求不仅趋向高品质化和高品位化,而且也趋于多样化。麦当劳没有沉醉于已有的成功,而是努力地适应社会环境和公众需求的变化,重视商品新价值的开发,即不断给商品增加附加值。服务要素的标准化见表7.2。

表 7.2　服务要素的标准化

服务要素	服务要素的标准化
环境	统一的店堂布置、烹制设备和操作规范等
物品	规格统一的食品(如巨无霸、麦香鸡、炸薯条等)和包装
显性服务	统一规定并严格控制的服务人员操作规范;食品口味与待客方式的一致性等
隐性服务	同样整洁、卫生的环境;保证及时性、愉悦性的统一措施等

4)时间

时间包括两个方面的内容:第一,通过改变两个时间段的组合,有可能改变生产能力。

这尤其适合于具有需求高峰期的服务业。第二,延长营业时间能够提高整体能力。

5)顾客参与

许多服务的完成要依赖顾客在服务中的参与。例如,一个顾客在从自动取款机上取钱的过程中,从头到尾都在自己工作。而在另外一些服务中,顾客可能仅仅做一部分,例如,自我服务的餐厅。在这些情况下,顾客的参与都对服务能力产生了影响。

7.3.3　服务能力的利用

1)服务能力的限制因素

服务企业的有形设施、知识和技能、资源使用等方面的配置形成一定水平组合的服务能力,也构成影响或限制企业总体服务能力的制约因素。

有形设施服务能力在特定的时间段中为一个定量。对于飞机、车船、场地建筑等服务设施,可通过提高设施利用率来缓解服务需求大于服务能力的矛盾。对于那些主要以人的技能劳动来提供服务的服务企业,在服务员工数量一定时,服务能力的最大限制因素为有效服务时间。如律师、咨询师、理发师、心理咨询顾问等的工作时间决定着他们提供服务的能力,有效利用时间意味着增加收入和利润。

2)服务能力利用率的影响

基本排队模型论证了等候队伍的长度依赖于服务能力水平,等候时间是顾客到达率与平均服务率之间的函数,服务能力的利用率为70%左右时,平均有一个顾客等候服务。随着利用率的进一步提高,等候服务的顾客人数逐渐增多。当利用率达到90%以上时,顾客等候人数将急剧增加。

(1)服务能力利用率不能过高

根据基本排队模型,服务能力利用率达到100%时,每个潜在的顾客都将等候,即等候顾客无限增加。当需求超过服务能力时,顾客等候队伍更长,增速更快。因此,服务企业需要理性选择能力利用率,综合考虑质量、收益与成本,留有适当程度的富余服务能力。对那些花费较多时间但体现企业服务特色的优势服务项目需有计划地保持一定水平的服务能力。

(2)服务能力利用率调整水平差异较大

在不同服务能力利用率的情况下,同样的服务利用率调整水平所产生的影响差异很大。服务能力利用率从80%增加到90%,等候的顾客将从3个增加到8个;但服务能力利用率从10%增加到20%时,等候的顾客仅从1/500个增加到1/300个。两种情况下的服务利用率变化所增加的成本大致相同,但服务水平的变化却差别很大。当服务能力利用率大于70%之后,3%的调整就会造成排队队伍长度的明显变化。而在服务能力利用率很低时,30%的能力波动也完全可能不会引起顾客的注意。因此,在服务能力利用率较低的情况下调整能力利用率的经济意义不大。

（3）能力利用率影响服务成本

劳动密集型服务企业的服务成本对能力利用率的敏感度很高，较高水平的服务能力利用率可以降低劳动成本，使企业具备明显的价格优势。资金密集型服务企业也有同样趋势，提高服务能力利用率有利于降低服务成本。

采取不同竞争战略的服务企业对此有不同选择，一些企业精心维持其服务能力利用率位于中等水平，其目的在于利用能力利用率的变化创造差别服务。他们提高能力利用率为愿意等待的顾客提供低价服务，降低能力利用率为愿意支付高价的顾客提供快速服务，分别满足不同的顾客需求。

（4）服务准备工作效率影响服务能力利用率

降低服务准备时间是提高服务能力利用率的有效途径。一般情况下，过多的服务准备时间制约了服务利用率的提高。如果服务准备工作占用了20%的工作时间，则不可能将服务能力利用率提高到80%以上。另外，在顾客较少的情况下提高服务能力利用率对降低成本并无太大意义，适当延长服务准备与服务时间反而能起到增强服务效果的作用。

【知识链接】

排队等待中的顾客心理及其应对策略

等待中的顾客心理	评论及应对策略
1.空闲比忙碌的感觉时间更长	使顾客在排队等待时有事可做，以分散他们的注意力或忘掉等待（例如，餐馆设置茶座让等待的顾客喝茶聊天；牙医办公室准备报纸杂志；修理店铺的休息室安置电视机等）
2.进程前的等待比进程中的等待感觉更长	一旦服务开始，等待就似乎变短。而在等待之中会感到更焦急（例如，餐馆递给等待中的顾客菜单，使他们感觉服务已经开始并有事情可做）； 顾客害怕被遗忘，但一旦服务开始了，这种心理便会消失（有时一则简单的消息也会达到这种效果。例如，学生收到一封来自所申请的大学的短信可以使焦急的等待变短，尤其是当信中说明了作出最后决定的大致日期时）
3.焦虑使等待感觉更长	"害怕被忘记"可能是顾客焦虑的一个原因； 不知道还要等多久、服务会怎样、是否排对了窗口，或排队买足球票时担心能否买到票等，都会使顾客感到焦虑； 任何可以降低顾客这种焦虑的行动都可以使顾客的等待感觉更短、更少痛苦
4.不确定的等待比已知的、有限的等待感觉更长	当顾客不知道服务何时开始时，会感到等待时间更长，也会更焦虑； 给顾客一个对等待时间的估计，有助于顾客心情平静下来并接受事实； 估计必须谨慎并接近实际，有时过长的估计会给顾客以惊喜（例如，迪士尼公司张贴对每一个节目推测的等待时间，且通常是过长的推测）

续表

等待中的顾客心理	评论及应对策略
5.没有解释的等待比有解释的等待感觉更长	当顾客被告知等待的原因时,他们会感到更舒服并给予更多的理解(例如,护士对等待的患者解释医生因为有一个紧急手术而可能迟到时,大部分人会理解;一个被延误的航班如果能够向顾客清楚地解释因为是天气的原因,顾客也会给予充分谅解); 诚实对待顾客,并主动解释服务的延迟原因
6.不公平的等待比公平的等待感觉更长	大部分顾客在等候时看到有人插队或其他不公平现象发生都会感到恼怒(例如,超市排队付款时,收银员不按排队顺序为队中的其他人先结账),也会使顾客感到等待时间比实际更长; 加强员工教育,防止不公平现象发生; 对遭受到不公平待遇的顾客采取补救措施
7.服务越有价值,顾客愿意等待的时间越长	用于排队等待的时间是顾客为得到服务愿意付出的非货币价格; 服务越有价值,顾客愿意付出的非货币价格越高; 服务管理者必须很好地知道他们提供的服务对顾客究竟有多少价值,确保顾客的等待时间没有大于顾客对服务的估值
8.单独等待比群体等待感觉更长	等待中的顾客因为互相之间不认识,会感到孤独,尤其是当顾客之间没有交流也没有其他分散注意力的事情时; 服务管理者应创造顾客之间的交流机会,使他们形成群体感觉并分散他们的注意力

注:戴维·梅斯特(David Maister):The Service Encounter:Managing Employee/Customer Interface in Service Businesses, Lexington Books,Lexington,MA,1985.

【延伸阅读】

向德国人学习"快乐排队"

德国《焦点》周刊 9 月 25 日引述欧洲一个顾客协会的数据称,德国人平均每次购物要排队 7 分钟,远远高于其他 20 多个受调查的欧洲国家 3 分钟的平均排队等候时间,德国因此成了欧洲的"排队冠军"。

1.排队象征"公平"

对于排队,许多德国人习以为常。"这与德国人的民族性有关。"德国柏林社会学家哈森说,日耳曼人是一个讲秩序的民族。对德国人来说,排队象征着守纪和公平,是一种文明社会的表现。现在,德国父母和老师从小就要教孩子如何排队。

85 岁的柏林老人玛丽回忆说,第二次世界大战后,德国由于物资紧缺,几乎做什么事情都要排队。经济危机时,银行门口也会有排队取钱的队伍。甚至大家在储蓄所前排起四五公里长的队去领钱。

如今,排队已成为德国社会的"新常态"。德国是展会大国,每年要举行 150 多个国际性展会。展会举行时,许多家庭都会全家出动,排长队是"必修课"。在近日举行的法兰克福车展上,专程从汉诺威赶来参加车展的一家三口,一家人早晨5时出发,9时到达车展中心,排了几个小时的队才买到票。而且在参观各个展馆时,也要排队几十分钟。据说,当天有30万参观者拥入车展中心。而在参观各大博物馆和艺术中心时,排队几个小时也是"家常便饭"。

2. "露营排队"很常见

尽管排队很考验耐心,但德国人也找到了自娱自乐的方式。德国最大的摇滚音乐节"rock at the ring"每年会吸引全球十多万乐迷。由于是露天音乐节,又没有固定座位。许多乐迷都是提前一两天来到这里,以便找个有利位置,甚至还有提前一周到这里占位的。这些乐迷纷纷支起露营帐篷,在里面阅读、听音乐、上网,还在帐篷边举行小小的派对,等待生活过得有滋有味。

这种"露营排队"已成为德国的新现象。特别是一些新科技产品首发日,如有"果粉"为买到新款苹果手机,彻夜排队48小时等待。在排队时,他们吃的、玩的、乐的,应有尽有。

针对突出的排队问题,德国各机构也千方百计给顾客"减负"。德国著名的景点、博物馆等都会在门口设一些可以坐的地方,有的还播放音乐,安置大屏幕电视机。一些商家甚至还做起排队顾客的生意,推销一些小商品。同时,这些机构也纷纷使用网上购票等方式,限制顾客数量,方便顾客快速入内。

出版社甚至还出了一本《快乐的排队》的书教顾客如何避开长时间的排队等待,如充分利用网络信息,在淡季造访等。该书也建议读者在排队时"自得其乐",全家人可带上简易的椅子,坐下来,把排队当作一次小小的聚会。

3. 商家瞄准"排队商机"

"现在的商业、旅游和文化机构都很懂宣传,很会吸引顾客。"社会学家分析"排队越来越长"背后的一个被忽视的原因:实际上,一些商家正在巧用"排队文化"。比如,德国许多餐馆、咖啡店、俱乐部前总是能看到长长的队伍,以作为品质的象征。而欧美的研究显示,排队的确能增加产品的吸引力。等待能让产品有所增值,而这增加的价值会让人们在排队时更有耐心。

不过,并不是所有德国人都喜欢排队。有经济学家指出,排队太浪费时间,是低效率的表现。有德国公司看准这部分人的商机,推出代客户排队的服务。柏林一家公司打出"再也不用排队了"的口号,声称无论什么时候,什么天气,他们都可以帮助客户排队买演唱会、体育比赛、电影节、展览会的门票,也可排队帮买早午餐,买新的苹果手机,帮助参加选秀比赛的人排队以及各种占位,客户每半小时只需支付10欧元。

摘自:2015年10月15日《环球时报》同名文章

7.3.4 服务能力的调节

1) 利用能力本身的弹性

(1) 吸收额外需求

某些服务能力本身具有吸收额外需求的弹性。例如,地铁车厢的座位,扶手和吊环,平时使用的人数为 40 人,高峰期则可达到 120 人。

（2）改变设施布置

例如,有的航空公司通过稍微减少座舱座位之间的间隔而增加座位,并用单人椅、双人椅和三人椅的灵活布置来改变客舱座位的数量。波音公司在设计新的 777 型号飞机时,必须面对航空公司提出的"令人不可容忍的要求"。

如何最大限度地增加服务弹性？对于航空公司而言,可自由组合航班空间:航空公司要求飞机里不仅座椅、厨房、卫生间以及给排水设施等所有的地方,都能在数小时内重新摆放位置。而航空公司这种要求的起因是为了使服务能力拥有一定的弹性。对于餐馆而言,可通过增加桌椅来使服务能力具有一定弹性。对于酒店而言,可设计连通房——酒店在房间之间开一道门,这道门锁上时,可提供两个卧室;而这道门打开时,其中一间可改为起居室,这样就成了套间。

（3）延长服务时间

首先,可以延长服务时间。例如,餐馆可提供下午茶和夜宵,大学提供夜校和假期班,航空公司延长日程表从每天 14 个小时到 18 个小时。

其次,在有些情况下可缩短每一位顾客的服务时间。例如,当一桌顾客酒足饭饱休憩时,服务员迅速地递上结账单可暗示提醒顾客离开。

最后,也可通过削减服务种类来缩短服务时间,如高峰时仅提供简单的菜谱。

（4）优化日程安排

通过优化服务人员日程安排及其工作任务安排也可大幅度提高服务能力。例如,医院护士的排班、航空公司飞行员的日程安排以及紧急医疗服务的设施位置选择和排班。在需求低谷时间里完成不紧急的任务,如清洁和保养。

2）增加服务能力弹性

（1）培训多面手员工

每一项任务的需求水平在不同时间可能不同。即使当系统看起来似乎已达到满负荷运营时,实际上,仍然可能存在着一定未得到充分利用的情况。将员工培训成多面手,使他们掌握执行多项工作技能并赋予他们相应的权利,就可在出现瓶颈时作相应的人员调整,从而提高需求高峰时的服务能力。

（2）利用非全职员工

许多服务企业都在利用非全职员工来满足相当一部分的人力需求。据估计,服务业几乎 1/4 的员工是临时性的或非全职的。非全职员工的利用可以显著地增加服务能力的灵活性并使服务管理者更好地控制服务能力。

（3）增加顾客参与

在一些服务提供过程中,顾客有可能是有价值的人力资源,有的服务组织聪明地利用了这个资源。

一般来说,增加顾客的参与程度既能够减少服务组织的人力输入,又能够提高服务速度,从而增加服务能力。但是,增加顾客的参与也存在一定风险:如果顾客操作不熟练,可能反而会减慢服务并导致能力的降低。

【案例分析 7.4】

景区错时免票　到底公平不公平?

4 月 25 日,河南省嵩县旅游局发布消息称,从 5 月 1 日起至 10 月 31 日,嵩县 4 个 A 级景区将在全国范围实施免门票活动。但根据分时段对应城市优惠政策,河南的城市在"五一"期间不能享受免票优惠。这项政策引发热议,多人认为这有失公平。

嵩县此举真的有失公平吗? 恐怕并非如此。虽然在河南本省人看来,终于等到"五一"景点免票了,却偏偏对自己不免,心理上难免有点不舒服。但也要看到,免费的"蛋糕"并不会少了自己的,只是调整了时间而已。比如,从 5 月 8 日开始到 14 日,就对河南省三门峡市市民免票。作为该地主要客源的郑州市民,也可在 9 月 18—24 日和黑龙江省的游客一起享受免票政策。

一般来说,与"假期"所紧密相关的词语就是"拥堵",而再加上"免票"二字,只能会导致堵上加堵。可以想象,如果嵩县真的在假期针对河南本省人免费,最容易导致的状况就是,走到哪里都是人山人海,堵成一团。这不但会大大降低游客出行的幸福感和舒适度,让免票本身的福利性质"缩水";而且,也很容易挫伤游客积极性,导致下一年再有类似政策时,让市民平添焦虑,让"蛋糕"变成"鸡肋",进而使得免票拉动经济发展的计划落空。因此,无论从哪个角度来看,错时免票都比扎堆免票更能彰显管理智慧。

案例评析:河南嵩县在五一黄金周推出的景区免门票优惠活动,对省内周边城市区别对待,看似有地域不公平之嫌,但实则是经过深思熟虑之所为。一方面有效吸引了远程游客;另一方面又防止了周边城市游客为"免票"蜂拥而至的拥堵,堪称是有效调节市场需求的妙招。

3) 扩大服务能力

如果企业面临的是一个不断增长的市场,仅利用服务能力本身的弹性和增加能力弹性的方法是不够的。

(1) 改变人员数量

该策略仅适用于中长期计划,即 12 个月以上的计划期间。如果需求并非不断增长,而只是有季节性的高峰和低谷,则不再适用。

(2) 购买和租用设备

在服务人员增加的基础上适当增加设备可以有效扩大服务能力。如果仅是临时性增加人员,购买设备就不经济了,此时,应租用必要的设备。

(3) 提高自动化水平

自动化的主要优点是低成本、高产出、产品性能和质量稳定。但是,自动化服务通常意味着没有人情味。例如,有些连锁宾馆引进了由顾客自主服务的计算机辅助入住登记和结账系统,以加快服务速度;银行大量利用 ATM 已极大地提高了服务能力。

7.3.5　服务能力管理策略

1)服务技能储备

服务技能一般可分为技术技能和处理人际关系以及协调、沟通、解决问题的应变技能两部分。服务技能的技术构成可以由该项技能所能达到的结果来表示,协调应变技能则表现在员工能否与顾客建立和维持良好关系方面。二者之间既有区别,又互相影响,密切相关。和顾客相处的开放心态、良好态度与技巧有助于正确理解顾客需求,使服务周到准确,促进技术技能的实施与落实;具有过硬的技术技能能让员工提供服务时更加游刃有余。问题的关键在于两种技能的综合运用,这要求服务人员要擅长与人打交道,包括在交流中仔细倾听顾客的要求,在有压力的情况下充满自信,迅速确定必须澄清的复杂情况,准确解答各种问题,并勇于承担责任,努力实现优质服务。

服务技能通常以综合形式表现出来,但却是由一项或多项基本技能构成。例如,前台接待人员的服务技能是由以下基本技能构成:

①直视顾客的眼睛和保持面带微笑。

②仔细倾听和分辨各项事实。

③接受和处理双方交流的信息。

④使顾客保持心情愉快。

从西方服务企业的实践来看,服务技能的储备和有效管理已收到了积极的效果。美国西南航空公司之所以能够以低成本提供便捷、快速和安全的航运服务,主要依靠其员工多样化的技能储备,以及灵活的能力控制和管理措施,即便是飞行员也可以在需要时搬运行李。此外,许多超市在收银台前等候的队伍过长时,可及时开启备用通道让其他员工和备用员工参与服务;如果饭店、零售店的生意出奇清淡,可以让员工提前下班回家。对中国服务企业而言,低工资、低技能、冗员和排队并存是普遍存在的现象,在服务技能储备与管理方面还有大量的工作要做。

2)服务能力管理基本策略

服务组织可通过创造可调整的服务能力来解决其矛盾。主要策略有以下 3 种:

(1)调整服务能力

第一,对业务流程或服务产品组合进行调整。如航空公司为了适应乘客组合的变化,会常规性地调整一等舱和二等舱的配比。

第二,聘兼职雇员。当业务高峰持续且可以预测时,如餐馆的就餐时间或银行的发薪日,雇用临时工能补充正式员工的不足。如果要求的技能和培训很少,那么很容易就能找到合适的临时工。如航空公司和医院经常付给其雇员一些名义工资以限制他们的活动,并要求他们随时做好重返岗位的准备,为高峰期储备雇员。

第三，与其他公司分享生产能力。在服务能力不足时，可将非核心业务外包给其他组织来做。

第四，提高高峰期时员工的服务生产能力。可通过有效使用空闲时间，使员工在高峰期专注于必要的工作来实现。如让服务员在客流量小时用餐巾包餐具或打扫房间，这样就不用在高峰期做这些工作了。此外，对员工进行交叉培训，可以使后台工作人员能在高峰期实施前台员工的工作。

第五，交叉培训和员工共享服务系统的各环节并不总是同时处于繁忙或清闲的状态，这时就可通过共享员工来调节服务能力，让暂时清闲环节的员工转移到繁忙环节，从而提供服务能力又不增加过多的额外成本。当然，要实现这样的调节，需要对员工进行交叉培训，使之成为能够适应多个岗位的工作。

第六，调整经营管理方法为员工提供如计算机、扫描仪等先进的设备，可以提高客户服务能力，在不增加员工数量的前提下，还能提高服务效率和服务质量。

通过合理安排员工的上班时间，也可调节服务能力以应对变化的服务需求。

（2）建立预订系统，处理超额预订问题

越来越多的服务组织开始使用预订系统，借此来应对过量顾客同时而至，所引发的问题。如航空公司、汽车修理店、旅馆、医院和饭店等，都可使用预订系统来有效地控制需求。使用预订系统能在顾客需求正式发生之前对顾客需求予以识别并进行组织安排。这样可以通过减少等候时间和保证随时提供服务来使顾客受益，有的服务组织还能提供财务上的利益，如美国的西南航空通过使用网上预定系统，让顾客享受到更多的折扣。预订系统的好处还在于服务人员可通过数据库积累的有关顾客的信息数据来了解常客的习惯和爱好，为其提供个性化服务。

（3）使用顾客——自助服务

IT技术的发展，使得服务组织更有能力通过设备或网络，让顾客参与到服务生产过程中来，从而减少对服务能力方面的压力。如快餐店通过提高顾客的参与程度和自助服务能力，不仅可以减少工作人员数目、获得更高的服务能力，而且顾客也能在参与的过程中得到优惠的价格和动手的乐趣。这种服务方式具有广阔的发展前景，因为自助服务不仅让顾客有自己动手的体验，还能给顾客带来诸如时间上的便利、经济上的实惠等利益，从渠道上来说也拓展了渠道传递的范围，如网上银行、ATM等虚拟消费渠道的出现，实现了"any time，any place，anywhere"（时间地点你来定）的交易。在方便顾客的同时也增加了服务组织的供给能力。

【延伸阅读】

空客 A380 客机，超乎你的想象！

1.最大的民用飞机

欧洲空中客车公司的 A380 型喷气式客机，空中客车 A380 是欧洲空中客车公司设计生产的运输力超大的民用飞机，全机最高载客量为 840 人，舒适载客量为 555 人，是世界上最大的客机。

2.可灵活变动的客舱布局

由于 A380 飞机比同类型宽体飞机还要宽，它的客舱在飞机交付前和交付后给客户即航空公司提供了很大的重新布局的灵活性，客户可根据自己的需要灵活调整座椅、卫生间和厨房的布局。公务舱的座椅可以拆除或移动，而且在这个区域的所有其他设备都可以向前或向后移动，而且不会影响所有移动区系统接口，从而将空出的空间增加给经济舱座位。与普通客机的行李架比，A380 的行李架上还多了一道凹槽，这个小细节可有着大作用。在凹槽中设计了照明系统，夜晚在昏暗的机舱中，这些灯光将为旅客引路，如果飞机发生颠簸，这些凹槽就是扶手。

3.能变幻出星空云海的天花板

如何让乘客在远途飞行中感到舒适和快乐，是 A380 超宽体系列飞机设计的主要考虑因素。请在公务舱坐下，假设现在时间是晚上 11 点。客舱内的灯光渐渐暗了下来，此时仰望天花板，只见星光闪闪，月色迷离。这是 A380 特有的自然环境营造系统，它可以根据机舱外的实际时间为乘客提供旭日东升、月朗星稀、云海茫茫等自然景观。

本章小结

- 服务供需平衡即服务能力与服务需求的平衡，是指具有独立服务功能的机构来说，其服务能力能够满足服务需求，不存在服务能力供给过剩或者是服务能力供给短缺的问题，从而实现服务供给与服务需求的最佳匹配，这些机构包括商场、机场、火车站和餐厅等。从服务供给和服务需求管理的目标来看，它是要实现服务供给与服务需求的平衡，从而将服务系统各方面的损失（包括空闲损失、机会损失和顾客损失等）降到最小。
- 在供需平衡情况下，企业的最优利用能力与最大服务能力是相同的，即需求和供给在最佳服务容量点上达到平衡，所有的服务设施和员工都没有闲置，顾客和服务机构都达到最佳，这是最理想的状况。

【案例讨论】

中午十二点的"早餐"

某山庄酒店，午餐时间，已有不少客人正在餐厅用餐。有电话打进餐厅吧台，询问还有没有早餐可吃，接电话的领班小杨抬腕看了一下手表：12 点差 10 分。她本能地笑出声来，给出建议："你们干脆吃午餐吧。""我们是外地过来的旅行团，昨天爬了一天的山，累得没胃口,都不想吃东西了,只想喝点稀粥。你看还有没有早上剩的稀饭呢?"小杨想,对方要求也不高,不过要问一下厨房才好回答。于是她就说:"您是哪个房间的? 我过两分钟打您房间电话答复您好吗?"

小杨将客人的要求向厨师长作了通报。厨师们听说中午有客人要求吃早餐,都觉得好笑。有的说真逗,有的说怪怪的,还有的说这个例不能开,不然以后还要把早餐食品留到中午,怎么留啊! 厨师长也感到为难:早餐用不完的稀饭已统统送给附近的养殖户了,如果答应客人的要求,那就要另外再加工,无形中加大了成本,于是没有同意。

这件事情正好被一位旅游职业学校实习生小廖听到了,他不认为客人的要求有什么好笑的地方——"不是说客人是上帝,他们总是对的吗?""不是说客人不能得罪,只要他们的要求是正当的就应当尽可能给予满足吗?"于是他把这件事向正在巡视餐厅的餐饮部李经理作了报告并谈了自己的看法。李经理立即批示厨房马上加工稀饭,同时又向安徽旅游团全陪房间去了电话。不一会儿,安徽团的团员虽然个个睡眼惺忪却满脸笑意地走进了餐厅。

酒店总经理听了餐饮部李经理的汇报后,当即决定:以后免费早餐券上的用餐时间改为:上午7:00至中午12:00,同时也要求餐厅上午9时过后将剩余的早餐食品移至一个小餐厅保留至中午。

案例评析:"中午要求吃早餐"这一需求是否合理? 从客人一方说,我早餐券未用,酒店里应补上这一餐,只不过要求在时间上做一些灵活处理而已。从店方说,酒店既然作了就餐时间上的规定,超出这个时间范围不提供也理所当然。

事实上,目标市场的需求就是酒店服务设计的出发点,而客人需求的变化就是酒店服务改革的方向。如果把个别客人(甚至部分)要求延迟早餐用餐的截止时间看成是个性需求的话,那么,把早餐食品留到中午正是服务供需平衡的创新。

第8章
现代旅游业的精益服务管理

【教学目标与要求】

- 了解旅游服务精细化、个性化概念以及收益管理的概念及其特征。
- 掌握推动企业精细化管理的对策,提高企业个性化服务的措施。
- 掌握收益管理的基本内容、功能及所面临的问题。
- 了解并掌握旅游服务精细化与个性化服务的内容及运用。
- 理解收益管理的内容、功能及具体实际运用。

【关键词】

个性化服务;精细化管理;收益管理。

【案例导入】

令人惊叹的个性化服务

3月初,我去澳大利亚墨尔本探亲。叔叔全家开车带我去几十公里外的郊区旅游。

细节一:保安主动邀请品尝免费美食

旅途上,在我们眼前出现了一栋栋别墅,看上去非常别致尊贵。车一靠近别墅,几个穿着红色风衣的保安立即向我们迎来,彬彬有礼地邀请我们去销售部看看房子,并表示,里面有免费的海鲜和饮料。一听说有吃有喝,而且还免费,我们自然十分愿意,特别是才6岁大的小堂妹,乐得直拍小手。在售楼部的餐厅里,服务员不停地为我们续饮料,送这送那。虽然叔叔没有买房的计划和打算,但是吃完一顿可口的免费午餐后,我们觉得无论如何也要去看看样板房,否则实在不好意思。于是便在销售人员的带领下,走进了样板间。

细节二:样板房事先摆好客户全家福

一进去,我们几个人都惊呆了:不仅房子布置和装修得极好,更出人意料的是,在客厅和各个房间的桌子上、墙壁上,全是叔叔一家三口人的甜蜜温馨照片!还没等我们反应过来,又从厨房里走出一位保姆,毕恭毕敬地站在叔叔和婶婶的面前,说:"先生、太太,欢迎你们回家!"经销售人员解释,我们才明白,原来,在我们吃饭的时候,售楼部的人已悄悄拍下了叔叔一家人的照片,并且快速打印出来,用早已准备好的精美相框将照片装上,摆进房间里,让客人参观时，达到"这就是自己家"的逼真效果。果然，堂妹兴奋地冲进儿童房，抱起放在床上的一只芭比娃娃，高声嚷着，爸爸，我要住在这里！

细节三：眼看耳听，精准判断客户信息

让我不解的是，我们是4个人一起来的，为什么他们就能准确判断出，我跟他们不是一家？叔叔替我问了这个问题，销售人员微笑着回答说，这很容易猜出来，首先，他不可能是你的儿子，因为你们的年龄看起来相差不会超过20岁（叔叔比我大14岁），而且，他在吃饭时表现得相当有礼貌，是亲戚间的那种礼貌。当然，更主要的是，小朋友天真的话语透露了一切。

细节四：免费帮所有来访客户保养车辆

参观完房子后，婶婶说要先回去商议，再作决定。销售人员依然是笑脸相迎，表示不买也没关系。最后，他们还把所有的相片以及堂妹爱不释手的芭比娃娃送给了我们，叔叔想付钱，但被友好地拒绝了，而他们对我们的唯一请求是：如果你身边有朋友想买房，劳烦把他们介绍到这里来。这个请求，让人无法拒绝。据悉，这里卖出的许多栋别墅，正是通过这种朋友、亲人之间的互相"转介"销售出去的，其效果比在电视上做广告更好。当我们出来时，又惊讶地发现，叔叔的车早已被他们清洗得干干净净，还简单保养了一番，这也是免费的。

案例评析：本案例讲述了澳大利亚一家房地产企业，在面对客人或者潜在客人时，方方面面的个性化细节服务。这些看似很小的"细节"，赢得了客人打心底的感动。正如服务企业管理者常说的一句话："服务无小事"。在管理中的每个环节，服务中的每个细节，看似不起眼的一件事，但能给客人创造出满意和惊喜，也能起到以小见大、出奇制胜的效果。

现代管理学认为，科学管理有3个层次：第一个层次是规范化；第二个层次是精细化；第三个层次是个性化。第一个层次是执行操作标准，形式固定，适用于服务发展的初期。旅游服务的精细化与个性化，是新时代旅游服务发展的要求，是差异化服务发展的必然结果。

8.1 旅游服务精细化与个性化

8.1.1 旅游服务精细化

1）精细化管理的概念及特征

（1）精细化管理的概念

精细化管理源于发达国家（日本20世纪50年代）的一种企业管理理念，它是社会分工的精细化，以及服务质量的精细化对现代管理的必然要求，是建立在常规管理的基础上，并将常规管理引向深入的基本思想和管理模式，是一种以最大限度地减少管理所占用的资源和降低管理成本为主要目标的管理方式。

精细化管理就是落实管理责任,将管理责任具体化、明确化。它的精髓就在于:企业需要把握好产品质量精品的特性、处理好质量与零缺陷之间的关系,建立确保质量精品形成的体系为企业形成核心竞争力,为创建品牌奠定基础。

精细化管理的本质意义就在于它是一种对战略和目标分解细化和落实的过程,是让企业的战略规划能有效贯彻到每个环节并发挥作用的过程,同时也是提升企业整体执行能力的一个重要途径。"精细"的境界就是将管理的规范性与创新性最好地结合起来。

(2)精细化管理的特征

精细化管理的特征,可以用"精、准、细、严"4个字来概括。精:精益求精,追求最好,不仅把产品做精,也把服务和管理工作做到极致,挑战极限。准:准确的信息与决策,准确的数据与计量,准确的时间衔接和正确的工作方法。细:工作细化、管理细化,特别是执行细化。严:严格控制偏差,严格执行标准和制度。

2)旅游企业精细化管理的必要性

(1)降低企业经营风险

近年来,我国旅游及酒店行业中的各种问题不断见诸报端,如导游服务差、酒店卫生、安全等。之所以出现这种情况,一方面与旅游及酒店行业自身的特点有关,比如说,人员密集、工作量大、顾客流动性高等,但更重要的原因在于企业自身管理的问题。另一方面通过精细化的管理,实现企业业务的流程化、规范化、标准化,可以降低企业的经营风险。

(2)提升企业品牌形象

旅游行业品牌时代已经来临,品牌成为旅游企业的核心竞争力之一。纵观我国当今的旅游业,品牌建设的滞后已经严重地影响了其生存与发展。通过精细化的管理,为客户提供良好的服务,可以大大提高企业的品牌美誉度,提升企业的品牌形象。

(3)增强企业核心竞争力

随着国内外品牌酒店不断从大城市进入国内中小城市,酒店业之间的竞争日趋激烈,使得酒店行业的利润水平不断下降。酒店企业通过精细化管理,可以以此寻找突破口,提高自身的赢利能力,增强自身的竞争力。

3)推动企业精细化管理的对策

(1)建立精细化的企业管理文化

要实现旅游及酒店企业管理的精细化,必须要建立起精细化管理的企业文化。企业文化的建立,需要管理者对工作人员不断灌输精细化管理的思想,自觉地成为员工工作的一种标准,并能在日常的工作中自发地表现出来。精细化管理思想的灌输有很多种方式,例如,可以在每天上下班前抽出一定时间进行精细化标准的宣讲,使得每个员工都能将精细化管理思想牢记于心;员工定期的精细化管理思想小结,使得每个人对自己进行更深层次的自我审视;树立精细化管理的典型员工,通过榜样的力量推动每个人不断地进步。每个企业可根据自己的实际情况来建立符合自身实际情况的精细化管理文化。

（2）实现企业工作流程的精细化

达到精细化管理的标准，就需要建立精细化管理的工作流程。若在企业日常工作中能够对流程进行良好的掌控，就可以大大减少企业运作过程中的失误。世界各大著名的酒店管理集团，无不都有自己的一套精细化管理工作流程，实现从客户进入酒店，到客户离开全过程管理的流程化，从而提高客户的满意度、增强客户的黏性。在精细化的酒店管理流程建立的过程中，需要结合自身酒店定位，并参考国内外先进酒店管理集团的经验，建立一套既符合自身实际情况，又能与国际相接轨的酒店管理流程。

（3）实现企业组织机构职能与岗位的精细化

旅游企业及酒店行业属于服务行业，通过对企业组织机构职能与岗位的精细化管理，可以很好地健全企业的管理体系，做到责任明确到人，避免相关人员之间的相互推诿、扯皮等现象发生，提高企业服务人员的素质，从而促进酒店的健康发展。"岗位说明书"作为一种有效的管理手段，可以在很大程度上实现组织机构职能与岗位的精细化管理。"岗位说明书"包括岗位基本信息、岗位概述、岗位主要职责与任务、岗位在组织中的位置、与其他岗位工作协作关系以及责权描述等内容，从而明确每个岗位的职能，实现每个岗位精细化管理。

（4）建立完善的精细化管理绩效考核体系

企业精细化管理需要进行不断地反馈才能促进其不断完善。精细化管理绩效考核体系的建立，正是对精细化管理过程的一个有效反馈。对此，首先，需要制订科学合理的考核指标。考核指标一定要做到量化，尽量避免主观因素的影响，从而实现对某个员工工作的客观评价。其次，考核指标应做到统一性与差异性相结合，即对于相同工种，考核标准应统一，而对不同的工种，则根据工作的性质不同体现出一定的差异性，从而保证考核体系的公平性。最后，必须要建立完善的激励机制。只考核不处理不能称为完善的考核体系。通过对考核指标的汇总，进而对好的奖励、差的处罚，可以极大地激励员工的积极性，进而推进精细化管理的实施。

【案例分析 8.1】

追求极致服务的雕爷牛腩

雕爷牛腩作为中国首家"轻奢餐"餐饮品牌，成立于 2012 年，主营新中式创意料理，尤以牛腩菜品最为出色，其招牌菜品"食神牛腩"及"鲍鱼骨汤牛腩面"让人赞不绝口。其特色服务如下：

（1）茶水

雕爷牛腩餐厅为男顾客提供西湖龙井、冻顶乌龙、茉莉香片、云南普洱 4 种免费茶水。味道从清到重，颜色从淡到浓。而女顾客在餐厅则能同时享受到洛神玫瑰、薰衣草红茶、洋甘菊金莲花 3 种花茶，分别有美目、纤体和排毒之功效，免费且可无限续杯。

（2）米饭

食神咖喱牛腩所配送的米饭,3碗分别为:日本越光稻——日本国宝级大米,号称"世界米王",口感柔美幼滑。蟹田糙米——不人工施肥,纯靠水田中的螃蟹形成生态循环种植。糙米保留了更多营养物质,口感粗犷豪迈。泰国香米——泰国五千年水稻种植史上的骄傲,这种长粒米拥有特殊的茉莉香气,和牛腩混合口味独特,米饭也可以免费续添。

（3）筷子

筷子甄选缅甸"鸡翅木",上面激光蚀刻"雕爷牛腩"Logo,筷子是全新的,未曾被他人使用,用餐完毕套上特制筷套,作为礼物送给顾客。

（4）餐刀

雕爷牛腩餐厅专门研发了世界第一昂贵的中式菜刀。这种由"乌兹钢锭"锻造后的刀身,拥有海涛般美丽纹理——古称"穆罕默德纹",在显微镜下,这种纹理居然是由无数小锯齿组成的。所以在切割生牛腩时,配合"滚刀法"切割,行云流水,得心应手。

（5）饭碗

发明了一款专利"碗"——上方很厚重,很粗糙,端起来手感舒适,而对着嘴喝汤的碗边沿处则很薄、很滑。在八点二十的位置,开了一个拇指斜槽,以方便卡住汤勺,端起喝汤时勺不会滑动。这只碗的大小、薄厚、功能,只有放牛腩面才能呈现最佳状态,吃鲍鱼骨汤牛腩面,得心应手,舒适无比。

（6）炖锅

炖锅是申请的专利发明,并且还有趣地给起了个外号:铁扇公主。因为牛魔王最怕的就是她。

（7）餐厅CTO

雕爷牛腩餐厅有一独特岗位——CTO（首席体验官）。餐厅CTO会以顾客的角度去感知餐厅服务,不断反馈顾客的意见和改进服务,并有权为顾客喜爱的甜点和小菜免单。这也是雕爷牛腩餐厅的企业愿景,以求道之态度做一碗牛腩,并给予顾客饕餮之外的惊喜与感动。

案例评析:"把一种食物,探索到细致入微,雕琢出大巧大拙!"此概念由雕爷牛腩首先提出。他们经营餐厅所追求的就是"无一物无来历,无一处无典故":花重金从香港食神手中买断秘方、加工切制牛腩的刀选用"乌兹钢锭"锻造,炖牛腩的锅已申请专利,顾客到店喝的水则是"斐济（FIJI Water）"和"盛棠（Saratoga Spring Water）"……如此极致追求的轻奢餐饮服务真令人叫绝、一旦体验就终生难忘。

8.1.2　旅游服务个性化

现代旅游业要求在标准化、规范化的基础上,向顾客提供个性化与灵活化的服务,满足不同顾客的消费需求,以客人为中心的新型服务模式——个性化服务也随之发展起来。无论星级宾馆、酒楼餐饮店,众多的服务企业都在提倡个性化服务。那么,真正的个性化服务到底是什么? 有哪些优点? 应怎样展示本企业的个性化服务? 这是服务行业面临的亟待探索的问题。

1) 个性化服务概念

所谓个性化服务是一种有针对性的服务方式,根据用户的设定来实现,依据各种渠道对资源进行收集、整理和分类,向用户提供和推荐相关信息,以满足用户的需求。从整体上讲,个性化服务打破了传统的被动服务模式,能充分利用各种资源优势,主动开展以满足用户个性化需求为目的的全方位服务。个性化服务在英文里叫作"Personal Service",其基本含义是指为顾客提供具有个人特点的差异性服务,以便让接受服务的客人有一种自豪感、一种满足感,从而留下深刻的印象,并赢得忠诚,他们成为了回头客。个性化服务也可以指服务企业提供有自己个性和特色的服务项目。个性化服务理念的形成是服务业日益加剧的竞争带来的结果。

2) 个性化服务在旅游服务中的作用

(1) 个性化服务发挥了服务的灵活性,做到有的放矢

【案例分析 8.2】

用心服务,小处见大爱

一对外国夫妇带一个4岁多的小男孩到一家饭店餐厅吃饭,孩子突然发脾气大哭起来,父母亲想尽一切办法都哄不住,闹得四座不得安宁。这时一位餐厅服务员急中生智,拿出自己的杂耍"绝活",先是双手轮番抛冰块,接着又拿起一个托盘在手指上熟练地旋转起来,终于逗得小男孩破涕为笑,化解了"危机"。

又如,在北京民族饭店,某天,来了一位很胖的客人,客房服务员考虑单人床对他来讲太窄了,于是在客人出去用餐时主动把两张床并在一起,客人回来后看到此情景大受感动,几天后他离店时表示今后再来北京一定还住民族饭店。

案例评析:上述例子中两位服务员的所为,并不是服务规范中所规定的,但他们善于将心比心,在力所能及的范围内主动为客人排忧解难,收到理想的效果。大多数灵活服务的技能要求并不高,但却不可捉摸,不可预测。因此,它首先要求服务员具有积极主动为客人服务的意识,做到心诚、眼尖、口灵、脚勤、手快。

饭店服务标准化是一项系统工程,它由节节相扣的每个环节构成。服务人员把良好的服务技能、技巧不折不扣地体现在整个接待服务的全过程、各环节。以餐厅服务为例,服务的起端从原料的采购、验收、科学保管开始,切配、烹饪可谓是中间环节,它的终端在餐厅。然而餐厅服务又构成一个子系统,迎宾、引宾入座、敬献菜单、聆听客人点菜,上菜,派菜,斟酒,均有一套标准的要求。它注重操作的规范和程序,以保证整个服务过程的行动如流水般地流畅、顺利,给人以赏心悦目的感受。个性化服务则表现在服务人员在服务过程中时时处处站在客人的位置上,想客人之所想,急客人之所急,自觉淡化自我而强化服务意识,从而毫不迟疑地站在客人的立场进行换位思考。面对既有中外之分、南北之别,更有性格差异、禀

赋不同的各种各样的客人,面对不同时间、不同场合发生的瞬息万变的情况,可以因时、因地、因主客观条件,细心地观察客人的言行举止,掌握每个客人的特殊性,采取灵活的服务技巧,提供针对性的个性化服务。

(2)个性化服务强调服务的主动性,企业形象更加突出,经济效益更加长远

【案例分析 8.3】

一枚纽扣带来的惊喜!

北京某高星级酒店住进了一位来自澳大利亚的客人,他外出时把一件掉了纽扣的衣服放在房里,当他晚上回来时发现纽扣已被钉好,衣服整齐地摆在那里。原来是值班服务员整理房间时,发现客人的衬衣少了一颗纽扣,便在没有任何监督和要求下,主动取来了针和线,选了一颗相同的纽扣钉上。这位客人非常感动,他说:"我这个纽扣丢失已久,没想到,住进贵店的第二天,服务小姐便主动钉上了,你们的服务真是无微不至啊!"由此也可以看出,服务人员细微主动的个性服务,对于这位客人是多么周到,它可以比其他标准化服务更使客人感动和铭记在心。如果从眼前的经济利益来看,个性化服务花费的劳务成本远比标准化服务来得高,但它可以换取酒店良好的社会效果,由此可以获得酒店的长远利益。

案例评析:个性化提倡主观能动性和效益以"人"为经营对象的特殊性质决定了饭店业整体形象的重大意义。它不仅是适应目前市场竞争的必要手段,还是酒店自身发展的长远大计。

服务质量是面镜子,客人从这些具体服务中感知酒店的形象。服务的标准化使整个酒店的工作像工厂的流水线那样井然有序地运转,保证接待工作环环相扣,正常进行。在整个服务中都需要服务员在各岗位、各项目上的标准规范操作,容不得哪个环节出现闪失;从客人预订房间、机场迎接,到来店后的拉门迎宾、开房、送行李、餐饮服务,直至客人离店的各个环节,一环扣一环,使客人感受到规范周到、连贯完整的服务。效率是服务定量标准的主体,按照操作程序酒店前台的迅速登记安排入住和迅速结账、餐厅在规定时间内上菜等,都是标准服务效率的表现。个性化服务,提倡的是更为主动的服务和酒店的效益。中国有句古话"于细微处见精神",酒店业中讲究"于细微处见个性",用周到、高效的超值服务去满足客人。若能在服务工作中不放过细微之处,必将收到良好的效果。

(3)个性化服务追求超常服务,使旅游服务锦上添花

酒店要在市场经济的竞争中立于不败之地,能够保持长期的经济效益和持久不衰的魅力,这就需要给饭店的市场形象来个定位。酒店有了齐全的硬件,高雅、舒适、卫生、安全的环境固然可招徕客人,但要获得客人的赞赏还是要靠服务。科学规范的服务是保证优质服务的前提。标准化的操作和娴熟的服务技能是大众所青睐的,它可以赢得大众的欢迎。个性化服务追求的是锦上添花,要求有超常的个性化服务。所谓超常服务,就是用超出常规方式满足客人偶然的、个别的、特殊的需求。这一点最容易打动客人的心,最容易给客人留下

美好的印象,也理所当然最容易招徕回头客。被誉为"世界最佳饭店状元"的曼谷东方酒店,往往不遗余力地满足客人的需求。

一次美国纽约交响乐团访问曼谷,酒店得知该团的艺术大师朱宾·梅特酷爱芒果和蟋蟀,便派人遍访泰国乡村,为他找来早已落市的芒果。接着又不惜通过外交途径,弄到了不久前刚刚进行的蟋蟀大赛的录像带。当然这样一来,人们就不难理解,为什么梅特一行106人,竟会谢绝曼谷其他高级酒店的免费住宿的美意,宁肯花钱也要下榻"东方"的原因了。

(4)个性化服务充满浓厚的感情因素,确保服务过程的连贯性和完整性

个性化服务需要企业员工投入浓厚的感情。旅游企业制订了服务的标准、规范和程序后,就必须要求服务人员在服务过程中严格执行。另外,旅游企业上级领导务必让每位员工明白,岗位职责还包括上下班的交接与同一班员工前后左右协调工作在内。因此,服务员在服务中需要鲜明的组织和群体观念,要求有强烈的责任心和认真严谨的工作态度,特别是关系到客人财产、人身安全的部门、环节,更要一丝不苟,来不得半点疏忽。

一个飞雪的冬天,丽都假日饭店住进了一位有"洁癖"的外国老太太,她要求服务员必须脱掉鞋才能进入其房间。服务员小侯将心比心,充分理解客人的心情,毫不犹豫地脱掉鞋,浴室的大理石地面上的水浸透了她的袜底,冷得钻心,可她仍一丝不苟地干着,一连好几天都是这样。从来没有表扬过任何一家饭店的老太太离开丽都时留下了一句话:"丽都酒店不错!"这句难得的评价是高素质的服务员用自己充满感情的服务换来的。

3)提高个性化服务的措施

企业执行了服务规范和标准化操作,并不等于有了一流的服务,服务人员只有把自己的感情投入到一人一事的服务中去,真正从内心关心客人,才能使自己的服务更具有人情味。客人备感亲切,也从中体会到企业的服务水准。在此基础上,发掘新的个性化服务,才能推动旅游服务不断上新的台阶。

(1)搜集整理客人信息,建立客户服务档案

以酒店为例,酒店在接待客人时实行个人跟踪服务,将客人的爱好、饮食习惯、消费特点甚至生活习俗、癖好都留心记录下来,作为客人的个人材料档案,当客人再次入住时就可以给予特别关照。

酒店管理人员在日常工作中应加强现场管理,从一线服务中发现"个性"的典型事例,待积累到一定程度,组织各岗位的管理人员进行整理归纳,分门别类形成文字。如饭店业中唯一荣获美国企业最高质量奖的酒店——丽思·卡尔顿酒店,其个性服务就名副其实达到了最高标准。该店回头客达24万之众,人人都有个性档案,人人可以得到心满意足的个性化服务。高水平的个性化服务,还会主动激发客人的潜在要求,实现个性满足。

(2)规范落实个性化服务标准,形成普遍性个性服务标准

系统规范将整理归纳后的典型事例,组织推广应用到一线工作中去,根据各岗位工作程

序和要求的不同,在实践中不断对其增加、修改、完善,从而形成系统化、规范化的材料,以此作为衡量和考评服务质量的一个标准。服务标准要制订准确,便于服务人员在服务过程中执行。饭店服务不像其他工业产品,能够用具体的参数来测定,但必须尽量定量地描述服务过程中的具体方法和步骤、具体的要求。

（3）挖掘开拓新的典型个性化服务,丰富优质服务内涵

忠实的回头客往往是通过个性服务而非标准化服务赢得的。个性化服务大大丰富了优质服务的内涵,它是一门富有灵活性、创造性的高超艺术。灵活性在于不照抄照搬饭店服务的条条框框,因人而异,因时而变;创造性则在于给客人的服务超过饭店服务规范中的内容。

要想真正将个性化服务理念渗透到饭店日常管理和服务中去,个性化服务的"123"法可为饭店从业人员提供参考:

①一个目标。明确一个目标是指饭店必须让全体员工真正明白为什么要提供个性化服务？假日集团创始人威尔逊(Wilson)有句名言:"没有快乐的员工就没有快乐的客人。"个性化服务更能让客人惊喜快乐,对于饭店尤其是高星级饭店提高客人回头率,增强饭店竞争力具有重要意义。酒店个性化服务已成为酒店服务向纵深发展的航标,成为酒店强化自身品牌形象的强大动力。

②两项保障。两项保障包括客户信息保障和员工能力保障。首先,饭店要提供个性化服务就必须让全体员工充分了解客户信息,做到心中有数,定制服务。为此,饭店应发动全体员工利用各种机会通过各种渠道收集客户各类信息,并运用先进的信息管理系统。例如,采用 PSM 系统建立客史档案,同时通过早会等方式让员工先了解那些即将来店的客人档案,尤其是 VIP 客人档案,预先布置,做到心中有数。其次,饭店员工必须具备提供个性化服务的意识和能力。一方面饭店应建立相对柔性化的组织机构和各种有效的激励机制,让员工自觉主动并有时间去为客人提供个性化服务;另一方面饭店应加强员工个性化服务能力培养。

③"三特"机会。三特是"特殊的要求""特殊的情况"和"特殊的人"。第一,"特殊的要求",这是指客人主动提出来的超出正常服务范围外的特别要求。举例说明,如果有位客人想点一道菜单上没有的菜或者是让你帮他联系当地某知名企业家,其实这就是一个"特殊的要求",这时,饭店要意识到这正是提供个性化服务的好机会,应不怕麻烦,在"不违背原则"和"条件允许"的前提下努力去满足客人的要求,那么你的服务就多了一种能够赢得客人满意的"魅力因素"。第二,"特殊的情况",这是员工的细心而发现的客人的一种隐形需求。例如,今天正是某位客人所在国的国庆节、今天正好是某位客人的生日、一位就餐的客人因感冒不断流鼻涕等,这些正是对客人提供个性化服务的好机会。第三,"特殊的人",这是服务对象的特殊性。例如,饭店 VIP、儿童、生病和残疾客人等。其实只要能仔细地观察,每一个人都是特殊的。问题在于你图什么——是图省事,还是图客人的惊喜。以上这"三特"机会都是饭店提供个性化服务的好时机,饭店应创造条件、形成制度、鼓励员工抓住这些机会提供恰到好处的个性化服务。

【延伸阅读】

迪士尼米奇王国的魔法服务之道

指南针要点1：宾客学

迪士尼对宾客认识和理解的这门科学与艺术被称为宾客学。具体运营中,宾客的需求、愿望、看法和情感是所有其他要点的基础。迪士尼力求为天南海北的各个年龄段的人创造快乐。这个共同目标成为团结演职人员的一面旗帜。在管理上,创造比宾客预期更多的快乐是一条指导准则,每一个决策都要与之权衡。

指南针要点2：品质标准

迪士尼度假区和主题乐园的品质标准共有4项,按照重要性排序,依次是安全(safty)、礼仪(courtesy)、表演(show)和效率(effeciency)。

指南针要点3：提供系统

每个公司都有3个提供服务的系统：员工、场景和流程。

演职人员：员工通常工作在第一线,与宾客面对面接触。五十多年来,宾客故地重游最常见的原因之一是迪士尼的演员。

"迪士尼的幻想工程师(imagineers)不遗余力地为主题乐园创造亲密的氛围,然而演职人员才是最终实现目标的人,"迪士尼学院副院长杰夫·詹姆斯(Jeff James)说,"如果在一线工作的员工令人不快的话,即使耗资2亿美元的游乐设施也索然无味。"

在迪士尼,每个新进人员在上岗阶段都要学习表演技巧(performance tips),即经过"迪士尼传统(Disney Tradition)"入职培训课程的学习。这个培训其中一个特点就是你应该已经知道的迪士尼用语,即那些用来称呼顾客、工作、雇员等的特殊词语。

另外,还要创造不同地区专属的表演文化。所谓表演文化是指在新进演员上岗时学习的一套行为、举止、用词和价值观。

场景：场景是与宾客会面的地方。宾客所置身的场景对他的体验感受将产生关键性影响。

迪士尼早期的幻想工程师约翰·亨奇(John Hench)回忆了华特对场景的巧妙处理："对于华特在迪士尼乐园不同区域之间创造出的实景交融效果,我惊呆了。他甚至坚持每个新区域入口的人行道的路面结构都要有变化。他说：'因为你从脚底就能感觉到环境的变化。'"

在迪士尼主题乐园,场景体验可谓事无巨细——从门把手到餐厅——都向顾客提供着信息。场景包括空间环境、空间环境中的事物以及提升空间环境品质的程序。

流程包括演职人员和场景设置的因素。迪士尼主题乐园的服务流程包括宾客在不同景区内的游览走动、在酒店内登记和退房的过程以及应对医疗救护和火灾等突发事件等。

迪士尼的培训师经常会使用这样一个案例,就是常见的停车问题。在结束了一整天的游玩之后,宾客经常会忘记他们的车停在了哪儿。停车位有标牌,每排都有编号,到停车场入口前,接驳车反复广播提醒停车的位置,然而宾客们还是不可避免地常常忘记停车的位置,鉴于停车场是按进场秩序停车,接驳车司机会将他们早上什么时间在哪一排停车位上接送宾客,简单地记在一张单子上。单子被复印并在一天结束时转交给停车场工作人员,因此,只要宾客记得他们是什么时候到的(一般都会记得住),工作人员就能告诉他们停车的位置。

指南针要点4:整合

整合就是在服务策略的落实过程中将员工、场景和服务流程集成起来。结果就是:卓越品质的宾客体验。

资料来源:根据《迪士尼体验:米奇王国的魔法服务之道》一书整理

8.2　现代旅游业的收益管理

【案例分析8.4】

机票折扣背后的玄机

某君一次从上海回广州时,上购票网搜最便宜的机票,看到某航有6折机票,仍感觉稍稍有点贵,左思右想了一炷香的时间,正准备决定买时,却不料票价已由6折飙升到7折,贵了150多元,愤怒,于是再做思想斗争,一盏茶过后,机票居然飙升到9折,气得大骂航空公司心太黑。

其实,背后管控航班票价的是航空公司里一个叫作控制室或航线管理部的专门部门,其工作人员称之座位控制员,简称座控。座控人员通过长期观察和研究某条航线某个航班,对其中存在的规律进行分析,根据航班上座率动态,结合外部条件,对航班的舱位开放进行调整,目标是追求每个航班的收益最大化,这种工作就是业内所称的"航班收益管理"。

案例评析:在乘坐飞机时,有时会发现你邻座的票价比你贵了一倍;当你租车自己开时,也可能发现别人租同样的车,是你的一半;当你下榻饭店时,或许会发现隔壁旅客住同样房间的房价,比你的便宜了许多。这是怎么回事呢? 其中很大的原因是收益管理系统在后面运作的结果。

收益管理是一项重要的现代企业管理策略和管理技术。实施收益管理可以帮助企业在维持生产经营成本不变、不增加投入的前提下,将企业的销售收入提高5%~7%,并有效提高企业利润率和市场占有率。

服务业收益管理是伴随着西方管理学界对服务特征和服务管理的认识、理解而逐步形成和发展起来的,现在已广泛应用于航空、酒店、货运、租车和旅游等服务业领域。

8.2.1 服务收益管理概述

1) 收益管理的概念

收益管理最早起源于20世纪80年代初的美国航空业。80年代后,美国允许航空公司自行定价及安排航班,许多专家学者帮助航空公司寻找适时降机票的方法,由此产生了收益管理的概念和理论。20世纪90年代初,美国饭店业借鉴航空业经验,研究收益管理在饭店管理中的应用。

关于收益管理的定义有很多种,以下是有代表性的几种:

①收益管理就是通过销售供给能力或多或少或固定、生产收益能力随时间而减少的产品或服务,使收益最大化的系统和程序(Dr. Warren Lieberman)。

②收益管理是在微观市场水平上,预测顾客现实需求,并优化生产能力和价格的艺术与科学(Robert G.Cross)。

③收益管理脱去华丽的外衣,简单地说,就是引诱或者说强迫顾客向企业支付尽可能高的价格(Paul Davis)。

④收益管理是运用信息系统和定价策略,在合适的时间、合适的地点以合适的价格将产品销售给合适的顾客(Kimes,4R理论)。

以上4种定义的侧重点不同,第一种定义概括了适用收益管理的行业特点和收益管理的性质以及要达到的结果。第二种定义描述了收益管理的作用原理。第三种定义指出了收益管理的实质。第四种定义可以说是广义收益管理的概念,它力图全面、准确地描述收益管理的内容和本质。其中第四种定义应用最为广泛。

收益管理(Revenue Management)又称产出管理、价格弹性管理,是指在不同消费时段,对同样的产品或服务收取不同的价格,给予不同折扣,从而实现总体收益最大化的管理模式——互联网维基百科全书。

收益管理领域学者胡质健认为:收益管理是对客源市场进行细分,对消费者的行为模式进行分析,对市场供求关系的变化进行预测,在此基础上优化产品和服务、销售价格和销售渠道的组合,以最大限度地满足各细分市场的需要,同时最大限度地提高企业产品和服务的销售总量和单位销售价格,从而获得最大收益的动态管理过程。

关于收益管理的定义很难做到全面而又准确,因为收益管理老是涉及众多领域的一种商业哲学,也是包含了众多方法的方法论。简单概括:收益管理是指企业制定合理的策略,把适当的产品和服务,在适当的时间,以适当的价格,出售给适当的客人。

2) 收益管理的特征

①价格以市场为基准,根据顾客不同需求进行市场划分。
②通过精确分析和科学定价平衡供应与需求。
③设法将产品销售给出价最高的客户。

8.2.2　收益管理的适用范围

1) 最大限度地减少生产或服务能力闲置

产品或服务具有很强的时效性,它们不能通过存储来满足顾客在未来的需要,如果在一定时间内销售不出去,企业将永久性地损失了这笔潜在的收入。例如,航班起飞后,航空公司就不能再出售该航班的机票,该航班空闲的座位就失去了其潜在的价值。因此,收益管理要研究如何采用动态定价的方法,合理刺激需求,最大限度地减少生产或服务能力闲置。由于时效性而不能实现的产品或服务的价值损失在理论上可通过计算出售它们可能获得的期望收入而得到。当然,这需要借助于管理科学的方法和数学模型。

2) 提高服务能力利用率

企业提供产品或服务的能力有限,且追加新能力需要长时间或大量投资,这就需要采取收益管理。能力有限,就会遇到需求小于能力时,能力利用率低;需求大于能力时能力不足的矛盾,这就引出如何提高能力利用率的问题。如果企业在提供产品或服务的量上有很大的灵活性,就不会存在高收益和高能力利用率之间的矛盾了。

3) 存在分段化的市场

客户可按职业、收入水平、消费特点、对价格的敏感程度等因素划分为不同类型,即进行市场的细分。不同类型的客户可以以不同的价格接受无差异或差异很小的产品或服务。当然,这种市场的划分和价格差异应是客户所能理解和接受的。通常情况下,可利用客户购买产品和服务时间的不同来划分市场,根据距离产品出售的最后期限以及具体的需求状况,通过提供不同的折扣价格来吸引不同市场中的客户。

4) 产品和服务可以提前销售(预定)

企业管理人员可通过预定系统在一定程度上获知未来服务产品的需求量和预定的进度以及预定的来源,从而控制预定的进度,使价格、预定总量、销售渠道和细分市场组合达到最佳。企业根据需求变化在提高销售数量和提高平均销售价格之间进行权衡。例如,在航空市场,机票价格可随时间和需求的变化不断调整。在每个订票请求到达时,系统必须权衡是提前将机票以低价售出,还是将机票留给后到的愿意出高价的乘客。

5) 产品或服务的变动成本较低

可变成本低意味着销售产品的边际收入远远大于边际成本,产品销售量的增加并不会在很大程度上增加支付的成本,因此,产品定价的变动范围可以较大。例如,酒店业就是这样一个典型的行业,酒店客房的固定成本十分高昂,而可变成本却较低。因此,一旦酒店客房的销售收入超过了由固定成本决定的盈亏平衡点之后,每间客房的销售,其售价与可变成本之间的差异就是酒店的利润。

6）产品或服务的需求随时间变化

许多服务型企业的市场都有淡旺季之分，即有需求的高峰期和低谷期。收益管理可以起到平衡需求的作用，在需求高峰期，企业可以通过提高产品或服务的售价来增加总收入，而在需求低迷的时候，通过适当降低产品价格又可以刺激需求以提高能力的利用率。管理者可以根据历史数据准确地预测需求高峰和低谷的出现，因为通常需求呈周期性连续变化。

8.2.3　收益管理的基本内容

1）定价方法

定价方法（Pricing Approaches），是指根据收入最大化原则实现价格优化和动态定价。据麦肯锡公司的一项调查显示："正确定价是企业实现利润最大化的最快、最有效的方式"，尤其在酒店业进入了动态定价时代，先进的数据分析技术将让这一过程有巨大的改观。通过针对影响定价的三大因素——需求、供应量及价格敏感度的分析，酒店管理者可以更容易地确定价格策略，从而最大限度地增加需求、优化收益。

事实上，有了正确的定价模式，酒店管理者可以实现宝贵的净利润回报。分析能够使酒店管理者更清晰地了解自己的历史数据，为预测最佳可用房价带来更多的准确性和一致性。

2）折扣分配

折扣分配（Discount Allocation），是指将产品进行市场划分，设法将产品销售给出价更高的客户。以航空公司的机票折扣分配为例，折扣分配就是确定某一航班折扣票数量的过程。其目的是想通过票价折扣刺激需求，填满原本将虚耗的座位。

3）销售升级

销售升级（Trading-up），是指引导消费者消费，设法以更高的价格销售产品，既向客户销售某一特定产品或服务的升级品、附加品或其他用以加强其原有功能、用途的产品或服务。这里的特定产品或者服务必须具有可延展性，追加的销售目标与原产品或者服务相关甚至相同，有补充或者加强、升级的作用。销售升级需要理解和挖掘客户需求，而这种理解和挖掘的工具，除了长期的经验积累所产生的洞察力，还可包括一些分析工具。企业的数据库或数据仓库为企业保留了海量的客户信息，而精确营销数据挖掘技术强大的分析功能，可以将这些数据和信息变成对客户需求的洞察。

4）超售

超售（Overbooking），是一种更灵活的能力管理，较少能力浪费。以航空公司售票为例，客人订票后并未购买或购票后在不通知航空公司的情况下放弃旅行，从而造成航班座位虚耗。为了满足更多旅客的出行需要和避免航空公司座位的浪费，航空公司会在部分容易出现座位虚耗的航班上进行适当的超售。这种做法对旅客和航空公司都有益，也是国际航空界的通行做法。

超售并不一定意味着已购客票的旅客无法乘机,对于超售的航班,持有订妥座位的有效客票的旅客,在绝大多数情况下都能成行。但在特殊情况下,可能会有个别旅客不能按时成行。对未成行的旅客,航空公司将酌情采取弥补措施。

5) 重新计划

重新计划(Re-planning),顾名思义是指企业根据新情况得到更新的执行计划。

8.2.4　收益管理基本功能

1) 预测与预定功能

预测与预定功能指的是反映客户需求变化的模式。不同的顾客对酒店的要求往往不同。尽管每一酒店有其自己的市场定位,但顾客的性质、来源渠道以及消费特点仍有许多不同之处。收益管理的一个重要功能就是通过科学的方法对不同的顾客进行分类,并得出各种行为模式的统计特征,然后再对每一类顾客的未来进行精确的预测,包括预定的迟早、入住的长短、实际入住和预定的差异、提前离店和推迟离店的概率等。有了这些精确的预测,再根据各种客人对价格的敏感程度等,酒店就能很好地控制资源,提高收益。

2) 定价功能

定价功能目的是最大限度地提高服务收入。酒店的定价及其管理是调节一家酒店盈利能力的最直接的杠杆。常见的以成本为基础的定价方法虽简单易行,但往往缺乏竞争的灵活性,且不能反映市场需求的动态变化。而建立在收益管理基础上的一些定价方法,如实时竞标定价(Bid Price)、浮动定价(Dynamic Pricing)、竞争定价等,则通过对市场的细分和有效地控制使得价格杠杆的功能发挥到极致。

3) 统计分析功能

统计分析功能是为企业决策提供数据支持。由于酒店要处理来自各个环节的数据,迅速作出决策并及时将决策付诸实施,这样的集成将会变得非常重要。收益管理工具不断升级以获取更多的收益来源、分析更多数据并在需要作决策时给予更多的支持,让中国的酒店经营者开始意识到自动化的重要性。

4) 优化功能

优化功能即实现资源优化配置。有了精确的需求预测,还必须有一套相应的价格和收益控制体系才能灵活有效地利用酒店资源,使得收益或利润最大化。根据不同的预售和价格控制系统,酒店业普遍采用的优化方法主要包括线性规划、动态规划、边际收益控制、风险最小化等。这些方法最终转换成可操作的控制机制,如最短最长控制(Min-Max)、完全长度控制(Full-Pattern)。

收益管理系统是将信息技术、经济学原理、数理统计方法、优化模型、运筹学算法集于一身的可进行数据处理、预测、优化的集成决策支持系统;科学方法为收益管理系统的成功奠定了基础,该系统成为航空公司的核心竞争能力的中坚,并迅速从航空业扩展到其他行业。

8.2.5　收益管理面临的难题

1)如何有效利用有限的但易过时的生产——服务能力

易逝品的需求具有高度的不确定性。随机需求是个随机变量,由于产品更新换代很快以及消费者品位的变化,很难得到随机需求的分布信息,因此,服务业收益管理面临着需求的不确定性因素。例如,客机上的座位、旅店的客房、通信线路的带宽等。

预测是收益管理的核心思想,是影响企业盈利的关键因素。准确的预测结果为后面的定价、存量控制和超售策略提高可靠的数据。但由于预测存在许多人为因素和外界因素,因此要进行准确的预测是不容易的。

2)如何获得最大收入

空置能力带来收入损失,接近能力失效期需调整价格;在什么时间、在多大程度上降低或提高价格,企业拥有一定数量的资源(resource)用来满足对价格敏感的需求。这里"资源"是一个广义的概念,例如,可以是某一天、某一航班、某个航节上的座位数量,也可以是某一天酒店的房间数量等。在收益管理问题中资源的数量是固定的,并且资源具有易逝性,销售期结束后残值为零或很低。企业能力的这些性质决定了企业在短时间内很难通过调整能力来平衡供给与需求。

3)收益管理问题的复杂因素

价格的多种差异性,由于服务产品的易逝性,价值在一定时间内会产生变化,如北京到上海等热点航线,各航空公司对每天的各个时段、航班的各个舱位等级的决策都要充分考虑竞争对手的策略,稍有不慎就会被击败。

行业政策的影响和竞争上的非理性,竞争环境下的收入管理集中于从公司自身收入的角度考虑存量控制或定价策略,这在完全垄断或联盟的市场上是可行的。然而,当市场处于寡头垄断或完全竞争状况时,公司作出的价格调整均要充分考虑竞争对手对市场变化所作出的决策影响。

决策者在动态定价问题中起着重要作用。根据期望效用理论,决策者对风险有 3 种不同的态度:风险中性、风险偏好以及风险规避。显然,决策者风险偏好类型的不同会影响最终的收益管理。

8.2.6　我国旅游业收益管理的现状

1)我国服务业收益管理的现状

目前,收益管理在西方发达国家的服务业逐渐达到广泛的运用及发展逐渐成熟,而在我国服务行业的运用较少。收益管理系统目前只在国内服务业中的航空运输业、集装箱海运及少数国际型酒店宾馆业等部分服务行业使用。

2）收益管理相关软件在我国的开发及应用情况

我国收益管理系统的软件开发大部分还是针对航空业及运输业、饭店业等极少数的服务业，没有为广大服务业的收益管理系统提供一个良好的发展平台及环境。而国际上的软件开发已经覆盖了服务业的各行各业以及其他产业，形成了一个良好的发展趋势。当前国际社会较著名的收益管理系统开发公司有 PROS Revenue Management, IDeaS Revenue Optimization, Veritec Solutions, Revenue Management Systems, Inc 等。一些著名的系统软件如下所述：

①定价及收益管理软件、服务及顾问领先供应商 IDeaS Revenue Solutions 日前发布其 IDeaS Revenue Management System（收益管理系统，简称 RMS）软件解决方案的最新版本 6.0（IDeaS RMS 6.0）。该升级版本增添了多项加强或新增功能，包括崭新的市场营销计划功能，这可以协助酒店改进其预测及优化收益的流程。

②目前国内一些酒店相继与供应商 IDeaS Revenue Solutions 签订开发系统的协议或已经开始使用由此软件开发的收益管理系统，如西安瑞思丽大酒店、金陵酒店等。

③在集装箱海运上，已有 J2EE 的软件开发系统，基于该软件，可以开发出提高收益的收益管理系统。

④瑞马航空收益管理软件综合运用统计学、运筹学、微观经济学、管理学等科学，以分析历史数据为基础，预测市场需求为核心，通过科学的实施超售、升舱、价格动态管理、团队管理、季节性（节假日）管理、网络化全航程收益管理等，实现资源分配的最优化，使每个座位的收益总和达到最大化。该软件是中国首例自主开发并完全拥有自主知识产权的收益管理软件，运用先进的.NET 平台，在对中国国情的适应性和性价比等方面拥有绝对的优势。现已在深圳航空公司得到了良好的运用。

⑤国际上，PROS 公司开发的 PROS 软件运用较为广泛。该公司总部位于美国休斯敦，是世界航空业收益管理软件的主要供应商。亚洲地区的航空公司包括新航、国泰、全日空、大韩航空、华航、韩亚、泰航和国内的南航、国航、东航、上航等，其他如（汉莎航空、大陆航空、新西兰航空、瑞航、枫叶航空、墨西哥航空、西班牙航空等）均使用了 PROS 收益管理产品。

3）收益管理在我国酒店业的应用

【案例分析 8.5】

广州花园酒店的收益管理

广州花园酒店在引入收益管理系统后，酒店总经理说道："我们就是要在适当的时候，把适当的房型，用适当的价钱卖给适当的客人"，通过调节房价实现收益最大化。客房的收益管理是一门精深的学问,简单地看,当一段时间入住率为70%~80%时,重点要保持并提高入住率,即行话"做量";当入住率为80%~90%时,则两方面都要看,既要保证入住率稳步攀升,又要保证房价的稳定;入住率一旦超过90%,则重点考虑如何进一步拉升房价,以实现最大效益,即行话"做价"。因此,对市场的充分了解、敏锐的把握,则显得至关重要。"对市场全盘了解清楚,才可以去作一个决策。"

广州花园酒店自2008年引进收益管理系统后,通过科学方法确定酒店客房价格,使得酒店收益达到最大化。下面以广州花园酒店在2011年秋交会期间酒店房价为例进行说明:

表8.1　广州花园酒店平时房价表

客房类型	门市价/元	预定优惠价/元		备　注
		平时价	周末价	
高级房	1 530	750	750	会展时段:820元/晚
精英房	1 714	950	950	会展时段:1 000元/晚
豪华小套房	2 888	1 380	1 380	会展时段:1 400元/晚
行政小套房	2 967	1 800	1 800	含双早和水疗:1 975元/晚
豪华行政套房	5 888	2 190	2 190	含双早和水疗:2 075元/晚

表8.2　广州花园酒店广交会期间房价表

客房类型	广交会期间预定价格/元			备　注
	14-18	22-26	30-4	
高级房	2 080	2 450	1 850	休会价:1 000元/晚
精英房	2 280	2 680	2 080	休会价:1 250元/晚
豪华小套房	2 880	3 180	2 500	休会价:1 600元/晚
行政小套房	3 080	3 380	2 780	休会价:1 950元/晚
豪华行政套房	3 580	3 880	3 280	休会价:2 350元/晚

从表8.1、表8.2可以看出,平时房价中,提前预订的房价明显要比门市价优惠很多,而会展时段也有特定的价格策略;在广交会期间,正式广交会期间的价格和休会期间的价格不同,而且正式广交会期间不同时期的价格也不同。科学的定价使房价和酒店入住率得到协调,最终实现酒店收益的最大化。

案例评析:通过收益管理,广州花园酒店的收益得到最大化,其适时的价格优惠也能够让入住的顾客满意,尤其是在酒店客房预订上,能在收益管理系统的作用下进行调控,满足不同层次顾客及团体的需要,大大提高顾客满意度,服务质量直线上升。

（1）收益管理与酒店房价

"旺季提价，淡季打折"的做法在当前中国酒店行业也不是什么新鲜想法。我国大部分酒店对不同的客人收取不同的房价，其划分的标准往往是客人与酒店的关系（如是否为酒店的会员、有否协议，是否为常客等）或者一次预订客房数量多于某条件，而收益管理则是以客人所在的客户群对客房的需求价格弹性为标准，在理论上为我们提供了一个全新可行的定价标准；国内大大小小的饭店也会根据需求的变化调整价格和营销策略，但往往是根据过去的经验，或者是淡季旺季已经来临时才进行相应的调整，存在一定的盲目及滞后性。收益管理为我们提供了科学的方法和手段，预测需求的变化，提前制订策略，实现酒店收益最大化。

我国（如喜来登、万豪等）参加国际酒店管理集团的酒店都采用了收入管理系统，根据市场供需变化灵活选择价格，并进行酒店客房存量控制来实现酒店客房收入最大化。但 90%以上的国内酒店，包括星级酒店都没有采用收入管理的技术和方法。广州花园酒店于 2008年买入 IDeaS Revenue Optimization 公司开发的收益管理系统，是国内首家应用收益管理系统的酒店。目前国内一些酒店相继与供应商 IDeaS Revenue Solutions 签订开发系统的协议或已经开始使用由此软件开发的收益管理系统，如西安瑞思丽大酒店、金陵酒店等。

①收益管理与酒店的服务质量。高质量的产品和服务是实施收益管理的重要保证。"收益最大化"永远是酒店的目标。"质量"永远是酒店的生命。没有高质量的服务作保障，任何经营策略都是画饼充饥。能否吸引商务客户群，获得较高且稳定的收入是关系到收益管理成败的关键，失去了这部分市场，提高收益也就无从谈起。商务顾客在对价格不在乎的同时，对于服务质量却十分敏感，酒店的声誉和服务的质量是吸引这部分顾客的主要因素。对于休闲客户在对价格敏感的同时，对服务质量虽不高但也并非毫不在乎；而且向其提供超出其预期的质量服务，可以增加其满意度，对酒店的长期发展有利。因此，无论在任何时候，酒店都要把提高服务质量放在第一位，唯有如此，才能保证达到收益最大的目标。

提高收益与提高服务质量二者之间并不矛盾，而是一种相辅相成、互相促进的关系。虽然收益管理中的超量预订是在"求大于供"时发挥作用，但这种市场环境并非常有。在预见到低需求时可以提前采取相应的策略，如设计适应更广泛的目标市场需要的产品，以刺激新的需求；降低房价，以使那些本来要选择低价饭店的客人选择本饭店，使隐蔽的需求得以显露，开拓新的客户群。很多饭店往往在淡季已经来临时，才推出相应的促销活动，由于时间上的滞后性，促销的效果当然也会打折扣。

②收益管理在国内酒店应用的机遇与挑战。随着我国对外经贸的发展，国际酒店先进的管理理念和管理手段对国内酒店形成巨大的冲击。面临严峻的竞争环境，国内酒店在管理方面的改革创新愈显紧迫。收益管理在国内酒店应用前景广阔，市场巨大。

收益管理系统开发是个漫长过程且需要消耗大量人力物力，同时也需要酒店管理层的大力支持和酒店相应管理理念和管理制度的调整，其开发应用过程涉及酒店各个方面，是个复杂而长期的系统工程。因此，当前我国酒店主要还是向国外公司购买收益管理系统，在实际运用中逐步消化吸收，为将来自主开发收益管理系统作准备。

酒店收益管理的技术与航空收益管理基本相同，主要有预测、超定、定价、容量控制 4 个方面,同时也考虑消费者行为、市场细分以及团体客户。但是酒店业与民航业又有许多的不同,这也让酒店收益管理研究,系统开发应用面临着新的挑战:

a.可居住日:航空座位只能使用一天或者一次,但是酒店客人可以在费用较低的那天入住,并且住上好几天费用较高的日子。从而导致新的定价问题的产生。

b.乘数效应:如果只关心住宿带来的收益,经营者就会忽略其他可能产生收益的领域,如餐厅、酒吧、宴会厅、会议室和娱乐设施等。

c.价格机制不明确:航空业建立了健全的壁垒和限制条件,如商务旅客不能享有闲暇旅客的优惠。但是酒店很少有这样的限制条件。

d.信息分散:通常酒店的资产管理系统没有集成中心预定系统,这就可能导致低价出售客房的情况发生。

本章小结

● 近年来,随着国内外旅游消费日渐旺盛,传统服务水准已经滞后于消费者需要,旅游服务品质的提升已成为当务之急。旅游企业要以发展现代旅游服务业为己任,打造精益求精的旅游旅行服务作为企业的服务准则,为客户提供稳定可靠的优质服务。精益服务是以客户为导向,通过产品研发、流程优化、技术创新、知识管理、精准营销、收益管理等服务创新手段,集标准化、精细化、群分化、系统化、收益管理化为一体而形成新的服务运作体系。精益服务是一种更高级的现代服务业形态,是服务企业提升自身竞争力并在激烈的市场竞争中取胜的法宝。

【案例讨论】

案例1:

美洲航空公司:收益管理在航空业的应用典例

收益管理产生于美洲航空公司(American Airline,AA)。在1987年的年度财务报告中,AA将收益管理概括为"以恰当的价格将恰当的座位销售给恰当的顾客"。即在航班和票价结构既定的情况下,航空公司通过座位控制的优化使利润最大化。据估计,在1989—1991年的3年间,AA从收益管理中获益14亿美元。从1992年至今,收入管理给美洲航空公司的平均贡献是每年5亿美元。AA开发收益管理系统DINAMO(Dynamic Inventory and Maintenance Optimizer)的过程可分为3个阶段:

(1)1966年,世博计算机订座系统完成,为座位控制的优化打下了基础。

（2）1977 年，AA 向市场推出"超级节省"折扣票，拉开了收益管理的序幕。

（3）1978 年，美国航空运输委员会放松了对航班和价格的管制，为航空公司全面推行收入管理创造了条件。AA 计算机系统进一步得到了优化。

AA 收益管理系统的具体方法如下：

1.座位超售（Overbooking）

（1）座位超售是指有意使销售的票数多于航班实际拥有的座位数。目的是为了减少旅客取消订座和 No-Show 给航空公司带来的不利影响。AA 估计，在没有超售的情况下，如果航班在离港时销售一空，平均有 15% 的座位将被虚耗。

（2）AA 的决策部门开发了一个旨在使净收益最大化的超售优化模型。其原理是权衡多销售一个座位的收益和它冒的风险。当多销售一个座位的边际收益等于实超一个座位的边际成本时，超售的座位数达到最优。

（3）实践中，此优化模型的座位实超数有时会比预想的大得多。旅客的服务水平可能会由此降低到难以接受的水平。后来，AA 根据 1984 年史密斯（Smith）的研究成果进一步完善了这一模型。

2.折扣分配

（1）折扣分配是指确定某一航班折扣票数量的过程。其目的是想通过票价折扣刺激需求，填满原本将虚耗的座位。

（2）20 世纪 70 年代中期开始，AA 开始向市场提供折扣票。当时只有两种价格：全票和折扣票。在收到折扣票的订座要求时，决定是否接受。一个折扣申请被拒绝后座位以全价售出的概率取决于 3 个因素：将来的期望需求、需求预测的准确性和买折扣票旅客转买全价票的可能性。

（3）当航空公司采用多级票价时，问题变得复杂。AA 在 1980 年研究出了解决多个舱位折扣分配的方法，即子舱技术。模型的基础是小伍德（Little Wood）1972 年的研究成果。模型中涉及的问题包括多级票价结构、购低舱位顾客转购高舱位的可能性、预期需求的时间性问题、客票取消问题。

3.流量管理

（1）流量管理是指从起点到终点的多航班衔接市场与单一航班市场的正确组合，确保收益最大化的收益管理过程。

（2）放松管制后，为了向多个市场提供服务，航空公司发展了中枢辐射航线结构。这样造成的后果是：一个航班上分属不同市场的旅客迅速增加，座位的存储控制不能仅限于用舱位代码控制座位的收益管理。同时，在同一舱位里的收益变化也可能很大。

（3）1983 年，AA 开始研究依据航线市场和票价等级控制订座可获性的新方法"虚拟子舱"，基本思路是将许多不同的航线市场、舱位等级聚合成几组，以便于控制。"虚拟子舱"意为不需要对每一航班上成百上千的市场与舱位等级的诸多组合方式进行分别控制，其中的"虚拟"意味着这无数个航线市场、舱位等级并不实际存在于订座系统中。"虚拟子舱"技术是一种非常复杂的方法，运用了诸如混合整数线性规划模型和动态规划聚合模型等。

应运自己开发出的收益管理系统之后，美洲航空公司不仅很快赢回了其原有的市场占有率,而且还扭亏为赢。据美国航空公司的统计,1989—1991 年期间,效益管理系统的运用给该公司增加了 14 亿美元的收入,同期的税后利润增加了 8.92 亿美元。据美洲航空公司的子公司 SABRE 技术方案公司(SABRE Technology Solutions)1997 年统计,当年美洲航空公司仅由于使用收益管理系统所增加的额外收益就达 10 亿美元。

案例评析:收益管理系统,又称产出管理系统,是将信息技术、经济学原理、数理统计方法、优化模型、运筹学算法集于一身的可进行数据处理、预测、优化的集成决策支持系统;而本案例中,收益管理在美洲航空中应用十分全面,带来了不可小觑的改变和成功。

案例 2:

收益管理系统在酒店业的成功应用——文华东方酒店

旧金山文华东方酒店是一家拥有 158 间客房的豪华酒店,同时也是文华东方集团旗下的 20 家酒店之一。该集团酒店遍布于全球四大洲,而且仍在拓展新市场。该酒店面临着几大挑战:胸有成竹地预测竞争对手信息;打造更精准的预测,并且更快速、准确地处理信息。因此,文华东方酒店集团需要一种界面友好、可随时访问且查阅非常方便的在线工具,从而让酒店的收益管理总监能打开事件并立即得到问题的解答。随着快速抽取数据,保持竞争力,预测市场变化方面不断增加的压力,收益管理总监需要高效率地向酒店的管理层提供最新信息,更为重要的是,保证信息的准确性。而 IDeaS 收益管理系统帮助文华东方酒店解决了该问题。IDeaS Revenue Solutions 是专门为酒店与旅游行业提供业界领先的定价及收益管理系统、服务和咨询业务的软件公司。IDeaS 总部位于美国明尼阿波利斯,于印度浦那设立全球技术中心。IDeaS 的销售、支持和分销办事处覆盖北美、南美、英国、欧洲、中东、非洲、大中华、澳大利亚和亚洲等区域。

解决方案:

"过去曾占用我一整天时间的研究工作如今只需约 30 分钟即可完成。数据提取功能特别出色,可使用预测工具并将它直接导出至正在使用的演示中。这样,我就能迅速地向同事们提供所需信息。"轻松访问报表,并基于具体需求定制;预测进度的自动更新。

IDeaS Revenue Management System 提供直观的用户界面,可生成一系列有价值的数据、易读的图表和关于酒店业绩关键指标的信息。对于需要定期生成的报表,系统提供预计客房收入、出租率、平均房价(ADR)、每间可用房收入(RevPAR)的月度图表,这对收益管理总监帮助极大,使其能快速地向酒店提交状况报告。

回报:

"最近我在公司内部的预测准确率名列第二,IDeaS Revenue Management System 使我能更加准确、有效地完成工作。"提升自信心和准确率,为了进一步帮助文华东方酒店实现提高效率的目标,IDeaS Revenue Management System 采用了定制报表功能,用以重点突出行业趋势并整合相关信息,以便将这些信息快速导出到演示文档中。连贯、准确且极具针对性的数据使得文华东方酒店每天都能胸有成竹地预测从订阅服务中接收的竞争对手信息。

案例 3：

金陵酒店采用 IDeaS 解决方案加强收益管理

金陵酒店与收益管理软件、服务和咨询顾问供应商 IDeaS Revenue Solutions 日前签署合作协议，IDeaS 将为南京金陵饭店以及金陵连锁酒店提供全面定价和收益管理解决方案，协助"金陵"更好地适应市场趋势并推动其发展。

作为"金陵"定价改革的一部分，酒店选择采用 IDeaS 技术对数据进行分析，并根据市场情况与竞争对手行为来确定可用房间的合适定价。

与 IDeaS 合作计划的初始阶段，"金陵"将把收益管理技术应用到该集团的旗舰店——南京金陵酒店。该项目将采用著名的 IDeaS 收益管理系统，同时，IDeaS 还将提供远程支持，确保酒店工作人员具备扎实的专业知识，进而融入全新向上的、收益驱动型企业文化之中，在短长期均取得显著的成果。

金陵酒店管理公司副总裁陈孟超先生表示："与 IDeaS 的合作将协助'金陵'改进市场预测方法，并最终在增加收益方面起着重要的作用。IDeaS 公司拥有深入全面的全球经验，在中国市场拥有越来越大的影响力，并且该公司还设有专业的本地咨询顾问团队，这些原因促成'金陵'选择 IDeaS 作为技术合作伙伴。我们期待能够加强与 IDeaS 的合作伙伴关系，在'金陵'孕育出深厚扎实的收益管理文化。"

IDeaS 大中华区董事总经理亚伦·泰勒表示："IDeaS 的解决方案和服务将协助'金陵'不断强化其动态定价的重要性，同时鼓励更多的'金陵'旗下酒店融入自动化收益管理文化。随着国内外旅客数量的增长，中国酒店业呈现出迅猛发展的态势。随之而来的日趋激烈的市场竞争，势必要求像'金陵'这样富有远见的酒店经营者实施高效的收益管理，以求实现利润最大化。"

（资料来源：环球旅讯 2011-05-25）

第9章
旅游业的顾客忠诚管理

【教学目标与要求】

- 了解顾客忠诚的定义。
- 了解顾客忠诚的形成过程。
- 了解顾客忠诚的价值与衡量理解顾客价值评估理论。
- 掌握顾客价值衡量的方法。
- 掌握顾客忠诚管理的策略与技巧。

【关键词】

顾客忠诚;顾客价值;旅游服务。

【案例导入】

服务创新的出发点是赢得顾客心

服务品质高低的标志是酒店的服务是否赢得了客人?客人离开酒店后是否愿意为酒店的口碑做宣传?客人愿意再来或者是推荐别人来,这就是对酒店好的品质的最高的奖赏。如何能够做到这一点?除酒店满足客人的基本需要以外,近些年来,酒店业还先后创造出了个性化服务、亲情化服务、贴身管家服务等。那么,所有这一切的本源是什么?国家高级管理咨询顾问、国家注册高级职业经理人、沈阳力之源酒店管理有限公司 CEO 郭力源在 2016 苏州论坛上,作为圆桌论坛对话嘉宾参加了题为"酒店品质与服务质量"的对话,回顾了他所经历的在酒店经营中的一些感受和体会。根据他的实践经验,就是抓住人心、打动人心、经营人心。离开了对客人之心的理解、沟通,就难以激起酒店与客人心灵上的共鸣,这是提高服务品质的关键。

真实经历一:与大诗人的诗情和友情

20 世纪 80 年代末,我们酒店接待了我国著名的诗人、《人民日报》的高级记者、高级编辑徐放老师。他是一位延安时期的老干部,中华人民共和国成立后在数次的政治运动中都受到了冲击。在接待徐放老师的时候,酒店更多的是给予他关怀,表现出我们对知识的尊重,回避历史以免伤及徐放老师受挫的心灵。徐放老师非常的谦虚、低调,与我们相处得非常友好。徐放老师还送给我一本1986年辽宁大学出版社出版的《徐放诗选》。这本书中既有讴歌抗日战士的英勇顽强的民族精神，又有欢庆全国解放胜利的喜悦，还有表现在狱中的革命的坚定信心，以及庆祝粉碎"四人帮"后的感慨。我认真地阅读了《徐放诗选》，还班门弄斧地写了一首《读〈徐放诗选〉》呈送给徐放老师。徐放老师对这首诗很欣赏，后来这首诗还发表在《江海诗刊》1990(12)期上，正是这首诗使我与徐放老师结为忘年之交，之后的二十多年中，我们一直保持着交往，直至老人90岁高龄离世。

真实经历二：打动相声大师的对联

1998年初，我国著名的相声大师马季老师下榻到我们的酒店，对于这样一位相声界的泰斗级的客人莅临，酒店上下都很重视。营销部也拿出了几套接待方案，从入住房间到用餐安排都下了一番功夫。但我们提出一个问题，像马季老师这样一位享誉国内外的相声界名人，他什么没有见过？哪个酒店都会绞尽脑汁地做好接待。我们不要在食宿上太伤脑筋，莫不如从他的"最爱"作为切入点。他的"最爱"应该就是相声，这是他一生视如生命的事业。于是，我们就研究马季老师不同时期的相声，用马季老师的作品与之沟通。这天中午，马季老师一行来到酒店，当他们一进入酒店的大堂，大家看到高高悬挂的一副对联，当时就兴奋了。对联写道：抽宇宙打电话鞭挞社会假恶丑　嘻嘻嘻/赞海燕颂友谊高歌世间真善美　哈哈哈。"抽宇宙、打电话、赞海燕、颂友谊"这是马季大师说过的很有代表性的四个相声。前两个是讽刺社会的不良现象，后两个一个是赞扬在海上与风浪搏斗渔民获得大丰收、一个是中国人民帮助坦桑尼亚、赞比亚修铁路，歌颂两国间人民的友谊。马季大师和接待他的领导说，看来酒店对我马季不是简单的追捧，更是对我作品的爱。马季大师握着我的手说："老弟啊，你当年应该和我一起搞艺术啊。"在接待的几天中，马季大师非常开心。他和前来看望他的所有人都说我是最懂他的老弟。后来，马季大师还给我留下了"相见恨晚"的墨宝。

真实经历三：为电影艺术家拍照

提起张金玲，50岁以上的人一定不陌生，曾经塑造了《渡江侦察记》中的刘队长、《从奴隶到将军》中的索玛、《许茂和他的女儿们》中的三辣子、《大河奔流》中的梁晴等一系列经典角色，她当年被称为北京电影制片厂著名的三朵金花之一。20世纪80年代中期，正处在事业巅峰的张金玲，悄然淡出了影坛。而师从齐白石的入室弟子娄师白，苦练书画。她的作品多次参加中国电影基金会在朝鲜、日本、伊朗举办书画展，受到专家和艺术界好评。2003年的夏季，张金玲大姐来沈阳举办个人书画展入住我们酒店。不巧我要去牡丹江参加一个东三省的行业会。临行前，我把接待工作安排给我的助手，还特意把我的一幅摄影作品留下来转赠给张金玲老师作纪念。作品是一幅挂满枝头的李子的照片，上面有我的书法题词："金灿灿　灿烂人生路漫漫；珑玲珑　珑璁换得果红红。"据说，当张金玲大姐拿到我赠送的照片并看到那副对联的时候高兴极了，当场就拍了好几张照片。还说，你们的老总太了解我了，一下子我就有一种来朋友家的感觉。等我出差回来张金玲大姐还住在酒店等我。我在拜访时，征得张金玲大姐的同意后，我专为她拍了几幅照片。2008年的夏天，我曾到张金玲大姐家，看到在她的画室里还摆放着这幅照片。她说，她很喜欢这幅照片，要作为永久的纪念。

案例评析：在经济快速发展、人口不断增长的今天，人与人的空间在逐渐缩小，但是人们的感情越来越淡漠。因此，人们在酒店服务消费时更需要情感的关怀，需要家一般的温暖。我们应该改变酒店仅仅停留在问好层面的僵化服务标准,服务员一天和客人见几次面,总是表情僵硬地反复说:您好,欢迎光临! 您好,请慢走! 听起来完全是人与机器人对话。

提升服务品质与培训工作侧重点的转变,真正影响服务品质的大多不是技能而是态度。除了硬件设施有问题之外,客人投诉比较多的基本上都与服务意识、服务态度、处理问题的方式等有关。一定要摆正服务与被服务的关系、酒店与员工的关系。服务人员的心智问题不解决,再高超的技能都无济于事! 服务创想关键在于创造一个充满感情的服务场景。

9.1 顾客的忠诚效应及其价值

9.1.1 顾客忠诚的定义

1) 顾客忠诚

顾客忠诚表现为顾客购买行为的连续性。它是指客户对企业产品或服务的依赖和认可、坚持长期购买和使用该企业产品或服务,同时表现出在思想和情感上的一种高度信任,是客户对企业产品在长期竞争中所表现出的优势的综合评价。而衡量顾客忠诚的量化指标被称为顾客忠诚度,它是指受质量、价格、服务等诸多因素的影响,使顾客对某一企业的产品或服务产生感情,形成偏爱并长期重复购买该企业产品或服务的程度。

2) 顾客满意

顾客忠诚不同于顾客满意。菲利普·科特勒对"顾客满意"的定义是,一个人通过对一个产品的可感知效果与他的期望值相比较后,所形成的愉悦或失望的感觉状态。客户忠诚度和满意度之间有密切关系。一般来说,客户满意度越高,客户的忠诚度就越高;反之,客户满意度越低,客户的忠诚度就越低。

满意只是一种心理状态。你可以让客户满意,竞争对手也同样可以让客户满意,甚至更满意。仅仅有顾客满意是不够的,顾客忠诚才是目标。只有忠诚的客户才会持续购买本企业的产品和服务,才能给企业带来长久收益。

9.1.2 客户忠诚的形成

一般而言,客户忠诚的形成要经历认知、认可、偏好与忠诚 4 个主要阶段。

1) 认知阶段

顾客对企业或品牌的认知是顾客忠诚的基础。在此阶段,人们倾向于选择已知的品牌,而不愿意选择从未听说过的品牌以减少购买风险,尤其是在可供选择范围很广的情况下。

顾客对产品或服务认知的途径有广告、商业新闻、经济信息、口碑等。顾客获得的产品或服务的信息,只表明产品或服务进入了客户购买的备选集,还不能保证客户就会购买。

在认知阶段,顾客与企业之间的关联很弱,企业只要有优质的产品和优良的服务就有可能把顾客争取过来。

2) 认可阶段

顾客对企业的情况有了基本的了解之后,接下来是决定是否购买。顾客有了第一次的购买体验,很可能使顾客对产品产生认可。但这种认可只是一种表面的、脆弱的忠诚。

顾客购买了产品之后,会对这次购买行为进行评估,自问是否作出了正确的购买决策。如果顾客认为作出的购买决策达到了自己的期望或超出了自己的期望,就会产生满意感,从而对企业产生信任感,那么,购买就可能进入第三个阶段——对产品或服务产生偏好。

3) 产生偏好阶段

在客户有了愉快的购买体验之后,会逐渐对产品或服务产生偏好,并进一步产生重复购买的念头。

在这一阶段,首次出现了客户承诺再次购买的情感成分,客户已经对特定企业或品牌产生了一定程度的好感,不再那么轻易"背叛"该企业或品牌了。

但是,客户此时还没有对企业的竞争对手产生足够的免疫力,可能还在寻找能够为其带来更高价值的产品或服务。

4) 顾客忠诚的形成阶段

如果企业加强对产生偏好的顾客的管理,巩固第三阶段的成果,让这种重复的购买行为继续下去,那么,有些客户就会逐渐形成消费行为的惯性,重复购买某一企业或品牌的产品或服务,并对企业产生情感上的依赖,与企业之间有了强有力的情感纽带。

其中,这种联结包括客户的较高的重复购买行为、情感的高度依附和对企业的竞争对手的"免疫力"。顾客忠诚建立过程动态图,如图9.1所示。

图 9.1 顾客忠诚建立过程动态图

9.1.3 顾客忠诚的意义

顾客忠诚对于企业生存和发展具有非常重要的意义：

1）降低运营成本

争取一个新顾客的费用是保持一个老顾客费用的 5~10 倍；获得新顾客需要付出成本，特别是在供过于求的市场态势下，这种成本将会越来越昂贵。但新顾客对于企业的贡献却是非常微薄，有些行业，新顾客在短期内甚至无法向企业提供利润。相比之下，企业为老顾客提供服务的成本是逐年下降的。对待忠诚顾客，企业只需经常关心老顾客的利益与需求，在售后服务等环节上做得更加出色就可留住忠诚顾客，既无须投入巨大的初始成本，又可节约大量的交易成本和沟通成本。企业与顾客的关系越持久，这种关系对企业就越有利可图。

2）重复消费

当顾客对某品牌的产品或服务有一定的依赖性，在感情上产生一定的偏爱后，就会自觉重复购买同一品牌的产品或服务，积极为企业做宣传和推荐，并且不易受外界尤其是竞争品牌的信息诱惑。

3）口碑效应

忠诚客户是企业及其产品或服务的有力倡导者和宣传者。忠诚客户满意自己的购买经历，会将自己对产品或服务的良好感觉介绍给周围的人，主动地向亲朋好友和周围的人推荐所忠诚品牌的产品或服务，甚至积极鼓动其关系范围内的人购买，从而帮助企业增加新客户。据酒店行业统计分析，一位忠诚的客户会向 10~12 位朋友推荐，一位不满的客户会向 5~10位朋友诉说他的遭遇；一位忠诚的客户会给酒店带来 87 500 元的价值，一位不满意的客户会给酒店带来 43 000~87 000 元的经济损失。忠诚顾客的口碑效应可见一斑。

4）为企业发展带来良性循环

客户忠诚的企业，增长速度快，发展前景广阔、潜力巨大，可以使企业员工树立荣誉感和自豪感，有利于激发员工士气；企业获得的高收入可以用于再投资、再建设、再生产、再服务，也可以进一步提高员工的待遇，进而提升员工的满意度和忠诚度；忠诚员工可以为客户提供更好的、令其满意的产品或服务，这将更加稳固企业的客户资源，进一步强化客户的忠诚；客户忠诚的进一步提高，又将增加企业的收益，给企业带来更大发展，从而进入下一个良性循环，如图 9.2 所示。

图 9.2 顾客忠诚度循环图

总之，忠诚客户可使企业获得丰厚利润，保证企业的可持续发展。可以这样说，忠诚客户的数量决定了企业的生存与发展;忠诚的质量,即忠诚度的高低,决定着企业竞争能力的强弱。

9.1.4　顾客忠诚的衡量

美国旅游心理学家贾维斯(Javis)和梅耶(Mayo)根据顾客的购买行为和顾客的态度将常客和忠诚者区分开来,见表9.1。

表 9.1　忠诚者矩阵

态度 行为		旅客对酒店及其服务的态度		
		肯定	中性	否定
旅客购买频率	经常	真正的忠诚者	虚假忠诚者	
	偶尔	不专一者、暂时不忠者	易变者	
	很少	很少接受酒店服务者	潜在使用者	不使用者

他们指出真正的忠诚者偏爱某个企业及其服务,认为这个企业提供的服务最符合他们的需要,几乎总是选购该企业的服务。一家企业的常客包括真正的忠诚者,但也包括那些并不喜欢该企业及服务的虚假忠诚者。他们认为,那些既喜欢企业,又经常光顾企业的顾客才是企业真正的忠诚者。根据上述理论,顾客忠诚包括两个部分:情感部分——客户对企业的理念、行为和视觉形象的高度认同和满意;行为部分——顾客的购买行为及顾客的口头宣传。

"顾客黏性"是衡量顾客忠诚度的重要指标,顾客黏性对于整个公司的品牌形象起着关键性的作用,通常可从以下 6 个方面来衡量黏性的程度。

1) 客户重复购买的次数

客户重复购买的次数是指在一定时期内,客户重复购买某种品牌产品的次数。客户对某品牌产品重复购买的次数越多,说明对这一品牌的忠诚度越高;反之,则越低。

2) 客户挑选时间的长短

通常,客户挑选的时间越短,说明他对该品牌的忠诚度越高;反之,则说明他对该品牌的忠诚度越低。

3) 客户对价格的敏感程度

客户对价格都非常重视,但并不意味着客户对价格变动的敏感程度都相同。事实表明,对于喜爱和信赖的产品或服务,客户对其价格变动的承受能力较强,即敏感度低。而对于不喜爱和不信赖的产品或服务,客户对其价格变动的承受能力较弱,即敏感度高。对价格的敏感程度高,说明客户对该品牌的忠诚度低。对价格的敏感程度低,则说明客户对该品牌的忠诚度高。

4) 客户对竞争品牌的态度

一般来说,对某种品牌忠诚度高的客户会自觉地排斥其他品牌的产品或服务,如果客户对竞争品牌的产品或服务有兴趣并有好感,则表明他对本品牌的忠诚度较低。

5) 客户对产品质量问题的承受能力

偶然的、轻微的质量问题是任何产品都在所难免的。如果客户对品牌的忠诚度较高,当出现这种问题时,他们会采取宽容、谅解和协商解决的态度,不会由此而失去对它的偏好;反之,如果客户对品牌的忠诚度较低,当出现问题时,他们会深感自己的正当权益受到侵犯,会产生强烈不满,甚至会通过法律方式进行索赔。

6) 客户购买费用的多少

客户对某一品牌支付的费用与购买同类产品支付的费用总额的比值如果最高,即客户购买该品牌的比重最大,说明客户对该品牌的忠诚度较高;反之,则较低。

9.1.5　顾客价值的评估

1) 顾客价值评估理论——信息时代的经济学

21 世纪是知识经济时代、信息时代,更是价值顾客的经济时代。市场领先者的战略重心在于对顾客价值的关注。一个企业要想获得成功,在打破简单的顾客与销售、服务关系的同时,必须形成以价值顾客为中心的企业行为系统。因此,建立与顾客之间新的关系,将顾客价值放在企业发展的首位显得尤为重要。

那么,什么是顾客价值? 很多人认为提升企业竞争力,提高服务、产品质量,为顾客创造价值,提升顾客满意度就是顾客价值。其实,顾客本身就有价值,让企业发展的最好办法就是让顾客的真正价值通过价格形式表现出来。

有些企业认为自己的产品质量不断在提高,服务水准也越来越高,但顾客却似乎越来越难伺候,最糟糕的是,顾客拥有量在减少,满意度与忠诚度在降低,这到底是怎么了? 要留住顾客,就应当使顾客感到其所获得的效用(顾客价值)高于其所支付的代价(顾客成本)。SIGCESS 公司通过多年的探索和研究,首创"HAPPY365"对顾客价值进行评估。

(1) 顾客资质评估

所谓顾客资质评估就是对顾客在特定时间周期内依据消费量大小确定顾客的等级(通常可划分为一般顾客、忠实顾客、VIP 顾客、银卡顾客、金卡顾客等),顾客等级不同决定着顾客的价值不同。等级越高,价值越高,顾客资质也就越高。而企业的效益大多数来自于高资质的顾客群体。正如世界最大零售商之一:美国代顿-哈德森(Dayton-Hudson)公司,通过对400 万消费者的统计,发现了一个令人惊奇的事实:有 2.5%顾客的消费额占到了公司总销售额的 33%。因此,运用特定的消费积分累积方式确定顾客资质,锁定高资质顾客群体将对企业的效益产生重大影响。

（2）顾客资源评估

所谓顾客资源评估就是对会员顾客周边群体价值顾客的评估。通过会员顾客周边群体价值顾客扩大顾客资源。同时，运用定额配额等有效的方法评估顾客资源，在企业追求利润最大化的过程中扮演着重要角色。顾客资质越高，其周边群体价值顾客资源也会越多。因此，科学确定会员顾客周边群体价值顾客资源的标准，同时，给予不同资质顾客配以不同的定额配额是企业扩大顾客资源，进而扩大利润的有效方法。有资料显示，沈阳商业城有效地运用顾客资源，使得会员顾客消费额占总销售额的比例逐年提高，甚至达到比普通顾客消费额高出近一倍。可见充分运用顾客资源，扩大顾客资源对扩大企业利润有着巨大的优势和潜在的空间，同时也是现代"微利时代"获取营业利润的重要渠道。

2）顾客价值评估的方法

（1）实地观察法

一方面，要充分关注自己的顾客的购买行为。如果条件允许，可以对大客户的购买频率、购买偏好进行记录、跟踪观察。当客户的购买行为出现不稳定或是偏好变化时，要及时对顾客价值作出分析，认定该客户的忠诚是否有转移倾向，从而作出决策。另一方面，要考察竞争者，也就是要了解竞争对手的顾客与特点。俗话说，"知己知彼方能百战不殆。"当掌握了竞争者的顾客价值后，就可以有针对性地采取策略以吸引对竞争者忠诚度较低的顾客，还可以对照自身，逆向思考"什么会引起顾客在最短时间内流失"，从而及时发现自己存在的不足。

（2）意见反馈法

与顾客忠诚一样，顾客价值也不是一成不变的。因此，有效的顾客价值评估不可能是静止的、一蹴而就的，而是依赖于与客户的交流并形成制度。企业可通过电话或互联网对顾客进行定期或不定期的回访，还可通过寄送意见反馈表及时掌握顾客作息。该方法的关键在于时机的选择，因为任何顾客都不希望有人来干扰自己的生活。另外，有条件的企业还应建立顾客信息档案，并利用数据库对反馈的顾客信息进行处理，以保证企业对顾客价值评估所依据的数据具有时效性、准确性和全面性。但是，在运用意见反馈法时要注意保护顾客的隐私。

【拓展阅读】

大客户不盈利该怎么办？

许多研究认为，提升客户满意度可以增加企业利润，即提高满意度能够增加客户花费的份额，并将由此带来更高的消费额和利润。真的是这样吗？

在一些不同行业中的研究结果同时支持这样的结论：客户保持率和利润之间存在着关

系。《哈佛商业评论》中有一篇研究报告被经常引用：即客户保持率提高5%，会使公司利润增加25%~85%。

由于客户满意度和客户保持率紧密相关，客户保持率又和利润密不可分，因此，很多研究人员已经试图在客户满意度与企业业绩、客户满意度与客户保持率，客户保持率与企业利润之间的联系上建立模型。与此不谋而合的是，越来越多的研究者和企业管理人员明确地将客户保持率作为客户忠诚度的最终测量指标，或作为推算提高服务质量所能带来的利润增加的最佳指标。因此，企业加强管理客户消费结构（增加单个客户的消费份额）会比仅仅提高客户保持率制造更多的商机。麦肯锡公司也同样指出，如果公司既注重客户花费份额，又提高客户保持率，所产生的利润比仅仅注重客户保持率要高出10倍都不止。正因如此，目前在满意度研究领域十分盛行"花费份额"这个概念。

根据这些基本的逻辑，作出以下4种假设：

假设1：花费份额与客户消费额正相关。

假设2：客户消费额与客户可盈利性正相关。

假设3：客户满意度和客户消费额的关系可以被客户的花费份额所调节。

假设4：客户花费份额和客户可盈利性之间的关系可被客户消费额调节。

分析结果证明了这些链效应中每个环节都和其之前的环节确有关联，同时调查结果还有令人意想不到的研究发现。花费份额与客户消费额呈正相关，花费份额对于客户满意度和客户消费额有调节关系。然而，虽然客户满意度和消费额存在统计学上的显著性关系，但是实际上这种关系非常微弱，相关系数为0.05。

尤其是对于管理层最为关注的结果——客户盈利性这一方面，原来所提出的假设并没有得到验证。分析指出，客户的消费额和客户的盈利性的确相关，然而是负相关！换句话说，客户消费额越多，客户所带来的亏损也越厉害。另外，花费份额和客户盈利性之间也不存在相关关系。因此，假设2和假设4不成立！

研究发现，大型客户往往在所有客户中要么是最具盈利性的，要么是最不具盈利性的。我们在上述研究中加入了盈利性变量，把客户分为盈利的和不盈利的两种。针对具有盈利性的客户，上述假设均成立。对于无盈利性客户，客户满意度和花费份额的关系很微弱。对于有盈利性的客户而言，相关系数为0.38，而对于无盈利性的客户而言，仅为0.07。满意度和盈利性之间的关系并没有人们一般想象的那么直接。对盈利性客户来说，消费额的增加的确提高了盈利性，而对于非营利性客户来说，情况恰恰相反。对于非营利性客户而言，其他因素对于花费份额所起的作用比服务水准提高更为重要。因此，如果公司希望通过提升满意度增加非营利性客户的消费额，不仅会使这些客户更不具备盈利性，而且也不能有效地提高这部分客户的花费份额。

案例评析：以上研究说明了顾客价值评估的意义。通过这些调查结果不难发现，了解客户的盈利性水平非常重要。如果企业对不具备盈利性的客户投入资源来提高满意度和花费份额，以期增加客户消费额，这样做的实际结果反而可能减少公司的利润。

9.2　旅游业中的顾客忠诚管理

【案例分析9.1】

让客人终生难忘的曼谷东方

泰国的曼谷东方饭店称亚洲饭店之最，几乎天天客满，不提前一个月预定是很难有入住的机会。泰国在亚洲算不上特别发达，但为什么会有如此诱人的饭店呢？我们不妨通过一个实例来了解一下。

于先生因公务出差经常来泰国，并下榻在东方饭店，第一次入住时，良好的饭店环境和服务就给他留下了深刻印象，当他第二次入住时，几个细节更使他对饭店的好感迅速升级。那天早上，在他走出房门准备去餐厅的时候，楼层服务生恭敬地问道："于先生是要用早餐吗？"于先生很奇怪，反问"你怎么知道我姓于？"服务生说："背熟所有客人的姓名是我们饭店的规定。"这令于先生大吃一惊，因为他频繁往返于世界各地，入住过无数高级酒店，但这种情况还是第一次碰到。于先生高兴地乘电梯下到餐厅所在的楼层，刚刚走出电梯门，餐厅的服务生就说："于先生，里面请"，于先生更加疑惑，因为服务生并没有看到他的房卡，就问："你知道我姓于？"服务生答："上面的电话刚刚下来，说您已经下楼了。"如此高的效率让于先生再次大吃一惊。于先生刚走进餐厅，服务小姐微笑着问："于先生还要老位置吗？"于先生的惊讶再次升级，心想"尽管我不是第一次在这里吃饭，但最近的一次也有一年多了，难道这里的服务小姐记忆力那么好？"看到于先生惊讶的目光，服务小姐主动解释说："我刚刚查过电脑记录，您在去年的6月8日在靠近第二个窗口的位子上用过早餐。"于先生听后兴奋地说："好，就老位置！"小姐接着问："老菜单？一个三明治，一杯咖啡，一个鸡蛋？"现在于先生已经不再惊讶了，"老菜单，就要老菜单！"于先生已经兴奋之至。上餐时餐厅赠送了于先生一碟小菜，由于这种小菜于先生是第一次看到，就问："这是什么？"，服务生后退两步说："这是我们特有的××小菜"，服务生为什么要先后退两步呢，原来他是怕自己说话时口水不小心溅到客人的食品上，这种细致的服务就是美国最好的饭店里于先生都没有见过，这一次早餐给于先生留下了终生难忘的印象！

后来，由于业务调整的原因，于先生有两年时间没有再去泰国，但是这一年于先生在自己生日当天却收到了一封东方饭店发来的生日贺卡，里面还附了一封短信，内容是：尊敬的于先生，您已经有三年没有来过我们这里了，我们全体人员都非常想念您，希望能再次见到您。今天是您的生日，祝您生日愉快。于先生当时激动得热泪盈眶，心中暗暗发誓如果再去泰国，绝对不去任何其他饭店，一定要住东方大酒店，而且还要推荐所有朋友也像他一样选择曼谷东方。于先生看了一下信封，上面贴着一枚6元的邮票。6元钱就这样买到了一颗顾客心。东方饭店非常重视培养忠实的客户，并且建立了一套完善的客户关系管理体系，使客户入住后可以得到无微不至的人性化服务,迄今为止,世界各国约 20 万人曾经入住过那里,用他们的话说,只要每年有 1/10 的老顾客光顾饭店就会永远客满。这就是东方饭店成功的秘诀。

9.2.1 影响客户忠诚的因素

1) 客户满意是影响客户忠诚的重要因素

现代营销之父菲利普博士指出,我们的企业在日趋白热化的产品竞争中,找不到满意份额的市场和可持续成长的市场已成为其头号难题。想要占有一席之地靠什么? 企业得益的唯一途径就是开拓客户、留住客户。"二八定律"告诉我们,80%的销售业绩,都是 20%的客户创造的。能够留住客户必须让客户满意,使他们的满意最大化,预期值最大化。

短缺时代已经过去,注定了今天的客户就是上帝,他们更多的是需求,是挑剔,他们很少去宽恕,去理解。随着营销观念的转变,从"产品为中心'走向'以客户为中心",客户关怀和客户满意日益成为企业经营理念的重要组成部分。客户在不同时期有不同的需求,认知也就随之产生变化,市场环境和客户需求的变化要求企业的营销方式发生相应的变革。一个企业想要取得成功,就必须想方设法为客户服务,贴近客户,关心客户,使客户满意。

客户忠诚在很大程度上受客户满意的影响。

2) 客户因忠诚能够获得多少利益

追求利益是客户的基本价值取向,客户忠诚的根本动力是客户能够从忠诚中获得利益。调查结果表明,客户一般乐于与企业建立关系,其主要原因是希望从忠诚中得到优惠和特殊关照,如果能够得到,就会激发他们与企业建立长久关系。

如果老客户没有得到比新客户更多的优惠,就会限制他们的忠诚,这样老客户会流失,新客户也不愿成为老客户。因此,企业能否提供忠诚奖励将会影响客户是否持续忠诚。例如,企业实行累计优惠计划,那么对于频繁、重复购买的忠诚客户来讲,一旦选择了这家企业,就可以享受奖励,而如果中途背叛、放弃就会失去眼看就要到手的奖励,并且原来积累的利益也会因转移而失效,这样就会激励客户对企业的忠诚。当然,利益要足够大,要能够左右客户对是否忠诚的选择。顾客价值构成与顾客获取成本图如图 9.3 所示。

3) 客户的转移成本

转移成本是指因转换购买而要面临的障碍或增加的成本,是客户为更换产品或服务的供应商所需付出的各种代价的总和,它不仅包括货币成本,还包括由不确定性所引发的心理成本和时间成本。

转移成本的加大有利于客户忠诚的建立和维系。例如,采取累计优惠、成套礼品等方法,可提高客户的转移成本,使客户从主观上尽量避免流失。例如,机票的贵宾卡、超市的积分卡、快餐店的组合玩具等,客户一旦发生转移,就将损失里程奖励、价格折扣、集齐玩具等利益,这样客户在更换品牌时就会慎重考虑,不会轻易背叛,而会尽可能地忠诚。

随时间推移的顾客价值构成

图 9.3　顾客价值构成与顾客获取成本图

4）客户的信任因素

客户与企业建立长久关系的愿望还来自于希望减少购买风险，因为客户的购买事实上存在一定的风险。因此，与企业交易的安全感是客户与企业建立忠诚关系的主要动力之一。客户为了避免和减少购买过程中的风险，往往总是倾向于与自己信任的企业保持长期关系。

信任使购买行为的实施变得简单易行，同时也使客户对企业产生依赖感。可以说，信任是使客户产生忠诚的直接基础。

5）客户的情感因素

加拿大营销学教授杰姆·巴诺斯通过调查研究指出，客户关系与人际关系有一样的基本特征，包括信任、信赖、社区感、共同目标、尊重等内涵，客户关系的本质是建立客户与企业间的情感联系，企业只有真正站在客户的角度，给客户以关怀，与客户建立超越经济关系之上的情感关系，才能赢得客户忠诚。

企业与客户一旦有了情感交融，就会使企业与客户间从单纯的买卖关系升华为休戚相关的合作伙伴，当客户与企业的感情深厚时，客户就不会轻易背叛，即使受到其他利益的诱惑也会仔细权衡。

6）管理因素

企业管理方式、制度等对顾客忠诚也有一定程度的影响，例如，由于企业在客户管理方面不够细腻、规范，企业对客户的影响相对乏力，一旦与客户联系的业务员跳槽，老客户就可能随之而去。又如，对客户的投诉和抱怨处理不及时、不妥当，也会影响客户的忠诚。

7）其他因素

客户需求出现变化而退出某个市场领域。假设客户原来喝白酒，现在注意保健而改喝葡萄酒，如果白酒生产企业不能跟上客户需求的变化，及时满足客户新的需求（如供应葡萄酒），客户就会流失。

客户因不满意企业的行为，如污染环境，或不满意企业不承担社会责任，或不关心公益事业等而对企业不忠诚。

客户因为搬迁或经营地点转移，或者因为成长、壮大，或者因为业绩衰退甚至破产，或者因为企业的主要联系人辞职、退休等，也会影响客户对企业的忠诚。

9.2.2　忠诚顾客的流失

1）警惕客户流失的"杀手"

客户流失对于任何一个企业而言，都是一件很正常的事情。从表面上看，客户流失的原因可谓多种多样。不过，如果我们透过现象看本质的话，就会发现导致客户流失的真正"元凶"是企业自己，而不是竞争对手和客户本身。

总体来看，客户流失有以下4点原因：

①企业人员流动或另立山头带走客户，导致客户流失，尤其是企业高管人员离职变动，很容易带来客户群的流失，往往不仅仅是外部客户的流失，还有作为企业内部客户——员工的流失。

②因企业缺乏诚信导致客户流失，尤其是企业不按服务标准行事，或服务承诺不能兑现，以及不遵守服务水平协议而导致客户流失。

③客户歧视导致的客户流失，很多企业都明白"二八"法则，即80%的销量来自20%的客户，于是对客户进行分类、差异化管理，但却不会正确管理，尤其在服务政策上，过度向大客户倾斜，使得很多小客户因心理不平衡而流失。

④企业发展战略调整。市场收缩战略表现为经营业务方向调整、业务范围缩小和转让部分产业，导致需求减少和不再需求；而市场扩展战略主要是客户进入上游领域，而与原有供应商终止合作或逐步终止合作。

2）防止高价值客户"跳槽"

大客户作为企业的"看家客户"，若流失对企业的打击可能是致命的。企业要防止大客户"跳槽"，最基本的做法是提升大客户的满意度，进而形成忠诚度，这要从战略和策略两个角度去解决这一问题。通过建立战略合作伙伴关系，两者结合才能"长久治安"。防止大客户"跳槽"的主要措施有以下6个方面：

其一，建立全方位沟通体系。大客户管理部门中的大客户营销人员、客户经理极其主管要定期或不定期地主动上门征求意见，客户经理能随时与大客户碰面，发现大客户的潜在需求并及时解决。要加强与大客户的感情交流，根据企业实际，要定期组织企业高层领导与大客户之间的座谈会,努力与大客户建立相互信任的朋友关系及互利双赢的战略伙伴关系,这样有利于规避与化解渠道冲突。

其二,建立最恰当的销售方式和激励系统。大客户与企业的合作具有一定的特殊性,而其特殊性就体现在模式创新性、价格特殊性、服务紧密性等诸多方面。这就要求企业最大限度地接近大客户,掌握客情需求,采取最恰当的销售模式。企业必须给大客户建立销售激励政策,通过有效激励使大客户进行负激励,企业对大客户也要加以约束,并做到"有奖有罚"。

其三,建立合理的客户服务流程。目前客户服务中存在后台支撑体系不完善、效率低下等问题,其症结在于企业内部尚未健全流畅的业务流程,影响了客户服务质量。因而有必要建立由客户服务部牵头、为客户提供最合理的一揽子解决方案的系统流程。为更好地管理大客户,有必要建立下面工作组织职能链条,企业→大客户管理部门→交叉工作组→大客户。

其四,建立信息管理系统。企业有必要引入大客户管理系统,以大客户的信息资料为基础,围绕大客户进行发展分析、价值分析、行为分析、贡献分析、大客户满意度分析,使决策层对大客户的发展趋势、价值趋向、行为倾向有一个及时准确地把握,并能对重点大客户进行一对一的分析与营销。

其五,积极实施服务补救。客户服务补救是指对已流失的客户采取"超满意服务"措施,最大限度地使客户由不满变为满意,由不信任转为信任,最终赢回客户。服务补救是避免客户流失的重要手段,不仅要分析客户当前的数据,还要对客户的历史数据进行分析,采取全方位的客户补救措施,让客户重新回到自己的身边。

其六,在企业内建立大客户管理部门。企业组建专门管理部门,实现大客户管理职能,这在通信、邮政、银行等很多行业都已实施。很多跨国公司也是这样做的,例如,办公设备巨头——施乐公司,公司拥有 250 个大客户,与这 250 个大客户之间的业务就是由大客户管理部来处理的,而其他客户的管理工作,则由一般的销售队伍来做。

9.2.3　客户忠诚的策略

1) 实现客户完全满意

客户忠诚的获得有一个最低的满意水平,在这个满意水平以下,忠诚度将明显下降,最不满意的 15% 的客户会积极去寻找其他更好的选择;在该最低满意水平线以上的一定范围内,忠诚度不受影响,即使客户满意,也仍有很大的概率会流失;当满意水平达到某一高度,忠诚度就会大幅增长,最满意的 15% 的客户具有相当高的忠诚度。可见,客户越满意,忠诚的可能性就越大,而且只有最高等级的满意度才能实现最高等级的忠诚度。

2) 提供优惠,奖励忠诚

企业的利益建立在客户能够获得利益的基础上,因此,企业要赢得客户忠诚,就要对忠诚客户进行财务奖励,用价格这一直观、有效的手段予以回报。

首先,要清除妨碍和不利于客户忠诚的因素,废除一些不合理的规定,例如,老客户没有得到比新客户更多的优惠和折扣。其次,企业要奖励重复购买,奖励的目的就是要让客户中的忠诚者得到回报,让若即若离者得到激励。为此,企业要制订有利于与客户形成持久合作关系的价格策略,设法让客户在利益驱动下保持忠诚。

(1)奖励方式

奖励忠诚客户的代表形式有频繁营销计划,指向经常或大量购买的客户提供奖励,目的是促使现有客户保持对企业的忠诚,从而建立企业与客户的长久关系。奖励的形式有折扣、积分、赠品、奖品等优惠和好处。以此来表示对老客户的关爱,降低他们重复购买的成本。例如,酒店向常客提供住 10 天赠送 1 天的优惠,饭店或零售商向经常光顾的老客户提供折扣等额外利益;餐厅将客户每次用餐后结账的账目记录在案,自然,账目金额大的客户都是该餐厅的常客。到了年终,餐厅将纯利润的 10% 按客户总账目金额大小的比例向客户发奖金。这项"利润共享"的策略,使得该餐厅天天客满。

又如,航空公司向经常乘坐本公司班机的旅客提供里程奖励。美国西南航空公司最早推出对乘客在积累了一定的里程后可与自己的伴侣一起享受一次免费的国内飞行。这一计划一经推出便大获成功,许多公司纷纷仿效也推出了各种各样的奖励计划,像西北航空和联合航空等都开发了频繁飞行计划,用来奖励忠诚的乘客。忠诚的乘客通过累积的里程数可获得折扣或免费机票或头等舱的高级座位。

(2)奖励注意事项

首先,要考虑客户是否重视本企业的奖励,在奖励时不搞平均主义,要按贡献大小区别奖励。其次,要考虑奖励是否有效果。奖励效果一般由现金价值、可选择的奖品类别、客户渴望的价值、奖励方法是否恰当、领取奖励是否方便等因素决定。再次,不能靠奖励孤注一掷。要注重为客户提供长期利益,因为一次性促销活动并不能产生客户的忠诚,而且还浪费了大量财力,即使促销有效,竞争者也会效仿跟进。最后,要考虑奖励能否坚持下去,奖励客户忠诚往往要付出昂贵代价,因此,企业要考虑自己是否有能力对客户持续进行奖励,能否承受奖励成本不断上升的压力,否则就会出现尴尬局面——坚持下去,成本太高;取消奖励,影响企业信誉。

3)提高客户转移成本

(1)加强与客户的结构性联系

企业要不断让客户有这样的感觉:只有购买我们的产品,才会获得额外的价值,而其他企业是办不到的。如果能够做到这一点,就可以增加客户对企业的依赖性,从而坚定客户对企业的忠诚。

(2)提高客户服务的独特性与不可替代性

个性化的服务是客户关系发展到一定程度时客户的必然要求,企业如果能够为客户提供独特的、个性化的、不可替代的服务,就能够达到提高转移成本,增进客户忠诚的目的。为此,企业必须不断创新,不断提供竞争对手难以模仿的个性化产品或服务。企业还可通过技术专利等与竞争对手拉开差距,从而降低客户的"跳槽率",实现客户忠诚。

4）增加客户信任与情感牵挂

（1）增加客户对企业的信任

一系列的客户满意产生客户信任，长期的客户信任形成客户忠诚。企业要建立高水平的客户忠诚还必须把焦点放在赢得客户信任上而不仅是客户满意上，并且要持续不断地增强客户对企业的信任，才能获得客户对企业的永久忠诚。

①要牢牢树立"客户至上"的观念，想客户所想，急客户所急，解客户所难，帮客户所需，以自己的实际行动取得客户的信任。

②要提供广泛并值得信赖的信息（包括广告），当客户认识到这些信息是值得信赖并可接受时，企业和客户之间的信任就会逐步产生并得到强化。

③要重视和了解客户可能遇到的风险，然后有针对性地提出保证或承诺，并切实履行，以减少客户的顾虑，从而赢得客户信任。

④要尊重客户的隐私权。

⑤要认真处理客户投诉，企业及时、妥善地处理客户的投诉，可以赢得客户信任。

（2）增强客户对企业的情感牵挂

联邦快递的创始人佛莱德·史密斯有一句名言："想称霸市场，首先要让客户的心跟着你走，然后才能让客户的腰包跟着你走。"因此，企业在与客户建立关系之后，增强客户对企业的情感牵挂的方法是积极沟通、密切交往。企业应当积极地与客户进行定期或不定期的沟通，如定期对客户拜访或者经常性的电话问候，真正了解和重视他们的想法和意见，并邀请他们参与到企业的各项决策中，让客户觉得自己很受重视。

对于重要客户，企业负责人要亲自接待和登门拜访，努力加深双方的情感联系，并且发展联盟式的客户关系。在客户的重要日子（如生日、结婚纪念日、厂庆日等），采取恰当的方式予以祝贺，如寄节日贺卡、赠送鲜花或礼品等；企业邀请客户参加娱乐活动，如观赏歌舞、参加高级晚会等，投其所好，加强感情投资，表达对客户的关爱，也可增进友情、强化关系。

5）加强内部管理，为客户忠诚提供坚实的保障

（1）通过培养员工的忠诚达到客户的忠诚

员工的满意度、忠诚度与客户的满意度、忠诚度之间呈正相关的关系，只有满意的内部员工才能提供令客户满意的产品和服务，员工的满意度提高5%，客户的满意度将提高10%。因此，企业应通过培养和提升员工的满意度与忠诚度，为提升客户的满意度和忠诚度奠定坚实的基础。

第一，寻找优秀的员工。企业应寻找那些特质、潜力、价值观与企业的制度、战略和文化相一致，才识兼备、技术娴熟、工作能力强、能够长期作出令人满意贡献的员工。

第二，加强培训。企业应培训员工树立"以客户为中心""客户至上"的理念，使每位员工认识到他们的工作如何影响客户和其他部门的人员，从而又最终影响客户的忠诚和企业的生存，并给予相关知识和技能的培训与指导。

第三,充分授权。即企业要赋予一线员工充分的权利和灵活性,使员工感到自己受重视、被信任,进而增强其责任心和使命感,激发其解决生产、服务等各环节问题的创造性和主动性,使每个员工都积极参与到超越客户期望的目标中去,群策群力赢得客户忠诚。

第四,建立有效的激励制度。有效的激励可以激发员工的工作热情,挖掘员工的潜力,因此,企业要善于发现和嘉奖业绩突出的员工,并将员工的报酬与其满足客户需要的程度相挂钩,建立有助于促使员工努力留住客户的奖酬制度。

第五,充分满足雇员的需要,尊重员工的合理要求,在员工培训和个人发展上敢于投资,及时解决员工遇到的问题,从而不断提高员工的满意度。

第六,不轻易更换为客户服务的员工。熟悉就会亲切,熟练就会有效率。如果一个员工在一个工作岗位上待的时间长了,不仅可以了解工作的要求和做好工作的技巧,而且能够了解客户的兴趣与需求。

(2)通过制度避免员工流动造成客户的流失

有些客户之所以保持与某家企业的往来,可能是因为与之联系的该企业员工的出色表现以及与他们建立的良好私人关系。因此,如果这个员工离开了这家公司,客户就会怀疑该企业是否仍能满足他们的要求。为了消除这种疑虑,企业要建立统一的员工形象,在平时就要将企业拥有高素质员工的信息不断地向客户宣传。这样,即使其中一个员工流失,其他员工也可顺利接替他的工作,继续为客户提供优质服务。

6)建立客户组织,稳定客户队伍

企业运用某种形式将分散的客户组织起来,建立客户组织,如会员制或客户俱乐部制,并向客户提供价格或非价格的刺激,从而将一系列相对独立的与客户的交易转变为具有密切联系的交易,使企业与客户进入长期稳定的关系。建立客户组织是巩固和扩大市场占有率、稳定客户队伍的一种行之有效的办法,有利于建立长期稳定的主顾关系。

【知识链接】

乐购公司赢得顾客忠诚

乐购(Tesco)超市公司是英国最大的食品超市公司之一,该公司9年前开始实施的忠诚计划——"俱乐部卡(Clubcard)",帮助公司将市场份额从1995年的16%上升到了2003年的27%,成为英国最大的连锁超市集团。乐购的"俱乐部卡"被很多海外商业媒体评价为"最善于使用客户数据库的忠诚计划"和"最健康、最有价值的忠诚计划"。

乐购的成功在很大程度上要归功于以下3个方面:

1)顾客数据库

乐购通过客户在付款时出示"俱乐部卡",掌握了大量翔实的客户购买习惯数据,了解了每个客户每次采购的总量,主要偏爱哪类产品、产品使用的频率等。通过了解持卡人的爱好、消费习惯和购买行为,乐购会向他们馈赠喜爱商品的优惠券,这是一个双向互动的过程。

2）利基俱乐部

乐购将这些客户划分成了十多个不同的"利基俱乐部"，例如，单身男人的"足球俱乐部"、年轻母亲的"妈妈俱乐部"等。"俱乐部卡"的营销人员为这十几个"分类俱乐部"制作了不同版本的"俱乐部卡杂志"，刊登最吸引他们的促销信息和其他一些他们关注的话题。一些本地的乐购连锁店甚至还在当地为不同俱乐部的成员组织了各种活动。

3）个性化服务

例如，乐购为女性购物者和对健康很在意的消费者，特别推出了"瘦身购物车"。这种推车装有设定阻力的装置，使用者可自主决定推车时的吃力程度，阻力越大，消耗的卡路里就越多。推车购物过程中，客户的手臂、腿部和腹部肌肉都会得到锻炼，相当于进行一定时间的慢跑或游泳而得到的锻炼。手推车上还装有仪器，可测量使用者的脉搏、推车速度与时间，并显示出推车者消耗的热量。乐购发言人称，这种"瘦身购物车"造价是普通推车的7倍，但受到了目标群体的热烈欢迎。

（1）乐购会员卡制度（表9.2）

表9.2　一般会员卡与乐购俱乐部卡对比表

大多数会员卡	乐购俱乐部卡
A.积分计划章程烦琐，积分规则复杂，晦涩难懂； B.不实惠，难兑换； C.消费者不清楚自己的积分状态，也不热衷于累计和兑换，成为了忠诚计划的"死用户"	A.积分简单，提供实在优惠； B.具体细分，精准定位； C.消费者方便实惠，延长忠诚周期； D.发展潜在顾客，刺激消费

（2）客户忠诚度维护措施（图9.4）

图9.4　客户忠诚度维系图

本章小结

● 顾客忠诚表现为顾客购买行为的连续性。它是指客户对企业产品或服务的依赖和认可、坚持长期购买和使用该企业产品或服务，同时表现出在思想和情感上的一种高度信任，是客户对企业产品在长期竞争中所表现出的优势的综合评价。而衡量顾客忠诚的量化指标被称为顾客忠诚度，它是指受质量、价格、服务等诸多因素的影响，使顾客对某一企业的产品或服务产生感情，形成偏爱并长期重复购买该企业产品或服务的程度。

【案例讨论】

细节——服务的魅力所在

作为酒店业的从业者，天天在讲"服务无止境""服务无限"……细想起来，所有这些"无限"都体现在一些细节上，细节见真情，细节出口碑，细节出效益，细节是酒店制胜的法宝。因为，正是这些细节服务，做到了客人心坎上，才会让客人感动、认可酒店。

案例一：两个粽子。2003 年 6 月 4 日是中国传统的端午节，快节奏的生活、SARS 的影响，使人们逐渐淡化了节日的内容，但海景花园大酒店餐饮部员工没有忘，更没有忘记客户可能在端午节吃不上粽子。于是，餐饮部员工自发地组织了"节日送粽子"的温暖行动，大清早将热乎乎的粽子送到客户家中，让客人在惊喜之余，更多了一份感动。粽子虽小，情意深长。

案例二：一张贺卡、一枝鲜花。我们每个人可能会知道并记住情人节、妇女节、母亲节，但父亲节却鲜为人知，一向以"严肃"形象出现的父亲更是难得一份浪漫温馨的节日问候。在这年的 6 月 15 日，凡是到凯悦大酒店用餐的父亲们却得到了一份温情的节日祝福。"一页幽默的贺卡，一枝美丽的玫瑰，一张可爱的笑脸，一句真情的祝福"，把天下所有儿女对父亲深深的爱表达出来。让所有的父亲在高兴之余，一个劲说："没想到，第一次啊。"

案例三：无声的交流。在海景花园大酒店住有一位气质优雅的女士，同时，她也是酒店业行家。她刚入住酒店时，就给房务部提出了 60 多条的意见、建议及要求。根据客人的习惯和要求，房务部特别安排了房务员小孙负责该房间的清理服务工作。小孙不负众望，像对待自己的亲人一样关照这位女士。一天，小孙在清理房间时，发现客人将一件穿过的衣服放在卫生间，小孙很自然地帮客人洗好，并留下纸条："天天见您工作很忙，衣服已洗好，现挂在衣柜里。"客人回来后，看到这一切，非常感谢，放下 10 元钱，并留言"请收下我的谢意"。小孙没有收钱，只是附纸条说"不用谢，请您注意休息……"客人再次被感动，留言讲："从你身上，我看到了'海景花园'的服务魅力，来青岛，还住'海景花园'。"就这样，也正是这"此时无声胜有声"的细节服务，为酒店又留下了一个个忠诚的客人。

案例四：这账我来付。4 月 19 日，正值潍坊风筝盛会，四海宾朋云集潍坊，潍坊"东方"大酒店宾客盈门。晚上，为解除一天的劳累，客人纷纷来到了"东方"SPA。面对如此多的客人，"东方"SPA 部真有点应接不暇，服务员疾走如飞，技师们忙得连轴转，但服务还是出现了不到位的问题，有 4 位做足疗的客人因等候时间太长找到主管投诉。此时，主管也正忙得团团转，但他多方协调处理，陆续派技师前去服务，并且诚恳地对客人讲："今天，因为我工作失误，没有按我们的承诺在规定的时间内为您提供服务，所以今天您所有的消费由我个人承担。"随后，主管又对收银员作了细致的安排交代。客人消费结束回房间后，打电话到 SPA 部，让服务员一定拿账单去结账。这时，这位主管来到客人房间，客人开门就讲："今天就冲你如此用心工作，如此诚信，如此敢承担责任，今天的账我一定要结。并且，不挂账，不打折，否则，我于心不忍。"客人说完，将近 500 元的账用现金付款。以后，这位客人成为"东方"的忠诚客户。

从以上几则酒店服务实例中，我们深刻体会到细节服务的真谛：一是服务创新无止境，尤其是细节服务更是取之不尽，用之不竭，只要广大员工善于学习，勤于探索，细心观察，类似的细节服务一定可以源源不断地被创造发明出来。二是细节服务来源于广大基层员工，细节服务的原动力来自于员工对客人真挚的关心和奉献，来自于"全心全意为客人服务"的精神。三是细节服务是酒店制胜的法宝，目前，酒店业的竞争已趋白热化，要想在竞争中立于不败之地，就必须深挖细节服务，在客人的惊喜和感动中，培养忠诚客户，培育客源市场。

第 10 章
旅游企业服务营销与关系营销

【教学目标与要求】

- 了解服务营销组合 7P 和 4C。
- 了解关系营销的重要性。
- 熟悉传统营销与旅游服务营销的区别。
- 熟悉交易观念与关系观念的区别。
- 认识关系营销的价值和特点。
- 熟悉关系营销在服务企业中的运用。
- 掌握关系营销的策略。

【关键词】

服务营销;关系营销;旅游服务产品。

【案例导入】

如家酒店的顾客积分营销体系(图 10.1)

E会员
通过官网www.homeinns.com或手机网站m.homeinns.com、如家客户端(APP)、微信等其他如家酒店集团制订渠道免费注册;

或者非会员一晚上门人住如家酒店集团所属:如家酒店、莫泰酒店、云上四季、如家精选酒店各分店,入住时预留本人手机号,离店后即可免费注册如家酒店集团E会员。

金会员
至如家酒店集团所属:如家酒店、莫泰酒店、云上四季酒店、如家精选酒店各分店前台购买,或至如家酒店集团指定渠道购买,即可成为金会员。

金会员一年内本人入住如家酒店、莫泰酒店、和颐酒店、云上四季酒店、如家精选酒店15个定级间夜,且一年内未按预定入住次数<3次,即可免费升级到铂金会员。

保级
自成为铂金会员后一年内,本人入住如家酒店集团所属各品牌酒店满15间夜,且预定未入住次数<3次,仍保持铂金会员级别。不满15间夜,或一年内预订未入住次数>3次,铂金会员级别将调整至金会员级别。

铂金会员调整至金会员后,一年内满足上述升级条件的,仍能升级为铂金会员。

升级
E会员本人入住如家酒店、莫泰酒店、云上四季酒店、如家精选酒店1个定级间夜,即可免费升级为银会员;
非会员或E会员本人入住和颐品牌酒店1个定级间夜,即可免费升级到金会员。
注:简易注册的E会员,预定使用前,请先登录www.homeinns.com补齐证件等个人会员信息,否则不于升级银会员。

银会员
至如家酒店集团所属:如家酒店、莫泰酒店、云上四季酒店、如家精选酒店各分店前台购买,或至如家酒店集团指定渠道购买,即可成为银会员;或者非会员本人一晚上门入住和颐酒店,入住时预留本人手机号,离店后即可免费注册如家酒店集团银会员。

银会员一年内本人入住如家酒店、莫泰酒店、和颐酒店、云上四季酒店、如家精选酒店5个定级间夜,即可免费升级到铂金会员。

铂金会员
E会员、银会员、金会员本人入住一定数量的定级间夜数后升级取得,不对外销售。
注:使用他人会员卡或身份证时,不计算累计人住间夜数。
注:定级间夜是指完成入住并付费的过夜房,用于衡量会员是否达到升级或保级条件。

图 10.1 如家酒店顾客积分营销体系图

集团新会员政策一栏表,见表 10.1。

表 10.1　集团新会员政策一栏表

	内　容	E 会员	银会员	金会员	铂金会员	适用范围
会员加入	免费注册	★				如家　莫泰　云上四季　如家精选　和颐
	购买		40 元			如家　莫泰　云上四季　如家精选
					99 元	如家　莫泰　云上四季　如家精选　和颐
会员级别	升级	非会员本人一晚上门入住	E 会员本人一个定级间夜	银会员本人一年内入住 5 个定级间夜	金会员本人一年内入住 15 个定级间夜,且 noshow 间夜量 ≤3	如家　莫泰　云上四季　如家精选
			非会员或 E 会员本人一个定级间夜	银会员本人一年内入住 5 个定级间夜	金会员本人一年内入住 15 个定级间夜,且 noshow 间夜量 ≤3	和颐
	保级				一年内本人住满 15 个定级间夜,且 noshow 间夜量 ≤3	如家　莫泰　云上四季　如家精选　和颐
积分累计	电话预订/上门入住	0	1 倍	1.5 倍	1.5 倍	如家　莫泰　云上四季　如家精选　和颐
	官网预订	1 倍	3 倍	3 倍	3 倍	如家　莫泰　云上四季　如家精选　和颐
	客户端/WAP/微信预订	1 倍	3 倍	3 倍	3 倍	如家　莫泰　云上四季　如家精选　和颐
预订权益	折扣/门市价	95 折	92 折	88 折	85 折	如家　莫泰　云上四季　如家精选
		会员优享价	会员优享价	会员优享价	会员优享价	和颐
	预订保留时间	19:00	19:00	20:00	20:00	如家　莫泰　云上四季　如家精选　和颐
	会员储值	√	√	√	√	如家　莫泰　云上四季　如家精选　和颐
	会员专享促销	√	√	√	√	如家　莫泰　云上四季　如家精选　和颐

续表

	内　容	E会员	银会员	金会员	铂金会员	适用范围
入住权益	延时退房时间	13:00	13:00	14:00	14:00	如家　莫泰　云上四季　如家精选
	延时退房时间	13:00	14:00	15:00	15:00	和颐
	提早Check-in			12:00	12:00	和颐
	无等待退房		√	√	√	如家　莫泰　云上四季　如家精选　和颐
	餐饮折扣（正餐）	0	95折	95折	90折	如家　莫泰　云上四季　如家精选
	餐饮折扣（正餐）	0	92折	88折	85折	和颐
	早餐			一份★	两份	如家　莫泰　云上四季　如家精选　和颐
	班车接送		5折	免费★	免费★	和颐
积分权益	积分兑换	√	√	√	√	如家　莫泰　云上四季　如家精选　和颐
	会员活动、会员礼品等	√	√	√	√	如家　莫泰　云上四季　如家精选　和颐
通信赠阅		√	√	√	√	如家　莫泰　云上四季　如家精选　和颐

注:定级间夜:是指完成入住并付费的过夜房,用于衡量会员是否达到升级或保级条件。

　　noshow:是指未按预订入住。

　　★:金会员、铂金会员入住部分和颐品牌酒店尊享免费班车接送。

　　★:早餐仅限自营餐厅,具体以网站标识为准。

案例评析:如家酒店集团为长期锁定顾客而设计的消费积分体系,从预订、入住到退房,食、住、行应有尽有,几乎囊括了顾客消费全程的方方面面,同时还涵盖了如家集团的多个品牌,在积分激励的引导下,消费者步步升级。在顾客关系的维护与营销方面,如家集团可谓下足了功夫,因此,就不难理解近年来如家的快速发展与荣登行业榜首的非凡成绩的秘密了。

　　旅游营销分为传统营销和服务营销两种:传统营销一般注重实物营销,重点在于产品的购买,而服务营销是传统营销的发展和进步,它主要是从消费者的角度出发,通过各种营销手段来满足消费者的多样化需求。

10.1　传统营销与旅游服务营销

10.1.1　服务营销与实物营销

同实物营销相比,服务营销是一种营销理念,企业营销的是服务;而实物营销方式只是一种销售手段,企业营销的是具体的产品。服务营销与实物营销的区别见表 10.2。

表 10.2　服务营销与实物营销的区别

区　别	实物营销	服务营销
营销产品	有形产品	无形服务
用户购买和消费行为	产品与消费可分——产品与消费同步	实地体验与比较——基于信任而消费
营销组合要素	4P: 产品(Product)、价格(Price)、渠道(Place)、促销(Promotion)	7P: 4P+[人(People)、过程(Process)、有形证据(Physical Evidence)]。
评价产品质量难易程度	容易评价	难以评价

在实物营销方式下,消费者购买了产品意味着一桩买卖的完成,虽然它也有产品的售后服务,但那只是一种解决产品售后维修的职能。而从服务营销观念理解,消费者购买了产品仅仅意味着销售工作的开始而不是结束,企业关心的不仅是产品的成功售出,更注重的是消费者在享受企业通过产品所提供的服务的全过程的感受。这一点也可以从马斯洛的需求层次理论上理解:人最高的需求是尊重需求和自我实现需求,服务营销正是为消费者提供了这种需求,而实物营销方式只是提供了简单的满足消费者在生理或安全方面的需求。

随着社会的进步,人们收入水平的提高,消费者需要的不仅仅是一个产品,更需要的是这种产品带来的特定或个性化的服务,从而有一种被尊重和自我价值实现的感觉,而这种感觉所带来的就是顾客的忠诚度。服务营销不仅仅是某个行业发展的一种新趋势,更是社会进步的一种必然产物。

10.1.2　服务营销组合

1)从 4P 到 7P

营销组合是营销管理中的核心概念,它是企业可以控制的、能影响消费者认知的若干因素的组设。1964 年,由营销学家麦卡锡(McCarthy)提出的 4P 营销组合——产品、价格、促销与销售渠道,一直以来都是市场营销理论研究和实践的基础。但随着市场环境的变化和服务经济的来临,4P 受到了越来越多的批评和质疑,其中一个主要方面就在于它对服务营销的不是硬性。近年来,不断有专家学者提出新的营销组合,其中被广为接受和认可的是布姆斯和比特纳(Booms & Bitner)于 20 世纪 80 年代初提出的 7P 营销组合。他们认为,服务营销除了要对传统的 4P 加以修改补充之外,还应再加入人员或参与者(People)、有形证据(Physical Evidence)及过程(Process)这 3 项元素。7P 也构成了旅游服务营销的基本框架,见表 10.3。

表 10.3　7P 基本框架

产品	服务范围、服务质量、服务水平、品牌名称、服务项目保证、售后服务
价格	价格灵活性、折扣/折让、佣金、付款条件、认知价值、质量/定价、差别定价
促销	广告、人员推销、销售促进、宣传、公共关系
渠道	所在地、可达性、分销渠道、覆盖范围
人	人力配置:员工招聘培训选用激励/投入 人际行为:团队、授权、态度 顾客:顾客教育、顾客行为、参与程度、顾客兼容
有形证据	服务场所:招牌、装潢、色彩、陈设、噪声水平、设施/设备 有形物品:员工服装、对账单、报告、名片、声明、保证书
过程	活动流程、政策步骤、机械化、员工授权、顾客参与、顾客控制、标准/定制、简单/复杂

(1)产品(Product)

【案例分析 10.1】

走近非洲——伦敦尼日尔餐厅(一)

玛丽看到快餐店在伦敦迅速兴起,但非洲加勒比民族的餐馆却很少,特别是伦敦的西非人数目剧增,玛丽决定建立一家非洲餐馆。开业时,她制订了营销策略,其中产品策略如下:

一开始,玛丽就把餐饭定位于"非洲餐馆",特别是供应尼日尔食品。名字的选择以及几种上佳鱼制品供应,也体现了这一特色。为了保持地道的非洲风味,玛丽决定要直接从尼日尔购买大部分鱼类及其他食品。还要严格遵循原来的烹调配方和手艺。玛丽把餐馆装饰成典型的非洲式样:用竹制弓箭、棕榈树叶及非洲食品来装饰房屋。即使一些餐具也用非洲原产,如盛汤用的小加拉巴木餐具。为了增强餐馆的非洲风味,玛丽为 2 名兼职的女招待设计了典型的非洲裙子。玛丽自己负责烹饪。为了确保高质量和新鲜,每位顾客在进门时都被告知所有的东西都是现做,因此,可能要多等一会儿。为了保持非洲传统,还推荐顾客们用"辣椒汤"开开胃。

案例评析:伦敦尼日尔餐厅的成功之处在于充分考虑消费者需求,在快餐店占领餐饮业的市场环境下脱颖而出,找到属于自身的产品——非洲餐厅,并通过打造差异化的产品和个性化的产品来吸引消费者,重点突出自身与众不同的地方,不仅具有创造性,也具有趣味性。

旅游服务产品是一个综合性的概念体系,既包括实体产品,又包括无形服务,它是在旅游活动中为顾客提供某种利益的客体或过程。顾客在旅游过程中购买的旅游服务产品是一种产品和服务的混合体。顾客所关注的并不是旅游服务产品的属性和特点,而是旅游服务产品所提供的利益,即旅游服务产品是否能满足顾客的需要、愿望和梦想。

首先,从旅游服务产品的内容来看,主要分为核心内容、有形内容和附加内容,如图 10.2 所示,这 3 种内容共同构成等旅游服务产品体系,不仅能为消费者提供必需的、核心的服务,而且能够增加顾客感知价值,提高顾客满意度。

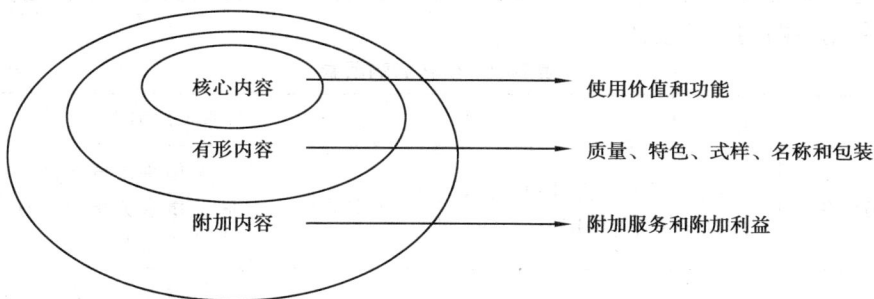

核心内容 —— 使用价值和功能
有形内容 —— 质量、特色、式样、名称和包装
附加内容 —— 附加服务和附加利益

图 10.2　旅游服务产品的内容

其次,从旅游服务产品组合来看,旅游消费涉及食、住、行、游、购、娱六大类的服务产品,其中每一类的服务产品又包括许多子项的内容,每一类服务产品的长度和深度将决定最终组合的数量,组合的数量越多,则旅游企业选择的余地越大。从旅游者的角度来看,他们会根据自身的需求选择一部分的旅游产品,因此,旅游企业需要在坚持经济效益的原则下,充分考虑顾客需求,进行旅游服务产品组合,提高顾客满意度。

(2)价格(Price)

【案例分析 10.2】

走近非洲——伦敦尼日尔餐厅(二)

伦敦尼日尔餐厅的价格策略如下:

对于价格,玛丽认为应当让潜在顾客群有能力承担。用她自己和好友的收入作为基础计算一番,她决定要让食品物有所值。对于其他餐馆的定价政策,玛丽并未作研究。她根据从尼日尔批进原料的成本,粗略地制订了价格。她只是计算了总体成本,再加上预期收益,并没有一项一项地单独计算成本,然后再定出单价。这种方法最初很管用,因为她可以很方便地从尼日尔得到大部分原料。后来,由于有些原料很难得到,玛丽不得不找其他供应商,只得支付"浮动价格"。实际上,玛丽只是微调了价格。

在生意蒸蒸日上的时候,有人建议玛丽提高定价。玛丽不愿意改变定价,因为从 1990 年她就注意到竞争在加剧。即便在伦敦北部,就有四五家非洲餐馆开业。她调查了一两家,相信她的价格非常有竞争力,而且食品质量没得说。因此,她不愿大幅变动价格。

案例评析:伦敦尼日尔餐厅在初级所采取的定价策略是十分简单的,仅仅考虑从成本和收入中赚取差异收益;而在长期发展过程中,她并没有采取提高价格以占领市场的策略,而是在充分了解市场行情的基础上,对价格进行微调,以保证自身的竞争力。

旅游服务产品的价格是服务支架的外在反映,它为顾客传递了服务质量的信息或提供了服务差异化的说明,在服务营销组合中起到了中枢的作用。价格的实现可以为旅游企业带来收入和利润,同时价格也为顾客确定了购买价值,可以起到树立服务形象的作用。本书将从旅游企业定价的目标和决定价格的因素两个方面来分析价格,见表10.4,旅游服务的特殊性使企业在旅游市场上与顾客的关系变得非常复杂,价格不再仅仅是一个标签,而是旅游企业实现营销战略的有效途径。

表 10.4　价格影响因素

定价目标		价格决定因素	
销售最大化	追求市场份额,提高竞争力,如以亏损价格销售	供求关系	价格是市场条件的信号,反映了供求关系,短期内服务需求的波动决定旅游服务的价格
利润最大化	利润最大化难以真正实现,价格有助协调短期与长期目标	旅游服务质量	价格是质量的外在表现形式,旅游服务要注重有形和无形质量,提高顾客感知服务价值
树立企业形象	提高服务产品信誉及企业形象,助力差异化战略实施	旅游服务内容	旅游产品组合中的幅度、深度以及连贯性、旅游服务自身的吸引力和优势都会影响价格
提高投资回报	充分考虑竞争对手价格、顾客需求,追求合理的投资回报率	旅游服务特色	特色具有稀缺性,是价格的附加物,服务的附加值;特色具有垄断性,差异化大;特色是无形的,对价格的弹性较大
促进企业发展	不同发展阶段实施差异化定价,追求企业更长期发展	—	—

（3）促销（Promotion）

促销是通过一定的手段与目标市场顾客沟通的一种形式,目的是向顾客群宣传自己的营销计划,以便让顾客更好地了解旅游企业。由于旅游服务市场竞争的激烈,顾客更加分散,仅有良好的服务和销售是不够的,旅游企业还必须与顾客进行精彩的交流,保持一种互动关系,一方面可以发现顾客需求和偏好改变的趋势;另一方面可以向顾客介绍旅游企业服务的特点,并通过口碑宣传把有利于旅游企业的信息进一步扩散。

①促销的目标。

A.顾客目标。

旅游企业的促销可以:第一,增进顾客对新服务和现有服务的认知;第二,鼓励顾客试用新服务;第三,鼓励潜在顾客试用咸鱼服务;第四,说服顾客继续购买服务而不是终止、转向竞争者,或是增加顾客购买服务的频率;第五,改变顾客需求服务的时间;第六,与顾客沟通,使他们发现与竞争对手的服务利益区别;第七,加强服务的广告效果,吸引顾客群的注意;第八,获得关于服务如何、何时以及在何处购买和使用的市场研究信息;第九,鼓励顾客改变与服务传递系统的互动关系。

B.中间商目标。

促销也可以对中间商产生影响,使他们改变现有的行为,从而实现旅游企业的营销目标。第一,说服中间商为旅游企业推销新的服务;第二,说服现有中间商努力销售更多的服务;第三,防止中间商在销售场所与顾客谈判价格。

C.竞争目标。

旅游企业的促销在很多情况下,是为了对竞争对手的营销策略作出回应,如对一个或几个竞争对手发起短期的攻势,或对他们的进攻进行防御。当然,旅游企业的促销也应考虑竞争对手可能作出的反应,以便作好提前应付的准备。

②促销要素。旅游企业的促销组合包括以下要素:广告、个人销售、销售促进或营业推广、公共关系、口头传播以及直销营销。广告可以建立服务意识、增加顾客对旅游服务的了解,并且可以说服顾客购买旅游服务。个人销售有利于旅游企业与顾客之间建立稳定的关系,有助于企业更好地掌握顾客的期望。销售促进主要针对 3 个群体:一是目标市场的顾客;二是中间商;三是销售力量。公共关系运用传播手段达到组织与公众之间的相互了解、相互合作的目的。口头传播是旅游企业必须加以控制的,防止其负面作用的扩散,注意引导好的口碑的宣传。直效营销可以利用的方式包括邮购、电视导购、电话购买、因特网订购、邀请潜在购买者参观服务演示、销售人员的走访等。

(4)渠道(Place)

在旅游服务由供给者向顾客传递的过程中,所经历的线路和线路上一切活动的总和构成了旅游服务的营销渠道。将这一过程加以有效控制,可以为旅游企业营销的效果增加机会。渠道的功能、分类及原则见表10.5。

除了传统的 4P 营销所涉及的产品(Product)、价格(Price)、渠道(Place)和促销(Promotion)以外,服务营销所包含的 7P 还涉及人(People)、有形证据(Physical Evidence)和过程(Process)3 个方面。

表 10.5　渠道的功能、分类及原则

营销渠道的功能	营销渠道的分类	选择营销渠道的原则
(1)方便顾客购买服务 (2)提供服务信息 (3)提供可供顾客选择的服务品种 (4)传递服务信任 (5)分散风险 (6)资金融通 (7)售后服务	(1)直接营销渠道 (2)间接营销渠道	(1)效果原则 (2)控制原则 (3)适应性原则

（5）人（People）

服务生产人员和顾客都参与到服务营销之中，他们的素质和行为以及他们二者之间的协调和配合程度，都会直接影响服务营销的效果。

例如，法国尼斯一家咖啡厅的老板感觉许多客人匆匆忙忙的，对店员很没礼貌，就在价目表上开了个玩笑，点"一杯咖啡"7 欧元，点"请来一杯咖啡"4.25 欧元，而点"您好，请来一杯咖啡"1.4 欧元……结果，本来销售价为 1.4 欧元的咖啡让顾客及服务员的心情都好了起来，营销效果显而易见。

可将服务人员分为以下 4 类：

①"接触者（Contactor）"。一线的服务生产和销售人员。直接参与营销活动，直接面对顾客。他们需要很好地领会企业的营销战略和承担日常的服务责任。

②"改善者（Modifier）"。一线的辅助服务人员，如接待或登记人员、信贷人员和电话总机话务员等。他们直接参与营销活动的程度较低，但直接接触顾客的程度较高。需要具备适应顾客需要和发展顾客关系的能力。

③"影响者（Influencer）"。二线的营销策划人员，如服务产品开发、市场研究等人员。他们直接参与营销活动的程度比较高，但直接接触顾客的程度比较低。

④"隔离者（Isolated）"。二线的非营销策划人员，如采购部门、人事部门和数据处理部门的人员等。他们直接参与营销活动的程度和接触顾客的程度都比较低。他们主要对一线服务人员起支持作用（支援者），为"内部顾客"服务。他们的工作质量和行为对企业的营销业绩是有较大影响。

（6）有形证据（Physical Evidence）

【案例分析 10.3】

列车上的推销天才——"牙刷哥"

"亲爱的旅客们，前方就是终点站了，你们即将到达你们想要去的地方，首先我祝各位旅途愉快，在即将离别的时候，我要耽搁大家几分钟的时间，送上我的一份心意！"一位三十多岁的列车售货员面带微笑地出现在车厢的中间，"洗漱盆里水花花，清晨我来把牙刷，左一刷、右一刷，还能刷出爱火花。"售货员一边唱一边从盒子里拿出一扎扎的牙刷朝他两边的桌上放。"10 元钱 6 支！"售货员随意转动着牙刷头，"你们看我的牙刷还能转动，这是现代高科技的创新！"有几个旅客站起来看售货员的表演了。"这个价格也不贵，买回去孝敬父母，是一份关爱；送给老婆，是一种疼爱；带给孩子，是一份宠爱。"

旁边的几个人已经有人开始动心，不过火车已经要接近终点了。售货员突然跳了起来大叫："再便宜一点，就只当是交了个朋友，10 元 7 支！"把很多人都吓了一大跳，有几个旅客掏钱了。到站的时候，售货员还在叮嘱刚才买了他牙刷的几位旅客，"一定要记住我的手机号，期待着下次还在这趟车上与你相逢。"脸上呈现出一种自豪感。

案例评析：这位列车员出身的兼职推销员，在推销一把小小牙刷的过程中动了不小的心思,除了强调牙刷的高性价比外,还创造性地用自编的"牙刷歌"与乘客互动沟通,甚至还通过售后服务保障来打消乘客的顾虑,建立顾客忠诚度。据统计,世界上只有 3% 的人都把自己的兴趣和工作很好地结合在一起,在对公众的服务中有高峰的体验。火车上的牙刷哥在他自编的"牙刷歌"中展示着自己的快乐,而他那激情万分的"牙刷舞"中又掺杂了他的职业成就感。他在不断重复的工作中,把快乐和幸福带给自己的同时也带给了旅客。

服务的有形实据或有形线索,是指服务过程中能被顾客直接感知和提示服务信息的有形物。典型场景如街头行医者、大药房等。顾客看不到服务,但能看到服务环境、服务工具、服务设施、服务人员、服务信息资料、服务价目表、服务中的其他顾客等有形物,这些有形物就是顾客了解无形服务的有形线索。

有形实据在服务营销中的作用主要包括以下 6 个方面:

①提高消费者主动性。旅游企业有针对性地提供有形实据,可以使服务现场充满新颖的、令人激动的、娱乐性的因素,这极大地改变了顾客的感受,使他们的虚荣心、自尊心得到满足。顾客在得到多方面感觉刺激后,能感受到无形服务所能带来的好处和利益,这直接调动了他们消费服务的主动性。如饭店建筑物外观、内部的装饰装潢等。

②形成良好印象。对顾客而言,在购买旅游服务之前,他们往往会根据服务现场的建筑物外形、内部的装修布局以及服务人员的外表和精神面貌形成对服务质量的第一印象。由于旅游服务是抽象的、不可感知的,有形实据作为服务质量的载体,无疑使顾客获得第一印象的基础,有形实据的效果将决定顾客的第一印象。

③便于把握服务功能。顾客对旅游服务是否满意,取决于旅游产品所带来的利益是否符合顾客事前的预期。但是,由于服务的无形性使顾客在消费服务之前,很难对服务作出正确的理解和描述,这将导致他们对服务的预期过高或者过低,不合乎实际的预期,使他们错误地评价服务质量,甚至作出负面的口碑宣传。而有形实据可以让顾客在消费服务之前,就较为准确地把握服务的特征和功能,以形成对服务质量的合理预期。

④增强服务信任感。旅游服务质量的高低是由多种因素所决定的,其中可感知因素是重要的一个特质,而有形实据则是可感知服务内容的组成部分。有形实据如同服务产品的外包装,包装水平高则会使顾客产生对服务的信任感。因此,旅游企业应意识到顾客对有形实据的感觉,增加有形实据的透明度,使顾客对旅游服务产生优质的感觉。

⑤树立旅游企业形象。有形证据如同产品的包装,是旅游服务产品的一部分,同时也是具体的、有形的传递旅游企业形象的工具,旅游企业形象或服务产品形象也属于旅游服务产品的构成成分。形象的改变不仅需要新内容的输入,而且要打破现有观念,具有很强的挑战性,服务的无形性增加了这一挑战的难度。没有有形内容作为新设计形象的载体,旅游服务营销必须寻找其他的有形证据,这将进一步增加形象转变的困难。

⑥有助于员工培训。旅游服务营销强调员工是旅游企业的内部顾客,同外部顾客一样,他们也需要理解服务产品的特征和优点,否则在与顾客接触时,他们的表现将难以让顾客满意。因此,有形展示也有助于员工更好地理解服务的特点和性质,这相当于对员工进行培训,以帮助他们在服务中提供更加标准化和灵活性的服务。

（7）过程（Process）

过程就是服务的生产工艺、交易手续和消费规程的总和。由图10.3可知,用复杂程度和变异程度两个因素来衡量过程,可得到4种不同的情况:

①复杂性程度比较低而变异性程度比较高的服务过程,如理发、美容、照相等服务过程。

②复杂性程度和变异性程度都比较高的服务过程,如外科医生的手术过程。

③复杂性程度和差异性程度都比较低的服务过程,如超市的服务过程。

④复杂性程度比较高而变异性程度比较低的服务过程,如酒店的服务过程,比较复杂,但比较标准化。

2) 从4P到4C

由图10.4可知,随着时代的进步和营销方法的日新月异,4P策略已经不再适用,而是逐渐向4C转化,其中:

①产品转化为顾客,即忘掉产品,多从顾客角度考虑。

②价格转化为成本,即忘掉价格,考虑顾客愿意支付的成本。

③渠道转化为方便,即忘掉渠道,多从顾客角度方面考虑。

④促销转化为沟通,即忘掉促销,尽量多与顾客沟通。4C策略更多地考虑顾客的需求,从顾客的角度出发来实施营销,适用性更强。

图10.3　过程复杂程度及变异程度分布图　　　　　图10.4　从4P到4C转化图

10.2　旅游服务中的关系营销

【案例分析10.4】

飞行常客计划

常客计划（Frequent Flyer Program）是指航空公司向经常乘坐其航班的旅客推出的以里程累积奖励为主的促销手段,是吸引公务商务旅客、提高航空公司竞争力的一种市场手段。

1994年,中国国际航空公司在国内最早推出了常旅客计划和相应的知音卡。中国东方航空公司 1998 年 7 月正式推出了常旅客计划。随后，上航、厦航、南航等也相继推出了自己的常旅客计划。

航空公司为实施常旅客计划均成立了俱乐部，如"国航知音俱乐部""上航金鹤俱乐部"等。符合各航空公司常旅客计划要求的旅客均可申请加入该航空公司的常旅客俱乐部，并得到一张会员卡。会员通过称作该航空公司的航班而得到奖励积分，也可通过在该航空公司的合作伙伴，如酒店处消费而得到奖励积分。当积分累积到一定数量时，会员可用积分换取免费机票、免费升舱或其他指定的奖励品或活动。

上海航空公司的"常旅客计划"中规定，只要飞行里程数达到一定标准，便可得到免费机票、免费升舱位等级、免费住宿宾馆等待遇。旅客只需乘坐 10 次上航（上海至北京的航班），便可得到一张上海至北京的免费机票。而且这些累积数不会过期作废，还可转让给他人享用。上海航空公司"请"一位旅客免费打了一次高尔夫球。在某高尔夫球场练习场地，这位旅客痛痛快快地挥杆打了 90 个球，其交通费、打球费均由上航"买单"。中国内地各大航空公司常旅客计划见表 10.6。

表 10.6　中国内地各大航空公司常旅客计划

航空公司 优惠承诺	白金卡		金　卡					
	国航	深航	国航	南航	东航	海航	上航	深航
联盟 级别	星空联盟金卡会员	—	星空联盟金卡会员	天合联盟超级精英会员	—	—	星空联盟金卡会员	—
贵宾里程奖励	对应折扣里程50%（仅限国航航班）	对应折扣里程60%	对应折扣里程25%（仅限国航航班）	总里程30%（所有天合航班）	总里程30%（仅限东航航班）	总里程50%（仅限海航航班）	总里程30%（仅限上航航班）	对应折扣里程40%
国内航班免费升舱	N	Y（一年8次）	N	N	N	N	Y（仅限全价）	Y（一年4次）
免费休息室	Y（携带1人）	Y（携带1人）	Y（携带1人）	Y（携带1人）	Y（携带1人）	Y（携带1人）	Y（携带1人）	Y
优先办理登机手续	Y	Y	Y	Y	Y	Y	Y	Y
免费行李优惠	Y	Y	Y	Y	Y	Y	Y	Y
优先候补	Y	Y	Y	Y	Y	Y	Y	Y

续表

优惠承诺　　航空公司	白金卡		金　卡					
	国航	深航	国航	南航	东航	海航	上航	深航
优先保证 座位预定	Y	N	Y	Y	Y	Y	N	N
其他 优惠	保证奖励机票座位	优先奖励机票座位	保证奖励机票座位			免费退票	里程透支	优先奖励机票座位

案例评析:常旅客计划是一种关系营销的方法,得到免费机票、免费住宿等奖励均属于关系营销中的经济利益型营销,它主要是以经济手段来刺激和吸引消费者;而"请"打高尔夫,为其交通费、打球费"买单"则属于财务型加社交型关系营销。不同的关系营销方法有不同的优缺点,旅游企业需要在充分考虑消费者需求和意愿的前提下,实施相应的关系营销方法。

10.2.1　关系营销的概念

1)关系营销

（1）关系营销的定义

关系营销是指以建立、维护、经营、改善、调整各种关系为核心,对传统的交易营销概念进行改革的新理论,它的核心是关系管理(而不是传统的交易管理),基础是客户关系管理,其前提是有效的内部营销或内部控制。其重点是与顾客建立和保持长期关系,只要服务机构与顾客的关系能维持下去,顾客便会回头购买服务。

关系营销是各种营销重点的整合,它来源于服务营销的思想,对其他部门的营销也有很大的应用意义。营销发展历程图如图10.5所示。

图 10.5　营销发展历程图

（2）关系营销的顾客忠诚度阶梯

关系营销的顾客忠诚度阶梯如图 10.6 所示。

伙伴	➤	与企业有伙伴关系的企业
拥护者	➤	积极地向他人推荐企业产品或服务，主动为企业做市场营销的企业或个人
支持者	➤	喜欢企业的产品或服务，但只会在被动的情况下对企业进行支持的人
客户	➤	曾多次与企业有业务往来，但可能并不喜欢从企业购买的产品或服务，或认为在企业购买产品或服务的行为可有可无的人
顾客	➤	只和企业有过一次商业往来的企业或个人
潜在顾客	➤	有可能从企业这里购买产品或服务的企业或人

图 10.6　关系营销的顾客忠诚度阶梯

2）关系营销与交易营销

（1）关系营销观念与交易营销观念对比

交易营销观念，认为价值是企业提供的产品或服务，是生产过程的结果；关系营销观念产生于 20 世纪 70 年代，此观念认为价值是顾客在与企业保持互动关系的过程中创造出来的。两种观念的区别见表 10.7。两种关系对比图如图 10.7 所示。

图 10.7　关系观念与交易观念对比图

表 10.7　交易观念与关系观念的区别

阶段 观念认识	20 世纪 70 年代以前 交易观念	20 世纪 70 年代以后 关系观念
对价值的认识	价值是企业提供的产品或服务，是生产过程的结果；产品是价值的载体	价值是顾客在与企业保持互动关系的过程中创造出来的，并取决于顾客的感知
对营销活动重心的认识	如何将已经生产出来的价值通过适当地渠道分销或传送给顾客	创造而不是分销价值

续表

观念认识 \ 阶段	20 世纪 70 年代以前	20 世纪 70 年代以后
	交易观念	关系观念
营销的方法和内容	通过大量营销促使顾客购买企业产品。在这样的市场上顾客的个性被忽略了。顾客和企业彼此独立,并且存在竞争和冲突,顾客并不想买,但又被说服去购买	通过顾客与服务组织的互动关系来实现价值创造,实现价值的前提是双方的合作。在营销关系中,互动和合作存在于各个层次,无法将服务供应商和顾客截然分开,顾客是否购买取决于互动关系中双方相互的影响程度,双方不可分离,并且相互依赖

（2）关系营销与交易营销

交易营销是指以交易活动为中心的传统营销。交易包含在关系内。关系营销与交易营销相比,主要优势体现在长期性、互动性、过程性和价格非敏感性等特点。

交易营销与关系营销在营销获利的期限、顾客关系时间性、营销手段和营销的重点方面均存在区别,见表 10.8。

表 10.8　交易营销与关系营销对比

比较内容	营销类型	
	交易营销	关系营销
营销获利的期限	短期	长期
顾客关系时间性	短暂,间断	长期,持续
营销手段	卖方主动	买卖双方互动
营销的重点	产出	过程

10.2.2　关系营销特点及价值

1）关系营销的特点

（1）专注保留顾客

竞争所导致的争取新顾客的难度和成本的上升,使越来越多的企业转向保持现有的顾客。因此,企业开始关注建立顾客的长期关系,并把这种关系视为企业最宝贵的资产。据美国哈佛大学商业杂志的一项研究报告指出,多次光临的顾客可以为企业带来 24%～80% 的利润,吸引他们再来的因素中,首先是服务质量的好坏,其次是产品的本身,最后才是价格。因此,旅游企业把更多的注意力和服务资源配置在如何留住老顾客身上,一方面老顾客更容易销售,旅游企业更有利可图;另一方面可降低影响成本,赢得顾客可以获得持续的竞争力。

（2）产品效益取向

传统的交易营销通过突出产品的特征来实现产品的价值，更注重以销售数量来获得更大的利润。而关系营销通过提高服务产品的附加值或是优质的服务质量，使顾客获得极大的满足，从而激发他们持续购买的动力。据研究，多次光顾的顾客比初次登门者所带来的利润更加丰厚，固定顾客数目增长 5%，企业利润能增长 25%。这是因为企业不但节省了开发新顾客所需要的广告和促销费用，而且随着顾客对企业产品和服务的信任度加强，还可诱发顾客提高相关产品和服务的购买率。

（3）强调顾客服务

旅游企业想要留住顾客，就必须提供与服务承诺一致的服务质量，甚至是提供超出顾客期望的服务，因为顾客不仅看重自己所购买的服务，还看重在服务过程中所获得的体验和感受，良好的服务可以使顾客对产品产生偏爱，从而建立顾客忠诚度。

（4）高度接触顾客

关系营销的核心是建立发展与公众的良好关系，这从本质上要求旅游企业致力于人际传播，即与顾客之间的信息沟通、思想理解和情感交流。要使顾客满意，留住顾客，旅游企业必须掌握顾客需求的信息。

信息技术为关系营销接触顾客创造了条件，旅游企业可通过数据库保存大量顾客的信息，更好地为顾客提供服务，在此基础上，与顾客建立感情纽带。网络技术可以把旅游企业与供应商、代理商以及其他相关客户紧密联系起来，提高整体运作效率，降低沟通成本。另外，旅游企业还可利用其他各种渠道主动接触顾客，与他们沟通，不仅要关注自己的利益，更要注意顾客的利益，在二者之间相对平衡，可以使双方都得益，从而有效实现旅游企业关系营销的目标。

（5）注重高质量服务

旅游企业的服务质量是一个综合的服务体系，不仅包括对顾客的服务质量，还包括对员工的服务质量、推荐市场顾客的服务质量、供应市场顾客的服务质量以及影响市场顾客的服务质量、招聘市场顾客的服务质量。对客的服务质量是其中的核心，但对其他顾客的服务质量也会影响对客服务质量的输出。因此，旅游企业应当把服务质量看成是一个系统，正确处理好各方面的关系，方能树立稳定、高效服务质量的形象，为旅游企业带来持久的竞争力。

（6）关系营销的优点

①长期性。交易营销追求短期的一次性获利。关系随着与顾客交易的结束而结束，即"银货两讫"。关系营销追求长期的利益和关系维持，关系随着交易的结束而开始，而且这种顾客关系是可持续的，伴随顾客终生。

②互动性。营销者与顾客之间是互动的关系。双方通过互动而影响对方的行为。

③过程性。交易营销是结果营销，关系营销是过程营销。

④价格非敏感性。在一般交易营销活动中，价格是一重要因素，顾客对价格的敏感性高。关系营销对价格在顾客购买行为过程中的角色注入新的理解。在关系营销中，关系作为价格以外的一种利益存在，可以平抑交易双方对价格的敏感心理。

2）关系营销的价值

（1）对顾客的价值

感知价值代表了顾客对"得到"和"付出"的衡量。假如，顾客能够从服务组织得到更多、付出更少，顾客将会保持对该组织的忠诚。

①信任利益。包含了信任感和对服务供应商的信心，是一种减少焦虑和对服务结果较有把握的舒适感觉。服务的无形性和极大的感知风险使顾客不愿轻易更换服务供应商。

如果现有的服务供应者了解顾客的需要和偏好，并长期为满足顾客需求而提供定制化服务，那么，顾客就愿意维持这种关系，避免将宝贵时间耗费于不断更替和选择新的服务供应商中。

②社会利益。经过长期往来，顾客可能会同其他服务者（如私人医生、私人律师、经纪人）形成一种家庭式的感觉，同时建立起牢固的社会关系。这种感情使顾客很少更换供应商，即使他们听说一个竞争者可能提供更好的服务或更低的价格。

在一些长期的顾客与服务组织关系中，一位服务提供者实际上可能成为消费者的社会支持系统的一部分。理发师、个人法律顾问、私人心理咨询师、演艺经纪人等服务者常常可以成为顾客的知心朋友，认识其家庭成员，了解其个别化服务需要。要通过这些关系形成的社会支持利益对于提高顾客的生活质量非常重要，甚至达到或超过服务所提供的技术利益本身。

③特殊对待利益。特殊对待包括获得特殊的交易价格或得到优先对待等。比如，航空公司给经常飞行的旅客提供常客奖励，并允许这些顾客使用其贵宾候机室；又如，银行向重要的老客户优先提供服务。有趣的是研究者发现，相对于信任利益或社会利益，特殊对待利益对顾客而言并不是最重要的。例如，顾客长期光顾某一度假会所，主要是因为他对该会所的服务品质深具信心，并且和服务人员私交很好，而优惠的价格和优先的结账则属于相对次要的原因。

（2）对服务组织的价值

维系顾客的关系是顾客满意，一位高度满意的顾客会与服务组织保持长久的关系，并给服务组织带来以下利益。

①增长的收益。

A．顾客重购。当顾客逐渐相信现有的服务供应商比竞争者更让自己满意时，他们将会增加购买的频率，把更多的业务给现有的供应商。如沃尔玛、中国电信、银行等服务组织高度依靠客户重购，他们运用各种策略促使顾客不断地打电话或不断地到沃尔玛购物。

B．购买升级。随着顾客的不断成熟（比如在年龄、生活经历、业务增长等方面），他们会不断要求更多的特别服务。长期顾客不像新顾客一样对价格敏感，他们甚至会提高购买的等级。例如，一位顾客向上海通用购买了一辆10万元的赛欧轿车，通用公司经常跟顾客联系并保持关系，在三五年之后，当顾客购买力提高需要对汽车更新换代时，他很有可能购买一辆价值30万元的别克轿车。

C．交叉销售。沃尔玛超市将一些相关的产品（如速冻水饺、辣椒酱和醋）在陈列时搭配在一起，这事实上就是交叉销售。又如通用汽车的4S经销店整合了整车销售、服务、零件供应和信息反馈4种功能，在与顾客交往过程中，经销店可以利用顾客信息，不断发掘顾客的各种需求,开展交叉销售。比如,顾客买了一辆吉普车经销商可以劝说顾客花点钱进行改装,加宽轮胎、增加装饰等。经销商还了解到顾客喜欢外出摄影,就为其介绍摄影俱乐部。

②更低的成本。开发新客户需要许多的启动成本,包括广告和其他促销费用、设置账目和系统的运作费用、了解和熟悉顾客的时间和人力成本。有时从短期看,这些初始基本费都会超过从新客户那里期望获得的销量收入。保险业就是一个很好的例子,典型的情况是直到与顾客建立关系 3 ~ 4 年后,承保人的保险费才可以抵偿保险公司最初的销售成本。所以,从利润的观点出发,对针对新顾客的最初投资发生后保持这种关系是非常有意义的。

维系现有关系的费用从长期看可能会下降。经过相互接触和学习,顾客逐渐熟悉服务过程和服务人员,交易趋于惯例化,由陌生导致的询问、麻烦和失误减少。提供服务的成本会更低。长期客户会忽视竞争者的品牌和广告,花在他们身上的这方面成本也会降低。

③正面口碑和推荐。满意的顾客一般会为服务组织做正面的口头传播,这种形式的传递比任何形式的付费广告更有影响力,并且是免费的。

例如,星巴克咖啡店最重要的信息传播渠道是分店本身而不是广告。如果产品与服务不够好,打再多的广告吸引客人,也只是让他们看到负面形象。星巴克不愿花费庞大的资金做广告与促销,而将本来用于广告的支出用于员工的福利和培训,使得每一位员工都有最专业的知识与服务热忱。星巴克的员工犹如咖啡通一般,可以对顾客详细解说每一种咖啡产品的特性。通过一对一交流的方式,赢得信任与口碑。

相对于通过价格促销和新广告攻势获得的顾客,那些被介绍来的顾客在带给服务组织的盈利和忠诚程度上,往往会成为更优质的顾客。正面态度还反映在顾客主动向服务组织提出改进产品或服务建议,或者在出现失误和感到不满时坦诚相告,这些建议或抱怨对服务组织都是非常宝贵的信息。

④保留员工。保留顾客的间接利益是保留了员工。当一家公司拥有一个满意的顾客基础,保留员工就显得容易多了。人们更愿意为一家让顾客忠诚并感到愉快的组织工作,他们的服务会令自己产生成就感,他们能够花费更多的时间来培养顾客关系而不是争夺新顾客,顾客也会更满意从而成为更忠诚的顾客,这就形成了一个良性循环。雇员的工作年限延长,员工的变动成本减少,公司的服务质量得到稳定的提高,顾客和熟悉自己的服务人员交往,产生了更高的满意和更频繁的消费,从而带来了更多的利润。

10.2.3　关系营销的实施策略

1)关系营销的层次

根据旅游企业用以培养顾客忠诚方式的不同,可将关系营销分为 3 个级别:经济利益型、经济利益加社交型及结构型。级别越高,对旅游企业的潜在性也越高。

(1)经济利益型关系策略

经济利益型关系策略是指服务机构用经济利益建立和保持顾客关系,这种关系被视为财务纽带(Financial Bond)。

批量价格优惠和老顾客价格优惠等。积分消费的兴起,各种积分卡的使用。

泰航 2004 年在厦门推出全球里程奖励计划。在该计划的诸多奖励中,最诱人的是:只要从厦门出发,乘泰航的班机来回 5 趟欧洲,你就可以获得一张免费厦门—欧洲的机票。

（2）经济利益加社交型关系策略

经济利益加社交型关系策略是将金钱利益和社交手段结合起来用于建立和保持顾客关系,这种关系可被视为一种社交联系（Social Contact Bond）。如"××音响沙龙""××用户之友",网上 B2C 营销中的"××社区"等。在层次较高和专业性较强的服务业中用得较为普遍,如医疗、律师事务、学校、美容等。这类服务业的顾客因不懂专业容易产生怀疑心理,而人际交流可以消除或减轻顾客的怀疑心理。

社交型关系营销的主要优点是:一家服务机构设计的社交关系,较难被竞争对手所模仿。因此,社交型关系的竞争优势持续的时间比经济利益型关系要长。既可获得短期的营销效果,又可获得中长期的营销效果。

【案例分析 10.5】

服务于顶级客户的鸿鹄逸游

"鸿鹄逸游 HHtravel"是由市场领导品牌"大陆携程旅行网与太美国际旅行""香港永安旅游"与"台湾易游网（ezTravel）"合作,于 2012 年 3 月创立。鸿鹄逸游集合了中国大陆及港、澳、台地区领先企业的品牌优势,研发服务能力,精英团队,资源网络,全面覆盖了中国大陆港、澳、台地区甚至世界华人在内的庞大市场。

鸿鹄逸游 HHtravel 秉持"创作挑战极限、服务精雕细琢"的品牌理念,提供全包式的高质量服务规划,提供各项精选顶级旅游行程与量身定做的旅游服务,目前有覆盖南北极、欧洲、中南美、北美、非洲等 10 大目的地区域,包含世界奇景,海岛度假,美食购物等 6 大主题,北京、上海、广州、成都及香港和台北地区 6 地出发共近 200 条针对高净值人群的高端旅行常规线路和"顶级环游世界"系列产品。

鸿鹄逸游 HHtravel 以顶级坚持打造每趟旅程、坚持高标准服务规格,确保客户无忧无虑,尽情享受优质旅程。

①鸿鹄逸游公务舱:国际航线搭乘公务舱。

②私家团:6 人成团,每团最多 10 人。

③超越 5 星级酒店:得奖酒店、皇宫酒店、城堡、庄园。

④米其林:世界顶级的米其林餐厅或当地经典风味。

⑤专业领先:百万游,80 天环游世界。

目前,鸿鹄逸游业务拓展主要采用的是客户推荐与口碑营销方式,一对一精细化全程顾问服务,在其精心营造的旅游圈社交活动中,强调的是"梦想、体验、收藏"服务体验,是一生追求的鸿鹄大志,是无与伦比的奢华体验。既是一次旅行,又是一个无价的人生经历与收藏。其创造的惊人业绩不断刷新:

①2012 年环游世界 66 天 66 万元,30 秒秒杀。

②2013 年环游世界 80 天 101 万元,17 秒秒杀。

③2014 年环游世界 80 天 118 万元,15 秒秒杀。

④2015 年环游世界 80 天 575 万元,100 秒秒杀售罄。

⑤2016 年环游世界 60 天 195 万元,劲销一空。

2010 年起,鸿鹄逸游连续 3 年成功推出"顶级环游世界",积累了丰富的高端旅游经验和庞大客户群体,经过 5 年来的快速拓展,已奠定了国内高端旅游市场的领先地位。

案例评析:"20%的客户创造 80%的利润",这充分说明了大客户的重要性,鸿鹄逸游定位于国内高端旅游顶级客户,采用的是典型的社交型关系营销策略,通过构建高端社交圈、口碑营造,体验活动策划,赢得了一大批忠实的高端客户,从而在中国高端旅游市场树立了自己鲜明的企业品牌。

（3）结构型关系策略

结构型关系策略是在经济利益加社交型关系策略的基础上,再加上结构型关系,就是将经济手段、社交手段和结构手段结合起来用以建立和保持顾客关系。

结构联系(Structural Bond),是指将顾客整合到服务过程中,使服务机构与顾客两者间产生结构性的相依关系。结构手段或整合手段,通常是技术性手段,而且往往是某家服务机构特有的手段,因此,结构型关系营销策略是竞争对手最难以模仿的关系营销策略。服务机构与顾客的结构性相依赖的关系也难以被竞争对手轻易打断。与经济利益型、社交型关系营销相比,结构型关系营销所建立竞争优势的可持续时间最长。

2) 维系关系的策略

顾客保留策略的层次图,如图 10.8 所示。

图 10.8　顾客保留策略的层次图

（1）建立财务联系

建立财务联系是指服务组织制订价格优惠政策与顾客建立财务联系,它主要包括频繁营销计划、捆绑和交叉销售、俱乐部成员计划。

①频繁营销计划(Frequency Marketing Programs,FMPs)就是向经常购买和/或大量购买的顾客提供奖励。频繁营销计划体现出 20%的公司顾客占据了 80%的公司业务这一事实。美国航空公司是首批实行频繁营销计划的公司之一,在 20 世纪 80 年代初期,它决定对他的顾客提供免费里程信用服务。接着,旅馆也采用了这种计划,Marriott 旅馆推出了荣誉贵宾计划,常住旅客在积累了一定的分数后,就可享受上等客房或免费房。很快,汽车租赁公司、

电信公司、银行、连锁百货也推出了频繁营销计划。信用卡公司开始根据信用卡的使用水平推出积分制。

②捆绑和交叉销售。服务的捆绑和交叉销售也是建立财务联系的途径。在中国移动实施的频繁用户计划中,电信公司的奖励与饭店连锁、汽车租赁、美容健身等服务的消费联系在一起。由于累计的电话通话时间可以换取其他公司的服务或产品,顾客能够享受以其忠诚交换来的更大的财务利益。类似地,DISNEY 公司为其常客提供各式各样的捆绑利益:主题公园、水上乐园、餐馆、商店购物等。

③俱乐部成员计划。为了与顾客保持更紧密的联系,许多服务组织建立了俱乐部成员计划(Club Member-ship Programs)。俱乐部可能是开放的,顾客可以因购买而自动成为该公司的会员,如一些超市、饭店或书店。开放式的俱乐部在建立数据库或从竞争者那里迅速争夺顾客方面具有优势;俱乐部也可能是限制式的,顾客必须购买一定的产品或服务、支付一定的会费或具备一定的资格才能成为会员,如一些高档次高尔夫会所、健身俱乐部、美容连锁店等。限制会员资格的俱乐部在长期的忠诚度方面更强有力,费用和会员资格条件阻止了那些对公司的产品或服务暂时感兴趣的人加入,并吸引和保留了那些带来最大一部分生意的顾客。

(2)建立社会联系

社会联系是指服务组织的员工了解顾客个人偏好,将服务定制化以满足个体的需求。从而增加顾客的社会利益。

(3)建立结构化联系

结构化联系是通过为顾客提供特别设计和度身定制的服务传递系统,或使服务组织和顾客之间产生结构性的相依关系而形成的。

本章小结

• 关系营销是指以建立、维护、经营、改善、调整各种关系为核心,对传统的交易营销概念进行改革的新理论,它的核心是关系管理(而不是传统的交易管理),基础是客户关系管理,其前提是有效的内部营销或内部控制。其重点是与顾客建立和保持长期关系,只要服务机构与顾客的关系能维持下去,顾客便会回头购买服务。

【案例讨论】

金牌推销员乔·吉拉德的关系之道

乔·吉拉德是吉尼斯世界纪录大全认可的世界上最成功的推销员,从 1963—1978 年,总共推销出 13 001 辆雪佛兰汽车。乔·吉拉德是世界上最伟大的销售员,连续 12 年荣登吉尼斯世界纪录大全世界销售第一的宝座,他所保持的世界汽车销售纪录:连续 12 年平均每天销售 6 辆车,至今无人能破。他为什么能创造这个奇迹呢? 那是因为他善于关系营销。

1.注重长期的营销,建立与顾客的关系

许多人把推销当作一次性的活动,赶紧把产品推销给顾客,之后最好就不要再联系,免得给自己添麻烦,而乔·吉拉德却认为推销是一个连续的过程。"真正的推销开始于签单之后",这是吉拉德的信条。吉拉德在和自己的顾客成交之后,并不是把他们置于脑后,而是继续关心他们,并恰当地表示出来。吉拉德每月要给他的万名顾客各寄去一张贺卡,而且节假日的时候也不忘对客人送去问候。他追求长期的关系维持和利益,通过这些小动作,使他获得了许多忠实顾客。关系随着推销活动的结束而开始,这正是关系营销的一大特点。

2.经济利益型关系策略——有偿推荐顾客

在生意成交之后,吉拉德总是把一叠名片和猎犬计划的说明书交给顾客。说明书告诉顾客,如果他介绍别人来买车,成交之后,每辆车他会得到 25 美元的酬劳。几天之后,吉拉德会寄给顾客感谢卡和一叠名片,以后至少每年他会收到吉拉德的一封附有猎犬计划的信件,提醒他吉拉德的承诺仍然有效。乔·吉拉德通过猎犬计划,与顾客建立财务关系,不仅保持了与老顾客的联系,建立良好的口碑的同时还获得了新客户。而他的顾客也很乐意获得这额外的财富。1976 年,该计划为吉拉德带来了 150 笔生意,约占总交易额的 1/3。吉拉德付出了 3 750 美元的费用,收获了 75 000 美元的佣金。

3.社交关系策略——关注每一个细节,更多地了解顾客

刚开始工作时,吉拉德把搜集到的顾客资料写在纸上,塞进抽屉里。后来,有几次因为缺乏整理而忘记追踪某一位准顾客,他开始意识到自己动手建立顾客档案的重要性。他去文具店买了日记本和一个小小的卡片档案夹,把原来写在纸片上的资料全部做成记录,建立起了他的顾客档案。所有这些资料都可以帮助他接近顾客,使他能够有效地跟顾客讨论问题,使顾客心情舒畅。同时,他真心对待客户,用倾听、微笑赢得顾客的好感。

第 11 章
旅游企业的竞争策略与服务创新

【教学目标与要求】

- 理解并掌握服务竞争、服务创新等核心概念、内容及其特征。
- 了解一般竞争策略、服务竞争策略的内容。
- 学习认识服务创新在旅游业中的应用。

【关键词】

服务竞争;竞争策略;差异化策略;成本领先策略;服务创新。

【案例导入】

只有你想不到,没有我做不到

海底捞,2008—2012 年连续 5 年荣获大众点评网"最受欢迎 10 佳火锅店"。在火锅品牌百家争鸣的今天,海底捞一直保持着最高的知名度和最佳口碑。探究其成功的秘诀,超出顾客想象力的完美服务成为关键所在。

走进任何一家海底捞,在等候区,顾客能免费使用棋牌和儿童乐园,享受擦鞋、美甲等服务;在就餐区,每桌一位的专职服务人员会及时地为顾客递上手机套,为长发女士提供橡皮筋,为戴眼镜的顾客提供眼镜布;在洗手间,会有专职服务人员为顾客开水龙头、摁洗手液、递毛巾、提供美发美容护肤品等。也许你只是打了一个喷嚏,海底捞就会为你送上特质姜汤;也许你只是象征性问问有没有冰激凌,海底捞就能为你去买可爱多;也许你只是想给宝宝找个座椅,海底捞就能为你送来婴儿摇床……

案例评析:秉承"服务至上,顾客至上"的服务理念,海底捞始终"比别人多做一点点"。想顾客之所想,想顾客之未想;做顾客之所想,做顾客之未想。海底捞用它完美的服务态度诠释着什么是"只有你想不到,没有我做不到"的服务,并凭此异军突起,成为中国火锅界的领军人物。在服务行业,"火"一时容易,想要"火"一世却并不简单。只有不断提高完善的服务内容,提高服务水平,善用服务竞争策略,坚持服务创新才能成为行业真正的佼佼者。

11.1　服务竞争的内涵

11.1.1　服务竞争的概念

当今社会,我国已经形成了买方市场特征,即市场产品供给过剩,供过于求,顾客掌握市场交易的主动权。

同时,经济全球一体化与服务经济时代的到来,使企业间的竞争重点正逐渐转移向新的战场——服务顾客。新市场环境正鞭策着国内各企业从更高层次上研究顾客的消费心理和行为,满足顾客逐渐升级的消费需求,以提高市场占有率。这种全新的竞争形式即是服务竞争。

服务竞争是指各个竞争主体,通过为消费者提供各式各样的服务来争夺市场、提高企业的商品销售率和利润率,使企业持续发展并获取经济、社会效益的手段。其核心是满足顾客需求,提高顾客对产品的满意度而进行市场竞争。

11.1.2　服务竞争的内容

1)服务内容竞争

服务内容是指为消费对象提供哪些服务以及级别和标准,是服务竞争的基础。服务内容包括生产性服务和消费性服务。

（1）生产性服务

生产性服务是市场化的非终端消费服务,是作为产品或服务生产的中间环节的服务,是面向生产的服务,具有专业化程度高、知识密集的特点。生产性服务属于制造业范畴,将生产、制造行为本身作为一种服务。典型的生产性服务包括法律、会计、管理咨询、工程、测量为代表的专业服务;电讯、电影、广告与市场研究、信息技术服务等为代表的信息和中介服务;银行、保安、保险、风险投资、债务市场、基金管理为代表的金融保险服务;会展、进出口贸易、航空运输、海上运输、快件等为代表的贸易相关服务。

（2）消费性服务

消费性服务是人类劳动提供的,用以满足人们物质和文化生活消费需要的有用活动。消费性服务包括为了人们有效地消费物质资料而提供的服务,或作为人们消费的直接对象的消费性服务。

2)服务态度竞争

服务态度就是指服务者为被服务者服务过程中,在言行举止方面所表现出来的一种

神态。它是顾客获得精神需求满足,感知服务质量的关键内容。良好的服务态度主要表现在:

（1）认真负责

认真负责即急顾客之所需,想顾客之所求,认认真真地为顾客办好每一件事,事事给顾客一个圆满的结果或答复;即使顾客提出的服务要求不属于自己岗位的服务,也主动与有关部门联系,切实解决顾客疑难问题,把解决顾客之需当作工作中最重要的事,按顾客要求认真办好。

（2）积极主动

积极主动即"自找麻烦",自觉把服务工作做在顾客提出要求之前,做到处处主动,事事深思熟虑,方方面面为顾客提供方便。

（3）热情耐心

热情耐心即待客人如亲人,面带笑容,态度和蔼,语言亲切,热情诚恳。不管服务工作多繁忙,压力多大,都保持不急躁、不厌烦,镇静自如地对待顾客。顾客有意见,虚心听取;顾客有情绪尽量解释,绝不与顾客争吵,发生矛盾要严于律己,恭敬谦让。

（4）细致周到

细致周到即善于观察和分析顾客的心理特点,懂得从顾客的神情、举止发现顾客的需要,正确把握服务的时机,服务于顾客开口之前,效果超乎顾客的期望之上,力求服务工作完善妥当,体贴入微,面面俱到。

（5）文明礼貌

文明礼貌即衣冠整洁,要有较高的文化修养,语言健康,谈吐文雅,举止端庄,待人接物不卑不亢,尊重不同国家、不同民族的风俗习惯、宗教信仰和忌讳。"细节决定成败,态度决定一切",良好的服务态度不仅可以赢得顾客的满意和信任,更能为企业创造良好的口碑效应,获得在竞争中的优势地位。

3) 服务方式竞争

服务方式是指为顾客提供服务的形式、劳务工具和手段等的统称。服务方式可分为若干类型:

（1）按服务时间划分

服务方式可分为长、中、短期服务。长期服务方式是从消费者购买本企业商品开始,直到该商品使用价值消失为止的全过程都将为购买者提供服务,也称为终身服务。中期服务则是一个相当长的服务时间,如该商品平均寿命为 6 年,要为其服务三四年称为中期服务。短期服务则指时间较中期服务更短的服务。

（2）按服务手段划分

服务方式可分为手工服务、普通服务和现代化服务。手工服务是一种劳动密集型的服务;普通服务是一种大众型服务或中间型服务方式;而现代服务是以现代化的先进服务方式、现代化的服务设备、现代化的服务技术,如运用计算机、现代通信技术为消费者提供的服务。

（3）按服务周期划分

服务方式可分为定期服务和非定期服务。定期服务是指以条约方式固定下来的使用本企业商品的顾客,可在规定时间内享受多少次服务;不定期服务则是根据本企业的现有条件来为消费者服务,其服务内容、手段和时间由商品供求双方决定。

（4）按服务次数划分

服务方式可分为一次性服务和经常性服务。一次性服务是指消费者在使用本企业商品的全过程中,只提供一次性服务,其余的服务需另行商定,一般是另附服务条件。经常性服务则是根据商品状况和用户要求,按条文规定的内容进行服务。

（5）按服务时间划分

服务方式可分为售前、售中、售后服务。售前、售中、售后服务则是在销售前、销售中、销售后,根据预先规定的项目进行服务。

不同产品、不同目标群体具有不同的服务消费需求。只有根据市场的具体情况,选择合适的服务方式并不断修正不恰当的服务方式,才能更好地满足顾客需求,凸显优质服务,获得服务竞争优势。

4）服务范围竞争

服务范围就是为消费者提供服务的空间广度和深度。服务范围主要决定于服务网络及服务网点多寡。网络布置合理,不但可以提高服务质量,增强竞争能力,而且还可以节约成本。

5）服务价格竞争

服务价格是指提供劳务或以提供劳务为主,所收取的费用,又称劳务收费。它不是单纯出售实物,而是以一定的场所、设备、工具和劳动提供某种服务的收费,是服务价值的体现。在当代社会里,价格始终是竞争成败的主要因素之一。商品是"不值一钱",还是"物美价廉"抑或是"物超所值",都直接影响顾客的购买行为。因此,合理的服务价格也是服务竞争的关键所在。

6）服务效益竞争

服务效益是指提供服务劳动的投入与产出之比。服务效益竞争是企业整个服务竞争的宗旨和目的,因为没有效益,企业就不可能生存和发展,效益越好的企业发展越快,该企业在激烈的竞争中就会取得服务竞争优势。

综上所述,服务内容竞争、服务态度竞争、服务方式竞争、服务范围及价格的竞争,归结到一点就是为了提高服务效益。

11.1.3　服务竞争的特征

服务竞争具有顾客导向性、无形性、从属性、差异性及艺术性的特征。

1) 顾客导向性

服务竞争始终以满足消费者需求为先决条件,否则无法到达一种成本适当、准确、高效的服务标准。这要求服务竞争始终以满足顾客需求,增加顾客价值为出发点,注重顾客的消费能力、消费偏好和消费行为。

2) 无形性

服务竞争与商品竞争不同,商品竞争表现为商品的形态、款式、包装、数量、质量以及价格,这些都是有形的东西,而服务质量不是由服务人员的数量、组成结构、服务价格的高低来决定的,其重要影响因素包括服务态度、方式、服务项目等,它们与服务行为同时发生、又同时消失,是一种无形的行为。各竞争主体只有把握生产力发展水平、市场行情及消费者的需求和心态等一系列无形因素,才能改进服务方式,提高服务技能,不断丰富拓宽服务内容和服务范围,才能在激烈的企业竞争中取胜。

3) 从属性

服务竞争处于从属地位,它必须依附在商品或服务劳动上,不能脱离有形产品独立存在。例如,服务竞争只能为扩大本企业商品销售范围,争夺更多的消费者创造条件,最后通过商品质量改善、款式创新、价格降低等"真枪实弹"的商品竞争获取竞争优势。一旦客户服务竞争脱离有形产品基础,将成为无的放矢,不能提高整体产品的竞争能力。

4) 差异性

在服务竞争中,竞争的方式、内容和价格,都因商品的品种、规模不同而变化,很难有固定的模式。例如,大型企业与小企业服务的方式、内容是完全不同的。大型企业可以实行大量广告宣传,可以实行"三包"服务来吸引顾客,而一些小企业,则不宜如此,在服务方面只能增设服务网点,扩大销售服务人员。一些大型企业,采用一些现代化的销售方法,例如,广播销售法、计算机选购法等。中小型企业就应根据自身条件,采用适合自己条件的办法,如代销法、大小搭配销售法、摊点销售法、示范销售法等。

5) 艺术性

服务竞争本身就具有艺术性。例如,某企业借用实体宣传广告或电视广告来宣传自己的商品,那么他的广告就要在听觉、形象上具有吸引力,这种吸引力对不同的商品、不同的消费对象是有很大区别的,不能千篇一律生搬硬套,需要有立体感、动态感、时代感、新鲜感,才能吸引消费对象。

11.2　一般竞争策略与服务业竞争策略

【**案例分析 11.1**】

西南航空——低成本造就高收益

20 世纪 90 年代,西方经济进入衰退期,美国航空业因此受到极大影响。1991 和 1992 年,美国航空公司的赤字总额累计达 80 亿美元。曾经盛极一时的 TWA、大陆、西北 3 家航空公司均因经营不善而宣告破产。但一家名叫西南航空公司的小企业却在一片萧条气氛中异军突起,并在 1992 年取得了营业收入增长 25% 的令人难以置信的佳绩。

西南航空的成功正是得益于其成本领先战略。为了维持运营的低成本,西南航空公司采取了多方面的措施,如在机型上,该公司全部采用节省燃油的 737 型;公司在人员培训、维修保养、零部件购买上均只执行一个标准,大大节省了培训费、维护费;航班上只为顾客提供花生和饮料而不提供餐饮服务;使用塑料材质、可反复使用的登机卡等。

以休斯敦至达拉斯航线为例,西南航空的单程票价为 57 美元(1987 年),而其他航空公司的票价为 79 美元。为了降低成本,西南航空在服务和飞机舒适性上作了些牺牲。但是,只要质量、安全、服务不是太差,顾客是欢迎低价格的。短航线、低成本的西南航空迅速在民航企业中脱颖而出,抢占市场,成为真正市场大赢家。

案例评析:低成本、短航线。保持成本水平的领先地位能使企业在价格相仿的条件下享有行业平均水平以上的利润,从而能使企业在同行竞争中处于有利地位。在很多航线上,西南航空的超低价格,以至于他们能够与灵活、便捷的汽车甚至是私人轿车展开竞争。

11.2.1　服务企业一般竞争策略

根据"竞争战略之父"迈克尔·波特的观点,有 3 种提供成功机会的基本竞争策略,可能使企业成为同行中的佼佼者:

1)成本领先策略

成本领先策略要求企业积极地建立起来,达到有效规模的生产设施,在经验基础上全力以赴降低成本,抓紧成本与管理费用的控制,以及最大限度地减小研究开发、服务、推销、广告等方面的成本费用,从而使成本低于竞争对手,获得高于产业平均水平的收益。低成本也意味着提高进入壁垒,相对于替代产品增强了竞争优势。

2)差异化策略

差异化策略是指企业提供的产品或服务差异化,形成一些在全产业范围中具有独特性优势的产品或服务。实现差异化战略有很多种方式,例如,设计或品牌形象、技术特点、外观特点、客户服务、经销网络等其他方式的独特性。

随着经济的高速发展,商品种类越来越多,同质化问题越来越严重,"进一店而知千店"的现象屡见不鲜。此时,差异化策略使企业所经营的产品或服务有与众不同的特色,在竞争中处于有利地位。同时,由于博得了一部分用户的信任,同行业的现有企业、新进入者和替代产品都很难在这个特定领域内与之相抗衡。

3)专一化策略

专一化策略是主攻某个特殊的顾客群、某产品线的一个细分区段或某一地区市场。采取专一化策略的公司,其业务的专一化能够以高的效率、更好的效果为某一狭窄的战略对象服务,从而超过在较广阔范围内竞争的对手们。

不同于前两种竞争策略,专一化竞争策略把力量集中于为某些特定的用户服务,或重点经营产品品种中的特定部分或市场中的特定层面,是寻求对特定对象的良好服务,它可以是低成本的,也可以是具有某种特色的或两者兼有。

【案例分析 11.2】

猫咪主题咖啡店开业　小猫"店员"萌翻顾客

全美第一家猫咪主题咖啡店于 2014 年 4 月 24—27 日在纽约曼哈顿中国城的包厘街(Bowery)营业,虽说它只是一家短暂营业的快闪店,却受到了无数爱猫人士的欢迎,人气火爆。在这里,你能和猫咪一起玩耍,品尝一杯带有猫咪雕花图案的卡布奇诺。这家喵星人快闪咖啡店还将邀请专家分享猫咪健康与行为的知识。更惊喜的是,你还能将其中的萌猫咪领养回家。

这家猫咪主题咖啡屋开张后受到爱猫人士的狂热追捧,爱猫人士纷纷表示为了一睹小猫"店员"的风采,一定会去给猫咪主题咖啡店捧场。

案例评析:在当下咖啡店遍地开花的激烈竞争环境中,这家咖啡店创新地采用了差异化策略,以小猫店员为卖点,打出了猫咪主题,抓住了爱猫人士和当前萌宠流行的时尚,成功地在市场上脱颖而出,赢得了顾客青睐。

11.2.2　影响服务竞争策略制定的因素

服务竞争策略的主要目标是抵御 5 种竞争作用力影响,在竞争行业和市场中形成竞争优势,以获得超过竞争对手的利润。影响其制订与选择的条件包括企业服务竞争环境、企业服务能力和商品竞争及顾客的需要。

1)竞争环境

竞争环境是指服务企业运营中提供市场机会或构成威胁的各种社会、经济力量的集合,它们对企业选择服务竞争策略产生重要影响。竞争环境一般划分为宏观环境和行业环境,如图 11.1 所示。

（1）宏观环境

宏观环境由政治环境、经济环境、法律环境、科技环境、社会文化环境及自然环境构成，是企业开展经营活动赖以存在的基础。宏观环境对企业竞争的影响主要有：通过政治的或经济的手段调控企业的经营方向；通过法律手段规范企业的经营活动，促进企业间公平合理的竞争，保护企业和消费者的合法权益；制定科技政策，引导企业进行技术创新，开发新产品、新工艺，不断增强科技实力；社会结构、社会风俗习惯和社会文化传统决定了消费者的购买行为，进而形成不同的市场机会，企业必须与之相适应才能赢得市场竞争的主动权；企业所处的地区的自然环境、气候条件、资源条件也对企业的市场活动产生了重要影响。

图 11.1　企业竞争环境结构图

图 11.2　5 种竞争作用力框架

（2）行业环境

行业环境是企业从事生产经营活动的最直接的环境，它由众多生产相同产品或相近替代产品的企业组成。虽然宏观环境对企业竞争具有一定的影响，但是对企业竞争带来最直接、最关键的影响是行业环境，因此，一般将行业环境作为竞争环境分析的重点。迈克尔·波特认为，一个行业内部的竞争环境由 5 种竞争作用力构成，如图 11.2 所示。

企业受到来自行业内部其他企业（竞争对手）竞争的影响，反映同类企业之间的竞争态势。除行业内部企业间竞争外，企业还受到来自供应商和购买者的影响，同时潜在进入者和替代品等也都对企业的竞争力产生作用。构成了进入威胁、替代威胁、买方砍价能力、供方砍价能力、现实竞争对手的竞争 5 个方面的竞争作用力。这 5 种作用力共同决定行业竞争的强度及行业的利润率，决定一个企业所处的竞争地位。一个企业竞争策略的目标在于使公司在产业内部处在最佳的定位，保持自己的竞争优势，抵御 5 种竞争作用力。策略管理的重点就是在分析企业竞争力来源的基础上有针对性的作出战略选择。

2) 服务能力

服务竞争能力的大小在很大程度上决定着竞争策略选择的形式。例如,企业的竞争能力强,就应选择现代化的服务竞争形式,选择服务人员数量相应要多、人员素质相应要高;选择服务工具和设施要相应的先进;选择的服务网点多、密度要大。因为服务能力是由这些因素构成,也就是说,服务竞争策略是由企业的服务能力大小决定的。

3) 商品竞争策略

服务竞争策略是为商品竞争策略服务的,因此,有什么样的商品竞争策略就决定有什么样的服务竞争策略。例如,某公司的商品主要靠"价廉物美"策略取胜,该公司为消费者提供的服务价格一定是低廉的乃至于无偿的。否则,就葬送该公司的商品竞争策略。该公司的商品价格是低廉的,单位商品的利润率一定是很小的。生产单位服务竞争的直接目的是为购买或消费本企业的商品的单位或消费者服务的,从扩大商品的使用范围,强化消费者对本公司商品的依赖程度,为提高本公司生产的商品的竞争力创造条件。

4) 消费者心态

在现代消费中,商品除了满足消费者的需要,为消费者服务外,还要满足消费者心理上的需要。要选择适当的销售服务,将适当的消费品,以适当的方式和适当的时间、地点送到消费者手中,才能使消费者完全称心如意。作为一个生产企业,既要考虑生产出来的商品竞争服务,又要考虑消费者在使用过程中的各种服务,解决消费者购买该商品的后顾之忧。作为一个服务企业要使消费者在购买和消费过程中放心购、放心用,使他们能再次购买或消费自己的产品和服务。

顾客在选择一家企业提供的服务时,往往会考虑一些条件服务的竞争性条件,如图 11.3 所示。

图 11.3　服务竞争性条件

（1）可得性

服务的可得性包括顾客是否能够获得服务，如何得到这种服务等。例如，银行采用 ATM 以及语音、网络交易服务后，使顾客可以在传统的银行营业时间之外得到银行服务，大大增强了服务的可得性。

（2）方便性

服务的方便性往往与服务的地点紧密相关，距离消费者更近的服务地点更具备方便性。例如，加油站、速食店、超市等往往选择繁华地段作为服务地点，以增强服务的方便性。

（3）可靠性

服务的可靠性是建立顾客信任感的基础。例如，新兴的支付宝钱包，嘀嘀打车等移动终端软件，其安全性是否能够得到很好的保障是消费者在选择其服务过程中考虑的最核心的因素。

（4）个性化

个性化是指顾客是否被当作特殊个体对待。例如，在酒店中，如果酒店工作人员能够准确地称呼熟客的姓名，就能使顾客感受到个性化的对待。提高个性化服务对培养顾客忠诚具有重要意义。

（5）价格

在服务行业，价格与成本往往与服务品质紧密相关。因此，价格是顾客选择服务时考虑的因素之一，但不是决定性因素。

（6）品质

服务的品质是顾客预期与其感受到的服务之间差异的函数，不像产品的品质，服务品质受服务过程和服务结果的双重影响。

（7）声誉

消费者通过与有经验的人交谈，可以消除选择一个服务提供商的不确定性。如果受到一次很差的服务，既不能调换，也不能退回。因此，服务业者的声誉为决定消费者是否购买某项服务的重要考虑因素之一。

（8）安全性

在许多服务中，安全经常是考虑的重要内容。例如，旅行和医疗，在这样的服务中，客户将自己的生命交给其他人，因此安全格外重要。

（9）速度

服务等待时间多长？在救火等这样的紧急服务中，反应时间往往是衡量服务绩效的主要标准。

上述 9 个条件可分为赢得顾客的条件和失去顾客的条件。只有准确把握消费者的心理，才能对症下药，选择最合适的服务竞争策略。

11.2.3 服务竞争策略的选择

服务竞争策略主要包括"廉价制胜"策略、"标新立异"策略、"留住客户"策略及"回复抱怨"策略,如图 11.4 所示。

图 11.4 服务竞争策略

1)"廉价制胜"策略

所谓"廉价制胜"策略,就是在同质同量的情况下价格较其他商品(服务)稍低一些。到目前为止,价格仍然是"购物欲望"的决定因素之一。服务价格低廉,对提高服务竞争能力具有决定性作用。因此,服务企业及其劳动者应该要努力研究经营管理技巧,大力降低成本和节约开支,利用"薄利多销"原理,实现消费者和服务者双实惠。采用如下方法可以使服务企业实现"廉价制胜":

(1)寻找低成本客户

有些客户的经营成本低,可成为服务提供者的目标客户。例如,近年来,许多旅行社、社会团体将目标市场瞄准旅游动机强烈且闲暇时间较多的大学生。作为旅游市场的一个特殊细分市场,大学生旅游市场具有较明显的消费群体特征雷同的特点。例如,大学生注重价格,讲究经济;对旅游目的地的选择多以短期、邻近地区、自然风景类等为主,这使企业在开发的过程中易于降低开发成本。选择大学生作为目标客户就是寻找低成本客户的典型。

(2)服务标准化

通过对服务标准的制订和实施,以及对标准化原则和方法的运用,以达到服务质量目标化、服务方法规范化、服务过程程序化,从而获得优质服务的过程,称为服务标准化。

采用标准化的产品和服务,可以使频繁流动的顾客,无论在什么地方都可买到相同的产品,提高了顾客对产品和服务的满意度,增加了顾客的忠诚度。同时,产品和服务的标准化使麦当劳企业实现了规模经济,大大降低了生产过程中的成本,增加了盈利。

【案例分析 11.3】

麦当劳——服务标准化的快餐奇迹

麦当劳代表着一种美国式的生活方式,在其发展过程中,有其独特的经营理念——"产品制作及服务的标准化、系统化"。

在服务提供中,注重关爱顾客。麦当劳所有连锁店的柜台高度都是 92 厘米,因为不论人的高矮,人们在 92 厘米高的柜台前掏钱感觉最方便。而且柜台必须设在后门入口处,顾客可不经柜台到达餐桌,以免除不购物者的尴尬。

麦当劳的可口可乐均为 4 摄氏度,因为这个温度可乐味道最为甜美,面包厚度均为 17 毫米,面包中的气泡均为 0.5 毫米,那样的面包在口中咀嚼时味道最好、口感最佳。这样,麦当劳无论什么时间、什么地点。提供给顾客的产品都是一样的。

麦当劳秉承标准化的理念,并把标准化做到极致,大大降低成本的同时使其在顾客中获得了良好的美誉度,由一家默默无闻的快餐店成长为今天的快餐业之王,成为一个奇迹。

案例评析:麦当劳通过标准化的经营理念,建立了产品、服务、制作、时间等的标准化,建立了统一的品牌形象,在全球市场采用相同的管理方式,并迅速地进行复制,大大降低了管理难度。

(3)降低提供服务中的人力成本

这种战略具有高度风险性,但如果这种方式能带来方便的话,也能被客户接受。如ATM,银行采用 ATM 后,可为客户提供便捷的服务,减少了服务过程中客户与服务人员之间的接触,从而降低了银行的交易成本。

(4)降低通路成本

服务企业在营运之初,需要建立一个连接服务提供者和顾客的通路,建立和维护这一通路需要高额成本。联邦快递采用一种独特的方法来降低通路成本。它的通路不是在任何两个城市之间建立联系,而是设立一个中心城市,采用先进的分拣技术在多个城市与中心城市之间建立联系,这样,如果新引入一个城市,只需增加一条从该城市到中心城市的线路,而不是在每两个城市之间增加一条线路,联邦快递公司称这种通路为"轮轴—轮辐"网络。

(5)服务营运非现场化

许多服务具有现场性特点,例如,理发和乘客运输只有在客户在场的情况下,才能完成这一服务。但对于有些服务,客户不必在场,服务交易就可以完成,使服务营运非现场化。例如,航空售票处可采取电话预订、网络预订机票等服务方式,如此一来,就可扩大经济规模,显著降低成本。

2)"标新立异"策略

由于科技飞速发展,社会劳动生产率不断提高,人们收入不断增加,社会消费需求也在迅速发生变化,在一些"价廉物美"的传统商品消费急剧增加的情况下,一些"稀奇古怪"的商品的出现,要求服务也要"标新立异"。这里指的"标新"是指新颖的、美的、健康的、有益于提高人们欣赏水平和素质的服务方式。"立异"是指区别于传统的、过时的服务方式,是针对不同商品、不同服务对象而设计的形象化、具有巨大吸引力的服务方式。

【案例分析 11.4】

Uber:如何步步为赢

当滴滴、快的等国内打车软件激战正酣之时,打车鼻祖 Uber(优步)宣布正式入华。这个舶来的租车应用在短短 10 个月的时间内,迅速席卷北京、上海、深圳、广州、成都等多个城市,成为时下最热门的打车软件。

不同于其他打车软件,Uber 主打"专车服务",它提出:

速度:Uber 专车 5 分钟内到达,不要给我看周边有 100 辆车,顾客只需要有 1 辆可以过来的车。

价格:便宜,Uber 的价格比目前市面上的专车、出租车价格更优惠。

服务:Uber 提供高质量服务,也许你叫来的车是奥迪、宝马、奔驰等豪车;也许你叫来的车上有矿泉水、充电器。

支付:不需要现金支付,只需绑定信用卡、支付宝等就能自助付款。

拼车:非营利性拼车服务,将认证的私家车进行统一管理,提供最多 4 人的拼车服务,而起步价甚至低于出租车的起步价,同时支持平摊车费。

Uber 领异标新的服务迅速"圈粉",受到市场的热烈反应。

(资料来源:Uber——如何一步步征服世界)

案例评析:"标新立异"的服务竞争策略实际上也是差异化策略在服务业中的应用。其核心在于使客户感到接受的服务是独一无二的,从而建立起客户的忠诚度,提高并稳定市场占有率,形成竞争优势。

3)"留住客户"策略

据统计,开发一个新客户的成本是留住一个现有客户的 3~5 倍。因此,如何留住客户,降低固定成本和经营成本对服务业竞争至关重要。要想制定和实施留住顾客策略,可通过以下方式实现:

(1)频度行销

频度行销包括收集资料组合、交流、认知和回报等过程,以便与客户建立永久的联系。

实施频度行销的第一步是搜集企业优良客户的资讯,以确定与企业关系的水准。与企业的关系水准可用客户购买的服务种类来衡量。例如,银行客户可用在银行办理支票、存款账户、汽车贷款、投资和房屋贷款等业务种类的多少来划分。

第二步是与客户在个人基础上进行沟通,了解客户可能在哪些方面提出问题,以及客户希望企业怎样提供服务以满足客户需求。

第三步是在沟通结果的基础上,判断客户的重要性,进而确定应该采取的行动。

（2）关系行销

关系行销的概念可分为总体层次和个体层次。总体层次上,关系行销认为应该注意行销对消费者市场、劳动力市场、供应市场、内部市场和关联市场的影响;个体层次上,关系行销认为行销应从对单笔交易的关注转向重视与现有客户建立长久的关系。总之,关系行销是一个服务客户、品质和行销的组合概念,它强调留住客户、提高对客户的承诺、提高与客户接触的层次并与客户建立长久关系。

（3）事后行销

事后行销是在提供服务后开展的行销活动,具体的技巧包括:识别客户并建立客户资料库、衡量客户的满意程度、在客户回馈的基础上展开持续改善活动、展开对客户回馈作出反应的正式沟通活动和在组织内部营造一个事后行销的文化等。例如,汽车售后服务就是事后行销的做法。

（4）缺陷管理

缺陷管理起源于全面品质管理,是减少服务缺陷留住客户的重要措施。它致力于在客户离开前留住客户的系统工程,包括寻找客户离开的原因、运用这些资讯持续改进服务提供系统、减少未来的缺陷。其具体做法包括:

①与企业内部员工充分沟通,使服务人员认识到零缺点不仅对留住客户十分重要,而且有利于改善工作。企业不同阶层的人员都要支持零缺点管理,尤其是高阶层管理者,要言行一致。

②营造零缺点文化,企业必须对员工进行关于缺陷管理的培训,包括培训员工学会搜集客户资讯,为员工提供处理资讯的工具,指导、鼓励员工对资讯作出反应。

③将激励方式和缺陷率连接,这是最关键的措施,如果企业真想减少缺陷,就应在报酬结构中有体现。

④考虑提高客户离开的转换成本,例如,银行可以使客户取消账户成为一个收费工作;牙科病人改换一家新医院需要支付医院 X 光检查等一系列费用。成功提高转换障碍的关键是降低进入标准并提高退出标准。

总之,缺陷管理的关键是使客户的离开可测量和可管理,在客户离开之前留住客户,从客户离开中获得经验与教训,营造零缺点文化,尽可能留住客户。

【案例分析 11.5】

"无忧购"让您购物无忧

"无忧购"是"美丽说"推出的直购服务,全部商品均由专业时尚买手挑选,优质好店供货。它在保障货好的同时,向消费者承诺:

1.7 天无理由退货

当您购买了商家出售的商品,在物流签收后的 7 天内(以签收日的第二天开始计算),若您因主观原因,不愿完成本次交易,且满足退货条件,您可申请退货服务。

2.退货返 5~10 元运费

您退货时支付了退货运费,则在退货成功后,"美丽说"会以优惠券的方式发放至您的美丽说账户中。

3.先行赔付

当您提交退货信息后,商家拒绝履行"7 天无理由退货"承诺的情况下,"美丽说"先向您垫付退货款。您提出赔付申请,应在签收商品之日起 7 天内且在退款过程中。先行赔付退款金额以您实际支付的商品货款为限。

案例评析:7 天无理由退货并补贴退货运费的服务保证,让顾客感觉他们得到了更大的价值,认为"美丽说"的"无忧购"是可靠的购物模式。大大降低了顾客的购买阻力,更容易形成比较优势,提高"美丽说"的行业竞争力。

(5)服务保证

服务保证能增强消费者对购买服务的信心,更能提高消费者的满意度,对留住客户提高服务企业竞争力具有重大意义。一般来讲,有 3 种保证,即"含糊保证""特定保证"和"无条件保证"。

①含糊保证,是企业和客户双方达成一种默契,非书面化的口头承诺。例如,商场承诺,如果客户不满意可以退款或换货,商场致力于让客户满意,客户和企业在相互信任和尊重的基础上,形成伙伴关系。

②特定保证,是在特定的条件下,企业承担赔偿义务,这些条件很具体且狭窄,不会对企业有大的损害。与无条件保证相比,特定保证只用于特定的阶段或特定的结果。例如,京东商城承诺京东直营的商品能够在当天或次日到达消费者手中。

③无条件保证,在 3 种保证里,无条件保证是最有力的保证。即在出现问题时全部退赔,不计成本的解决所有问题。

4)"回复抱怨"策略

【案例分析 11.6】

十分钟挽救"大疏忽"

某日 19 点 5 分,刚办理完手续准备登机的一名外籍旅客,急匆匆地赶到就近的国航重庆 2E18 值机柜台,着急地对值机员问道:"where's my baggage? I'm going to Beijing,but your colleague gives me a boarding pass to Shenzhen. It was so funny!"

见此旅客满头大汗,如此焦急,值机员边用英文安抚旅客情绪,边接过旅客的登机牌和行李牌进行查看确认。经查询,系统信息显示该旅客办理了重庆—深圳 ZH9794 航班的值机记录。但值机员发现该旅客还购买了一张当天重庆—北京 CA1436 航班的机票。原来之前的值机员因为粗心,未与旅客准确核对目的地就直接办理了 ZH9794 航班的乘机手续。

此时,距离 CA1436 航班截止办票时间剩下不到 25 分钟。值机员立即通过内线将此事报告给领班,请求协助处理。领班得知信息后,立即赶到旅客身边,对服务差错诚恳地表示歉意,随后表达了解决问题的真诚态度。随后,领班为旅客重新办理了登机手续,与其简单核对了行李大小、尺寸、颜色等基本特征,亲自前往分拣处翻找行李。

19 点 15 分,在特殊行李柜台,领班为该旅客重新办理了行李托运。在该旅客离开前,她再次表达了歉意。看到国航工作人员如此"忙碌"、工作态度如此积极,该旅客脸上露出了轻松的笑容,态度一转,大声说道:"I think the Air China's service is the best among all the airlines in China, and I'll write a letter to express my thankfully."

案例评析:对顾客的不满与抱怨应迅速作出反应。其目的是通过这种反应,重新建立顾客满意和忠诚。同时,一线服务人员的判断和决策对服务差错的补救有决定性的影响,只有全体工作人员坦诚面对服务差错,将一颗诚恳的心交给旅客,并通过细致入微的真诚服务,才能构建双方相互理解的桥梁。

服务中的失败不可避免,无论是员工服务态度,还是服务环境,抑或者服务本身的不足都有可能导致服务失败和顾客不满。要获得并维持服务企业的竞争优势,必须正视顾客的抱怨,善用"回复抱怨"策略,将顾客负面情绪转化为顾客满意度。实施"回复抱怨"策略必须做到:

(1)鼓励抱怨

在现实生活中,单纯因为客户个人原因造成的抱怨并不占多数,更多的时候都是由于服务本身存在的缺陷引起了客户的不满。因此,客户抱怨对企业改善服务、加强管理十分有帮助。企业要鼓励客户抱怨,经常向客户征求意见,尤其是重点客户。除此之外,还要经常监督检查服务提供系统,确保客户满意。

(2)确定改正要求

企业要了解客户需要哪些改正,在哪些方面改善,服务失败的原因是什么,哪些环节容易造成服务失败等。只有了解这些,才可能采取相应措施。

(3)快速反应

服务失败后,企业反应越快,传递给客户的资讯越好,越可能产生成功的结果。研究显示,如果立刻处理客户的抱怨,企业可以留住 95% 的客户;相反,如果企业不理睬客户的抱怨,会有 50% 的客户离去。反应速度和时间是回复失败的关键。

(4)员工培训

希望员工能够自然掌握回复失败的技巧是不切实际的,因此应对员工进行"回复抱怨"培训。培训可分为两个层次:第一个层次是培养员工的客户意识,让员工站在客户的立场上,体验客户的感觉和心情;第二个层次是教会员工从管理者的角度考虑应该如何挽回失败。挽回失败并立刻决策,需要员工有权变行事的权力,承担一定的风险。

（5）前线员工授权

挽回失败可能需要成本,需要变通企业的规定,需要前线人员的判断和决策。各部门经理可能忙于其他实务,无法了解每一次抱怨的细节,进而影响企业对失误的反映,使客户增加新的挫折感,因此,要给前线员工授权。

（6）合理补偿

在处理客户抱怨时,既需要口头上的赔礼道歉,也需要合理地补偿来进行服务补救。具体做法包括:

①道歉:企业向客户以不同的方式表达歉意,口头的、书面的、私下的、公开的等均是可选的方式。

②替换:如果客户对过去的服务或正在进行的服务不满意,那么,可以在企业提供的现有服务中选择,以替换过去的有缺陷服务。

③折扣:即在价格上作出让步,同意服务打折以补偿因服务失败给客户带来的损失与不便。

④超值纠正:企业不仅纠正服务缺陷,而且采用其他方式给予客户奖励或补偿,如向客户提供优惠卡,承诺在下一次服务中为客户提供优惠。这种方法适用于那些能保留、能调换的情况。

⑤退款:企业在判明服务失败确属自己的原因后,向客户退费,这也是一种比较常用的方式。

11.3 旅游业的服务创新及其应用

【案例分析 11.7】

7 天连锁酒店独创推出"失眠乐"保险

失眠也能得到补偿? 这种"稀罕"事儿也许让很多人想不到,但它确实是出现了。

2015 年暑假期间,凡入住 7 天酒店推出的一项额外免费服务——凡是在出行过程中入住 7 天连锁酒店的住客,便可获得一份"失眠乐"保险,失眠、没睡好的住客可以获得一定数额的补偿金,这项服务由 7 天连锁酒店与互联网保险品牌"保险黑板擦"联手推出。

房客只需拿出手机扫码进入 H5 页面,按页面提示输入手机号码及短信验证码,即可领取一份"失眠乐"保险。在领取成功后,该项补偿服务并不立刻生效,需要房客单击页面"立即使用"按钮,下载保险黑板擦 APP,用领取"失眠乐"的手机号码注册新账号并登录,在APP"权卡菜单栏"选择失眠乐,单击"使用"即生效。当然,如果不想马上使用,不进行任何操作即可,已领取"失眠乐"将以权卡形式继续存在,直至什么时候你想让其生效。权卡提供给用户一种灵活的选择,用户可随意支配其在 APP 上领取的产品,还可将其转赠给好友。

在"保险黑板擦"APP 上,不止是"失眠乐",还有许多让你觉得新奇的补偿服务类产品。当你打开 APP,你会发现还有什么手机屏幕碎了给保修的"碎乐险"、长了痘痘获得补偿的"痘痘乐"、飞机延误获得延误补偿的"极致延乐服务"等新奇险种。"保险黑板擦"迎合了年轻消费群体好奇、主动、积极参与的特征,不再让互联网保险停留在简单的销售渠道的迁移,而是向更具个性化的产品开发和服务保障进化。值得一提的是,"保险黑板擦"APP 上推出这些补偿服务条款简单,理赔迅速方便,从购买到补偿基本都在线上完成。

案例评析:"保险黑板擦"通过观念创新、技术创新、产品创新等多种创新手段,借助了移动互联网的低成本推广优势,擦掉中间高额的利润部分。不仅简化了中间的渠道销售过程,而且通过互联网改变了服务流程,让服务过程更快、更简单轻松,极大地提升了用户体验。

新时代下的体验经济带来全新的社会经济模式和全新的社会生活模式的同时,也带来了新的旅游消费需求和新的旅游消费模式,这就要求旅游业必须开发新的旅游产品、构建新的旅游管理方式、更新旅游营销模式、创新旅游服务形式,以不断满足人们多元化、高质化、个性化的消费需求。

旅游业作为一个特殊产业,其提供的主要产品就是服务。如果只讲发展而不求创新,只能是简单服务的低水平重复与扩大,不能满足消费者不断变化的需求,无法实现可持续发展。只有大力实施创新,摆脱思维定式,不断深化服务创新,才能提高服务水平,增强优质服务对游客的吸引力,获得在市场中的竞争优势,获得可持续发展的永久"通行证"。

11.3.1　旅游服务创新体系框架

旅游服务创新体系包括观念创新、技术创新、产品创新、市场创新及管理创新,其体系框架如图 11.5 所示。

1)旅游服务观念创新

观念是人们对客观世界的理性认识,观念一旦形成,对人们的行为就具有驱动导向和制约作用。旅游服务观念的创新也对旅游企业产生导向作用,是旅游服务创新的基础。其中,最核心的服务观念应是树立"人性化"的服务观念。

图 11.5　旅游服务创新体系框架图

旅游服务的人性化就要满足以消费者需求为目的,一切从消费者的要求出发,对每一位消费者开展差异性服务。现代旅游经济已经是体验经济,体验经济是旅游企业与消费者交流、信息和情感要素的集合。也就是说,体验存在于旅游企业与消费者接触的所有时刻。人性化服务正是符合了体验经济的要求,让消费者感到整个企业都是特别地在为他服务。

商机正从空间转向时间。新一轮消费升级提供的不是炫耀品,而是体验品。不是优化消费者在空间里的比较优势,而是优化消费者在时间里的自我感受。同样是茶,他们不再为柴、米、油、盐、酱、醋、茶的茶付钱,他会为了琴、棋、书、画、诗、酒、茶的茶而付钱。所有的体验,本质上都是时间现象。费用升级,人们不见得会再去买昂贵的奢侈品。未来有两种生意的价值变得越来越大。一种是帮助用户省时间。那省下时间干什么?这就是第二项生意——帮助用户把时间浪费在美好的事情上。

【案例分析 11.8】

让用户在自己的知识盲区里能"放心"

"罗辑思维"的创始人罗振宇曾讲过这样一个故事:

有一次我约朋友吃饭,让对方推荐有特色的餐馆,这位朋友很肯定地讲道:

1.就去某潮汕牛肉火锅。

2.我吃过 10 家,这家最好。

3.商家严格按照规定的时间涮肉,说 4 秒绝对不要 5 秒。

4.调料只许用酱油加点辣椒圈,绝对禁止用麻酱。

我愿意为这样的服务付费。所有专业化服务,背后的精神就是:"你不用懂。听我的。"这样的服务升级的本质是靠父爱算法告诉用户:放下你手里的烂东西,我告诉你一个好东西,跟我来。这正是这波服务业机会最有意思的地方。

有人问过我,如果你有很多很多钱,你会做什么?我说,我每天吃饱喝足,找一个团队,每天替我去世界上搜集最好的老师,用最有趣的方式,给我讲最好的课程。每天中午,我睡醒午觉之后,一个"葛优躺",坐在那里,让他们讲给我听。每天讲一个话题,破我心中的一个迷雾。如果我家房子够大,我会在身边再放几把椅子,请朋友来听。如果可能的话,也可以卖票。有一次,我把这个梦想讲给我们公司的 CEO 听。她说,这不就是我们现在做的"得到APP"吗?我从 2016 年上半年就开始四处鼓吹内容付费,年中就开始推出得到 APP 里的订阅产品,正是在内容领域实践上述思路。我知道,这是一个划时代的机会。真正的机会不在于付费还是免费,而在于你是不是在提供服务。知识过去不是服务,它只有一系列的产品。出版业在卖书,传媒业关注拿到了多少注意力,最像服务业的教育业也不过是一种对用户的管束机制。所以,如果有人能提供高品质的、可持续的、专业化的知识服务,这就是开创了一个全新的创业跑道。得到 APP 的灵感其实来自 O2O。在前两年的 O2O 创业泡沫里,我们看到了一个神奇的景观:每个人被互联网赋能成为一个君王。滴滴是他的御马监,美团、饿了么是御膳房。他为什么不能有个翰林院呢?

这就是"得到 APP":我们请全国各个领域最有学问的老先生、姿态谦恭的服务你。

案例评析:知识密集型服务的特点是专业化、权威性。其服务的核心是拨开顾客心中人困惑,为其指引成功的捷径,在当前信息爆炸的知识经济时代,知识服务前景无限。

2)旅游服务技术创新

服务技术创新是一种技术思想或技术方法在服务业领域的首次应用从而带来服务提供方式的现代化、自动化、智能化、特色化、市场化和产品化的过程。旅游服务技术创新就是要将各种新兴技术应用于旅游服务,从而实现现代化、智能化、自动化、特色化的旅游服务。

旅游服务技术的创新应用包括信息技术、通信技术和计算机技术的整合应用,具体包括计算机预订系统、网络营销、饭店管理自动化系统、智能大厦、智能卡、智能门锁等一系列创新技术。

3) 旅游服务产品创新

从整体服务产品的概念和消费者的观点出发,凡是为市场所接受,在消费者心目中被认为是"新"的,并能从中获得"新"的满足的产品,都是创新产品。由此可见,所谓旅游服务产品创新,可以是创造全新的产品,也可以是对现有服务产品组成的某一部分进行改造、组合或提高的过程。依照此分析思路,可以总结出服务产品创新的几种常见类型:

(1)创造全新产品

创造全新产品是指在新观念的指导下创造新的产品。例如,同城旅游在其移动 APP 上推出全新的"一元景点门票",超低价的电子门票就是创新全新产品的体现。

(2)创造换代新产品

创造换代新产品是指在产品进入生命周期衰退阶段后,对其进行改进,不断推陈出新,延长生命周期,增强市场适应力。例如,酒店不断更换客房门锁,从普通门锁到密码锁再到磁卡式电脑门锁,以及趋势性的指纹识别智能门锁,就是创造换代新产品的体现。

(3)开发极端产品

极端产品是超个性化产品的表现形式。它以新奇特刺激市场需求。例如,近年来兴起的监狱饭店,从入住到离店,都是履行犯人入狱和出狱的手续,体验犯人的真实感受;死人饭店,住的是棺材,看的是鬼片,骷髅同坐;动物饭店,"服务员"都是经过培训的各种动物,顾客可体验人与动物的交流感受等。

【案例分析 11.9】

饭店洗手间玩出新花样

从清洁的角度来说,肥皂比一般的洗手液效果更好。但由于洗手液放置或安装比较方便,而肥皂不管是用皂壳或盘子装,洗手之后带来的剩水总是不好处理,它不仅会融化肥皂,而且给人的感觉也不干净,所以,一般饭店在卫生间都会提供洗手液供客人洗手。图 11.6 是一位游客在西班牙一家饭店的公共卫生间所拍实景。

该饭店没有提供洗手液,而是在洗手台上放置一个小盆子,里面装上鹅卵石,把小肥皂放在上面。采取这种方式,以上的问题似乎都可以迎刃而解,剩水会流到鹅卵石的下面,而且整个看上去视觉感也不错,这无疑是一种细节上的创新。看似饭店中很小的一个事情,其实只要用心去思考,都可以作出与众不同,给客人一种不一样的感受,达到较好的服务效果。

案例评析:洗手间本是一个大家每天都要进出的平常之所,但这家饭店却在洗手液上动足脑筋,下心思创新,真正做到了在细微之处打动顾客。

图 11.6　西班牙一家饭店的公共卫生间

4）旅游服务市场创新

旅游服务市场创新是指通过研究潜在市场以及利用不同的营销组合去积极地引导消费、创造需求，从而为旅游企业开辟新的市场，创造新的客源的一系列活动。旅游服务市场创新的方式包括：

（1）寻找空白地带

寻找空白地带即在各种现有市场的基础上，寻找空白，填补缝隙。例如，广州一家酒店发现下午时段，很多老年人无固定休闲场所，就将下午餐厅空闲期改为午后茶点供应时间，结果生意兴隆，开辟了稳定的老年人餐饮市场。

（2）创造全新地带

创造全新地带即通过自主创新，开辟新的客源市场。例如，沙特的 Luthan 酒店瞄准女性市场，创造出了该地区唯一一家女性专用酒店。该酒店于 2008 年开业，那一年，沙特王国首次允许女性在没有男性监护人陪同的情况下入住酒店，本国及外国女性可以在酒店里不穿长袍（一种带头巾的黑色长袍）自由活动。这一新兴市场（专门给女性提供稀缺的酒店客房）在沙特这个对女性出行与行为有严格限制的国度里，实属了不起的进步。

5）旅游服务管理创新

无论是产品创新、技术创新还是市场创新，可以说都属于广义上的技术层面创新的范畴，任何技术层面的创新都离不开管理创新的基础。在市场经济体制中运行企业只有通过管理创新，才能使各项工作处于有机的动态协调发展状态。

在买方市场环境中，只有创新旅游服务管理模式，才能做到迅速反应，优化服务，获得竞争优势。旅游服务管理创新的内容具体包括：

（1）服务组织创新——等级化到柔性化

传统的旅游企业组织结构往往遵循严格的等级制度。老总在最顶层，部门中层管理人员在下面紧随，基层管理人员和操作人员在最低层，组织结构呈现的金字塔式形式。这种组织结构并不能调动服务人员的工作热情，不利于旅游企业效率的提高。因此，旅游企业应该创新其组织结构,通过减少管理层次,加强各职能部门之间的沟通,培养掌握柔性技术的人才来实现人本管理。

（2）管理模式创新——从 CS,ES 到 EL,HL

CS(Customer Satisfaction)是指顾客满意或顾客满意度,其思考角度是以外部顾客为中心,倡导"顾客第一",重视顾客利益而相对忽略内部员工及其利益。ES (Employee Satisfaction)是指员工满意或员工满意度。相对于 CS,ES 更强调以员工为中心,倡导"员工第一",信奉"只有满意的员工,才有满意的顾客"的管理哲学,强化员工在企业经营中的沟通协调作用。

EL(Employee Loyalty)是指员工对企业的忠诚或忠诚度,其主导思想是通过关心员工、爱护员工而获得员工对企业的忠诚,使员工视企业为家,把自己的奋斗目标和前途命运与企业紧密联系起来。HL(Hotel Loyalty)是指饭店忠诚,指饭店对员工(顾客)的忠诚,主导思想是饭店为获得忠诚员工(顾客)而采取的各种服务于员工(顾客)和忠诚于员工(顾客)的措施、策略和承诺。

从 CS,ES 到 EL 和 HL 的演进体现了旅游企业管理模式创新的发展历程。EL,HL 模式更加强调旅游企业与服务人员的有效沟通,对服务人员的计划性培训和对服务人员的适当授权。这样的管理模式更有利于调动服务人员的主观能动性,对提高旅游企业服务水平意义重大。

11.3.2　旅游业服务创新的应用

旅游业服务创新的具体应用体现在食宿服务、交通服务、导游服务、通信服务、文体服务、营销服务、购物服务七大服务项目上的创新。其中导游服务创新尤为重要,本节将以导游服务创新、酒店服务创新和营销服务创新为重点,论述旅游业的服务创新及其应用。

1) 导游服务创新

导游服务促进了旅游者与旅游地之间的自然、文化、居民的沟通,旅游者与旅游者之间的沟通以及旅游行业内企业与企业之间的沟通。毫无疑问,集向导、讲解与生活照料等服务于一身的导游处于旅游接待工作的中心位置。导游服务创新自然成了旅游业服务创新的核心。

在导游服务创新中,"智慧导游"以一种全新的姿态进入广大游客视野。

（1）技术层面

"智慧导游"是物联网、云计算、下一代通信网络、高性能信息处理、智能数据挖掘等技术在旅游体验、产业发展、行政管理等方面的应用。它使旅游物理资源和信息资源得到高度系统化整合和深度开发激活,并服务于公众、企业、政府等方方面面。

（2）能力层面

"智慧导游"通过便携式移动互联终端,结合城市交通、景区、酒店、餐饮、商铺、特产、民俗文化、投诉管理等旅游资源和管理,搭建起一个一体化、智能化、专业化综合服务平台。使游客能够不依赖于传统导游人员,自由选择行程及路线,提升游客在食、住、行、游、购、娱每个旅游消费环节中的附加值。使游客在旅游前、旅游中、旅游后都能够轻松地获取资讯、规划出行、预订票务、安排食宿、消费支出等,极大地改善旅游体验,真正做到不用做功课,背起行囊来一次"说走就走"的旅行。

（3）服务层面

"智慧导游"能够为游客提供三维实景导游、旅游攻略、语音讲解、地图导航、酒店订房、优惠券信息、特价商城、娱乐中心、赠品广场、一键式投诉等贴心的、便捷的服务。

"智慧导游"将打破传统导游服务模式,将新技术应用于导游服务创新,做到"无人导游",是旅游服务产品创新的代表。这一创新应用,既提高了游客的服务体验质量,又解放了导游人力成本,体现了服务产品创新的未来趋势,即智能化趋势。

【知识链接】

全国首个全语音电子导游旅游平台在广东上线

2014 年 7 月 18 日,全国首个全语音电子导游旅游平台——"广东智慧导游服务平台"正式上线运行。"广东智慧导游服务平台"分电脑端和手机端,具备 3 个功能亮点:

①手持智能手机的游客通过下载"广东智慧导游服务平台"APP,就可以随时随地免费享受到覆盖全省 A 级景区、全国 3 000 余个景点的中英文等多语言语音导游服务。

②利用手机定位和电子地图,游客可快速查询到景区周边吃、住、行、游、购、娱信息。

③整合景区的门票及周边的酒店、餐饮、旅游手信等旅游电子商务信息,方便游客随时比价、订购。

此外,广州市的地标景点广州塔也在当天正式发布了官方微信公众服务号,并率先利用该平台的数据和技术实现了中、英、日、法、西班牙 5 种语言智能导游、游记分享、优惠信息发布、微信购票等智慧功能,有效提升了游客的旅游体验。

（资料来源:全国首个智慧导游服务平台在广东上线）

2) 酒店服务创新

酒店商战的越演越烈,让经营者们也越来越注重做"服务"的文章。酒店的服务范围在不断扩大,新技术应用在升级,服务细节也在不断创新,精细化服务管理正成为各大酒店共同奉行的准则。这些创新的服务,更好地迎合顾客的核心需求,为酒店核心竞争力注入了新的血液。

【延伸阅读】

酒店吸引客户从浴室创新开始!

在酒店中,影响客户体验和满意度的关键因素之一是精心设计和功能齐全的浴室,因为大多数顾客都希望酒店的浴室也能给人以在自己家里一样的更舒适体验。小小客房浴室的改造升级,不仅能帮助酒店吸引更多客户,还能最终提高酒店收入。

1)提高酒店竞争优势

技术的进步也带动了酒店硬件的提升,如室内 Wi-Fi、温控、镜面电视等,而今,酒店的浴室也增加了许多新技术,并重新定义了舒适和豪华的标准。例如,智能冲洗加热马桶坐便器、电热毛巾架、定向喷头、水按摩功能、烘干机、除臭剂和娱乐套装。这些额外的功能可以让客户体验到创新舒适的住宿体验。

2)吸引更多的忠诚客户

优尼华盛 2014 年酒店业研究表明,当高端客户首次选择酒店时,环境是吸引他们的第一要素。越来越多的顾客更加重视酒店的外观和给人的感觉,大约有一半客人为客房内的电视、浴室的洗浴用品和免费上网功能预订支付。今天的消费者不仅限于使用浴室淋浴或剃须刀,越来越多的酒店在设计客房浴室时有以下考虑:

①使用的天然材料,如木材和石材。

②独立的步入式玻璃淋浴间。

③淋浴长椅。

④模仿雨林的超大淋浴头。

⑤空间更大,人们甚至可以做瑜伽。

⑥更平衡或自然的照明。

⑦能看到外部风景的窗口。

3)帮助企业可持续发展

客房浴室是酒店水和能源消耗最大的部分之一。美国水务协会研究发现,美国酒店客房的平均水消耗量每天在 382~787 L(84~173 英国加仑),高于美国家庭日常使用的 315 L/天(69 美国加仑)。因此,浴室成为酒店经营者减少成本、降低环境影响的主要焦点。有很多浴室改造公司能促进客房浴室使用绿色材料,以帮助降低公用事业费和碳排放量。

4)助力酒店增值

如果酒店能够根据最新的行业标准和旅行者的品位重新塑造浴室,酒店的价值也将相应提高,而且在未来出售酒店时,酒店浴室装修的专题改造还会提升售价。

5)营造更多空间

三星级以下的中低端酒店中,淘汰酒店浴缸而选择淋浴已成为大趋势,因为这样更便宜、更便捷,而且占用的空间也较少。另一个趋势是利用光线营造出明亮又具有隐私性的开放空间,广泛使用滑动门以减少空间的限制,并使光线从房间进入浴室以提升透明度。更大的浴室空间可让客人自由活动,提高顾客住店的良好体验感受。客房浴室是现代化酒店干净舒适的重要指标,也是酒店品牌的身份,适时改变能使酒店更好地适应旅客生活方式的新变化。

总之,客人对酒店服务的要求越来越高、变化越来越快,单纯的规范服务已难以满足客人的需求。这就要求酒店必须敏锐探知客人的服务要求及其变化,做到因时而变、因人而变,在服务细节上独具匠心,使客人感受到个性化服务、宾至如归的服务。

3) 营销服务创新

旅游市场营销是一种持续地、有步骤地进行的治理过程。旅游企业经营者在此过程中通过市场调研,了解市场环境和顾客需要,通过市场细分,选择特定的市场,找准特定的位置,提供适合市场需要的产品和服务,使顾客满足、企业获利。因此,旅游营销的成功与否直接关乎旅游企业是否能够获利,是否能够获得竞争优势。

在信息化社会,要想吸引消费者的眼球,使营销信息得到有效传递,必须与时俱进,依托最新营销平台与手段。即充分利用互联网、移动电子商务、移动手机客户端等,建立新的旅游服务营销模式。

无论是微博、微信、微电影,还是特色节事活动、特别策划活动,创新的旅游营销方式总是能够以各种形式出现在游客眼前,刺激游客的视觉、听觉甚至嗅觉等各大感官,激发游客蠢蠢欲动的旅游需求。在日新月异的时代,旅游企业要想时刻走在行业前列,获取并保持竞争优势,就必须不断创新旅游营销手段,使旅游信息"无处不在、无时不在"。

本章小结

- 市场经济条件下,服务行业竞争日趋激烈,竞争环境具有一定的特殊性,进入门槛相对较低:服务创新缺乏专利保护,在大多数情况下,服务业的资本进入门槛低,新的竞争对手比较容易进入。难以形成经济规模:许多服务都分散在不同地点,为某一特定区域提供服务,通过共享采购和广告很难形成规模经济。服务需求无规则性:很多服务需求在每天的不同时间、每周的不同天都不一样,而且几乎是随机的,规律性差。如何在这种竞争环境下保持优势,赢得客户,留住客户,最终取的高于行业平均水平的收益是本章讨论的主要内容。

【案例讨论】

香格里拉的管理创新之路

香格里拉集团的组织结构是按职能部门划分。集团总部设 1 名执行总裁,若干执行副总裁和房务、餐饮、发展、财务、销售、人力资源 6 个职能部门。执行副总裁下设地区经理,管辖各自地区内的饭店。下属饭店设总经理、副总经理和相应的各职能部门,并在集团制定的统一政策下,相对独立经营、核算和管理。集团总部则通过财务、人事、市场以及技术等环节监督、控制和管理下属饭店。集团总部还定期派巡视员到所属饭店检查。他们的主要职责是监督所属饭店是否达到各项经营指标,并在检查过程中对饭店经营中存在的问题和不合格的服务提出意见、建议和指导。

在组织创新方面,为保持组织的灵活和弹性,避免官僚和僵化,把所有管理人员和员工分为宾客服务行政经理级、高级宾客服务经理级、宾客服务经理级、宾客服务主管级和宾客服务员 5 个行政级别,在打破传统的服务与管理人为对立的同时,缩短层级差别,创造有利的沟通氛围。

有效的组织结构、健全的管理制度、独特的组织创新是其卓越地进行经营管理的根本,也是香格里拉之所以能在激烈的竞争中脱颖而出,逐渐成长为亚洲以及世界上知名的饭店集团的关键。

第 12 章
现代旅游服务管理中的信息技术

【教学目标与要求】

- 了解信息技术在服务业尤其是旅游业中的应用状况。
- 学习认识现代旅游服务管理中的最常见的信息技术。
- 理解并掌握智慧旅游等核心概念。

【关键词】

信息技术;智慧旅游;服务业。

【案例导入】

信息化为 7 天酒店插上腾飞翅膀

2009 年 12 月,根据 Alexa 网站发布的最新数据显示,7 天连锁酒店网站的流量排名首度超越全球经济型酒店领头羊——宜必思,成为全球第一流量的酒店网站。7 天连锁酒店集团,仅用了 3 年的时间就跻身经济型酒店行业第一阵营,并始终保持着其领头羊位置。这一成功得益于其创新的"鼠标+水泥"商业模式,即强大的技术平台建设和全国分店规模的快速扩张。其中,电子商务是 7 天区别于其他经济型酒店的核心竞争力之一。

1.电商服务"四步走"

7 天酒店通过"接待中心—前端延伸—信息整合—建立社区"四个阶段(图 12.1),将电商服务对旅游的影响从信息管理上升到消费影响层面。而国内大多数酒店都停留在"第一+第二"混合运用的阶段,7 天与它们相比较,所提供的产品与服务更全面、更能够满足市场需求。

2.成本优势打造低价服务

传统酒店平台依赖其他分销平台方面,每卖出一间房,分销代理商要抽走20%甚至更多的交易额。酒店因此要支付越来越高的利润比例,消费者成为中间环节高昂成本的买单人。而 7 天酒店是经济型酒店中唯一一家实现企业门户网站和数据库完全对接的商务平台;也是唯一一家能同时提供互联网络、呼叫中心、短信、手机 WAP 4 种便利预定方式的酒店。电子商务平台使分销环节减少,所以成本更低、流程更简单。通过技术手段优化能有效地降低

图 12.1　7 天酒店电商服务"四步走"示意图

成本,一方面最大限度地优化订房模式,方便来自不同渠道的客商订房需求,使客人真正享受透明、便捷服务;另一方面减轻了前台、呼叫中心的人员,压缩了销售成本和人员成本,保证以优惠的价格回馈消费者。

在同一城市,如果如家酒店的价格为 180～210 元,那么 7 天只有 130～150 元。而且对于首次入住的会员,7 天的价格最低为 77 元。正是应用了电子商务等 IT 手段以及独特的管理方式,7 天在成本控制和运营效率比同行更具有比较优势。

案例评析:成立于 2005 年的 7 天连锁酒店,相比于如家、锦江之星等经济型酒店,算是市场的后来者。但短短 3 年,凭借电子商务所锻造的低成本优势,就晋身经济型酒店行业第一阵营。其发展速度之快,发展规模之大,发展前景之远都足以证明信息化发展战略的正确性和优势性。

12.1　服务业中的信息技术应用

信息技术是计算机硬件、软件技术及通信技术的统称,即包括了通信技术、计算机技术、微电子技术和自动化技术在内的一类技术。将信息技术也可定义为"扩展人类信息器官功能的一类技术"。这一定义从信息技术功能的角度,将所有扩展人类感觉器官、神经系统、思维器官和效应器官功能的技术统称为信息技术。概括地讲,信息技术就是对信息资源进行开发和利用的技术。

12.1.1　服务业中的信息技术

1) 服务业信息化背景

人类在经历了农业社会、工业社会之后,进入信息社会。不同于农业社会的自给自足经济和工业社会的工业化大生产经济,信息社会的经济形态是服务经济和体验经济。传统的自然资源(如煤、石油、矿石和木材等)优势与资本可利用性优势不再是创造经济优势的主要动力。新时代,人类的生活和成就越来越多的取决于知识信息的产生与运用。信息同物质、能源一样,是人类生存和社会发展的三大基本资源之一。

20世纪,技术发展的核心和主流都有一个共同本质:它们都是人类信息器官功能的扩展和延长。因此,它们共同的名称便是"现代信息技术"。所有这些技术在服务业中都得到了广泛应用。

2)服务业信息化的含义

服务业信息化是指利用计算机网络技术为用户提供及时、满意的服务,提升服务业整体社会价值的过程,涉及企业的各个部门,包括企业的生产、经营、设计、制造、管理等职能部门。通过对信息的收集、传输、加工、存储、更新和维护,将关键的、准确的数据及时地传输到相应的决策人的手中,为企业的运作决策提供数据。

现实生活中,不同的服务业中的信息技术应用多种多样,见表12.1。

表 12.1　服务业中的信息技术应用范例

行　业	范　　例
金融服务业	借记卡(电子资金划拨)、自动取款机、电子成像、磁墨水身份识别
教育	多媒体数学、电子公告板、图书目录系统、网络教育、网上招生、网上选课
政府公用事业	电子政务、光电邮件扫描仪
餐饮业	电子点菜、光电账单扫描仪
通信业	可视电话、语音信箱、移动电话、彩信
酒店业	电子登记、网上预订、结账系统、电子门锁、电子监控
批发/零售业	电子收音机终端(POS)、自动安检系统、电子数据交换系统(EDI)、电子商务(B2B)
运输业	自动收费系统、卫星定位系统
医疗卫生	磁共振图像扫描仪、声谱仪、患者监控系统、在线医疗信息系统
航空业	网络订票系统、计算机航班安排系统

随着信息技术的不断发展,服务业中所应用的信息技术也在发生着日新月异的变化。

【案例分析 12.1】

七彩云南"旅游电子护照"

2014年,中国国际旅游交易会宣布,云南"智慧旅游"主产品之一的"七彩云南·云南旅游电子护照"目前累计全国发放500余万张,其中云南发行6万~7万张,全省96家AAA级以上景区通过电子护照能够实现打折优惠。一卡游遍各大景区,不光有折扣优惠,还能在线导游了解景区情况,私人定制完成个性化操作。吃、住、行、游、购、娱旅游各要素面面俱到,全国线上 20 万余家、线下 2 万余家合作景区、商户,游客拥有这么一张旅游电子护照,就能"智慧玩转"七彩云南。

旅游电子护照以线上线下支付平台、网络支付平台系统为基础,通过"云南旅游电子护照"与携程、途牛等大型旅游电商平台的系统对接,实现线上线下分销业务拓展,实现面向全国和全世界客源地的云南旅游目的地营销。平台收集的精确、真实、可信的海量数据,通过大数据中心进行存储、处理和分析,为旅游统计、客户消费行为分析、客流分析与预警、精准营销、征信体系建立等提供强大的真实数据基础,为云南省智慧旅游的全面落地提供强大的数据支持。

近年来,云南积极推动智慧旅游发展。作为主产品之一的电子旅游护照项目,于 2011 年启动。通过联合国内外旅游、航空、商业、电信、金融、工业、保险七大领域的商业合作伙伴,通过整合云南旅游业吃、住、行、游、购、娱六要素的企业,建设 EBC 标准电子支付平台,面向国内外游客发行具有储值、消费、优惠折扣、积分等功能的《云南旅游电子护照》预付费电子支付卡。2013 年 8 月,该卡成功推出,实现游客持卡借助手机、平板电脑等移动终端,完成线上线下的酒店、餐厅、机票、景区、度假产品的搜索、预定和支付,第一时间获取目的地旅游资讯。

案例评析:联合了国内外旅游、航空、商业、电信、金融、工业、保险七大领域的商业合作伙伴,整合了云南旅游六要素的"云南旅游电子护照",正在全面开启云南旅游服务智能化时代,"云南旅游电子护照"将改变传统的旅游信息服务和宣传模式,对改善云南省旅游消费环境、提升旅游行业的服务水平和信息化水平,将起到积极的促进作用。使云南旅游品牌更具市场竞争力,进一步拓展了旅游产业链的延伸空间。

3) 服务业中信息技术分类

不同类型、不同时期,服务业中运用的信息技术不尽相同,但总结起来可以分为以下类型(图 12.2)。

图 12.2　服务业中信息技术的类型汇总图

（1）服务业中的传统信息技术

服务业中运用的传统信息技术主要是指对硬件产品和软件产品的支持与维护技术。

①对硬件产品的支持和维护主要是指对信息传递硬件设施的维修和优化。包括基本安装、依照服务条款进行的日常维护以及故障维修。电话热线解决问题和收费的升级维护也包括在硬件产品支持范围内。

②对软件产品的支持和维护主要是指对信息传递软件设施的维护和更新。包括依照服务协议进行的软件产品的安装、调试、维护、更新升级等。

（2）服务业中的新兴信息技术

服务业中运用的新兴信息技术主要包括咨询类、系统集成与开发类、数据处理类、测试类等。

①咨询类信息技术主要是指协助客户对各种技术策略进行评估，从而将技术策略同用户的商业及生产策略结合起来，为用户提供具备可实施性的规则，如信息技术战略规划、信息技术工程管理及监理等都属于资讯类信息技术。

②系统集成与开发类信息技术主要是指信息技术服务提供者为客户专门开发定制，将不同的软硬件产品集成起来，最终完成满足客户需要的信息技术应用系统，如定制软件开发、应用软件平台转换、新增功能的开发等。

③数据处理类信息技术主要是指向客户提供的数据（包括数值的和非数值的）分析、整理、计算、编辑、恢复等加工和处理服务。

④测试类信息技术主要是指信息技术服务提供者（包括第三方测试机构）提供的对软件、硬件、网络及信息安全等是否满足规定要求而进行的测试和检验服务，如网络测试服务、信息安全测试服务等。

12.1.2　信息技术在旅游业中的作用

【案例分析 12.2】

迪士尼的魔法腕带

2013 年，迪士尼投资10亿美元推出了魔法腕带（MagicBand），这种可穿戴设备集中了游客所需的一切。游客戴着它，就可以轻松逛迪士尼。在行程开始前，设备会直接寄到游客家中，并刻有姓名，游客在家就可以输入自己的各种偏好。这个设备中记录了路线、信用卡、房间信息、地图等相关信息，这样游客就只需携带一个腕带，轻轻一扫就可以享受多项功能。迪士尼的服务器会根据游客的选择进行精确规划，避免园区里那些不必要的往返周折。除此之外，腕带还带有追踪功能，可以防止孩子与父母在景区内走散。

这一切都得益于由魔法腕带、园区成千上万的传感器以及 100 个系统协同创造的My MagicPlus，迪士尼园区就如同一台巨型计算机，它在实时串流各种数据，包括游客的位置、目前的活动以及后续的计划。从腕带上收集到的数据，利用庞大的后台管理，可以让迪士尼乐园更好地与游客互动。由于物联网使人工作相对减轻,以腾出更多时间与消费者互动,例如,当发现游客排队等待太久时,迪士尼就会通过腕带为他们发放免费沙冰券,并提供人流相对较少的景点,既缓和游客排队的焦躁情绪,又起到分流效果,提高消费者体验。

通过收集游客随身的魔法腕带数据,迪士尼乐园就能够追踪游客的行踪和路线,从而掌握更多的关于游客乐园游园习惯的数据,以改进乐园的运营和游客的体验。例如,在游客登上过山车时记录下这位游客,在他走下过山车时,就有工作人员把他在过山车上的照片直接送到这位游客的手上。又例如,通过记录游客在乐园中的行进路线了解游客们的需求,园区就可及时对一些设施和演员安排进行调整等。

案例评析:作为一个主题公园,明明可以依靠童话故事的主题以及各种各样的卡通人物角色吸引广大游客,那么为什么迪士尼还要投入如此大的人力物力开发"魔法腕带"?看似神奇的"魔法腕带"背后依托的其实是物联网技术,物联网实现了人与物、物与物之间的信息交互,实现了对物体的智能识别、跟踪、定位、监控和管理。

迪士尼的魔法"腕带",实际上就是乐园内的"一卡通",游客在对相关信息进行录入以后,可以将其用于景区内的乘车、住宿、餐饮、娱乐活动及购物等乐园内的一切消费活动。应用完整的票务管理系统,将景区门票、餐饮、酒店以及交通等进行有效整合,为客户提供一条龙服务,不仅能提高对游客的服务水平,更能提高景区的管理水平。

如果说,传统服务业是实现社会分配机制的一个中介,那么,现代服务业则是有效调节社会资源的重要杠杆。因此,我们发展服务业,不仅要看数量,更重要的是要看质量;不仅要提高服务业在整个 GDP 中的比重,更要提高能够高效配置社会资源的现代服务业的比重。而信息技术就是现代服务业发展的最佳加速器。

在第一时间合理地选择使用信息技术能够加快服务速度、增加服务项目、提高服务质量并通过提高服务效率降低价格,使一家服务企业获得领先竞争优势,使其区别于其他竞争对手成为市场的引导者。具体地讲,运用信息技术对服务业的促进作用主要包括以下几个方面:

1) 变信息资源为直接收益

在现代服务业中,有一部分产业本身的产品就是信息资源。因此,利用信息技术加快信息资源的开发整合,研究客户的消费行为以及进行客户关系管理,成为了一些服务行业收益的生命线。以信息咨询和中介行业为例,使用信息技术对信息资源进行整合开发,实现对信息资源的有效利用能直接为企业带来收益。

2) 推动服务业结构优化升级

信息技术的应用能够使服务业功能更加丰富,内容更为广泛,分工更为细致、专业,形成更多新兴行业和就业机会。如网上购物推动了商品配送业的发展,并使其可以脱离传统商店式经营而独立存在,使商品买卖服务更为周到和人性化、个性化,适应了城市生活快节奏的需要。

3) 服务管理向精准化转变

信息技术的应用使服务业管理方式从粗放型向精确化转变,提高了服务业的知识技术含量,能实实在在地为企业带来效益,增强企业竞争实力。例如,大型商场使用条形码技术和库存管理系统后,商场的营业额大幅度增加。专家指出,迪士尼之所以能够成功,关键是应用先进的信息系统对游客行为进行实时动态的管理。迪士尼魔法腕带(MagicBand)主导了整个信息链,游客从入园起就被条形码、RFID 技术注册了终身的唯一的"身份证",从而保障了迪士尼对游客所进行的实时消费行为的管理。

4) 提高服务能力与效率

信息技术的应用大大提高了服务业的服务能力。信息化扩大了服务企业的营销范围且营销的针对性更强,从而促进了企业的客户关系的管理。例如,商场可以把购买者的需求特征进行整合分析,及时补充货源,并且对消费者行为进行分析,利用手机等网络渠道把新产品信息、优惠打折信息发送给消费者,提高了主动营销的针对性。

【案例分析 12.3】

O2O 微服务开启酒店业下一场革命

通过手机微信,就能预订酒店的客房、点餐、订会议室,购买当地的免税品和土特产、查看周边的餐饮和旅游景点信息、查询航班、预约租车……近日,入住北京五洲皇冠国际酒店的客人会惊奇地发现,该酒店与安美数字合作推行的 O2O 微服务已将这种"指尖"消费变为现实。

"现在很多客人一到酒店大堂,第一件事就是寻找酒店的 Wi-Fi 信号,当客人链接酒店 Wi-Fi 时,客人的手机就会自动跳转到我们的微信服务平台,然后指尖上的'体验'和消费便开始了。"北京五洲皇冠国际酒店的工作人员告诉记者,到店客人还可以拿起手机在酒店大堂现场扫描二维码,也可以直接跳转到包含"酒店信息、店内服务、客房预订、用车服务、机票/火车票、会议/婚庆预订、其他服务、我的订单"的微信页面。

在该页面,客人可以随时发出需求指令,比如,房内点餐、洗衣服务,2 分钟内就会有服务人员联系客人提供服务。客人还可以通过该微信平台,随时查看自己的消费账单,在电子商城购物、通过微信支付等。

O2O 微服务还极大地简化了酒店的登记入住和退房环节,客人不需要排长队等候办理入住和退房,也不需要找酒店服务人员询问周边的景点、土特产店、美食餐饮等信息,这些信息咨询类服务都可以通过酒店的 O2O 微服务平台完成。一切的功能实现只需要几个按键而已,这极大地解放了酒店的人力资源,革新了酒店传统的服务理念,对酒店和客人而言,都是一种技术推动着的进步。

案例评析:在智能手机时代,微信已经成为每个人重要的通信工具,五洲皇冠国际酒店在微信服务平台上下功夫。看似微小的 O2O 微服务却极大地方便了住店顾客,同时也大大地拓展了酒店的延伸服务消费。

5) 降低服务成本

信息技术应用可以大大节约交易成本,促进产品创新,为客户提供更好的服务,从整体上提高运营效率。例如,金融行业作为一个知识、技术密集程度较高的行业,通过信息化手段进行金融产品创新、为客户提供更为便利的服务,从而提高了经营效率和客户占有率。

【案例分析 12.4】

信息技术助力低价航空降低成本

网络推广降低营销成本。数据显示,亚洲航空(长航线)公司超过 90% 以上的销售都是用户直接通过公司网站和手机平台完成的,网络途径成为亚航销售和推广的最大平台,此举大大降低了公司的运营成本,为低成本的运营打下了坚实的基础。在市场方面,亚洲航空(长航线)公司使用电子直投、搜索引擎、社交网站等多种方式,实现品牌建立和推广,大大降低了广告投入。

自助工具降低客服成本。亚洲航空(长途)公司通过奖励和促进客户使用诸如"航班管理"等在线自助工具,同时大力推广自助值机。多种信息手段的使用,不仅创新了自助服务的模式,也极大地降低了公司客服、值机等环节的人力成本。

飞行计划降低油耗成本。通过信息技术的应用,亚洲航空(长途)公司采用了先进的飞行计划和燃油供给工具,从而能够让公司精确地管理并指导飞机运行和工程维护,并能有效降低燃油率。"基于此,我们拥有全球最低的油耗率。"阿兹兰十分自豪,"正是有了信息技术的支撑,我们才能实现公司低成本、持续发展。"

案例评析:在当今信息化无处不在的互联网时代,传统的航空业,也面临着技术变革转型的压力,亚洲航空通过全面信息化,有效改善了服务与销售,降低了客服成本和油耗成本。最终实现了成本领先战略,从而在廉价航空市场异军突起,取得巨大成功。

(资料来源:中新网《信息技术降低成本,助力低价航空发展》)

6) 为跨国服务创造条件

随着世界经济的一体化,作为联系空间分散的经济活动和生产行为纽带的服务业日益成为经济全球化的核心,现代信息技术的进步又为服务业贸易边界的扩展和经营手段的变革提供了广阔的空间。通过先进的通信工具、电子计算机网络,服务的供应者和消费者之间建立起密切的网络联系。网络化不仅能够更有效、更方便地提供服务,而且也使规模较小、边远地区的服务商克服了地域的局限,极大地拓展了自身的服务市场。

【知识链接】

Opera PMS 系统在我国酒店业中的应用

1.Opera PMS 系统概述

Opera 系统是由 Micros-Fidelio 公司研发的一套企业解决方案软件,该系统涵盖 PMS(物业管理系统)、S&C(宴会销售系统)、ORS(中央预订系统)、CIS(客户信息管理)、RMS(收益管理)、GDS(全球分销系统)、OXI(外接接口系统)、OCM(渠道管理)等子系统,其中,Opera PMS 是其核心部分,由于酒店前台是酒店业最早实现信息化的部分,所以 Opera PMS 也特指酒店的前台操作系统。

Opera PMS 是目前国际上最通用的酒店前台操作系统,它能满足不同规模酒店以及酒店集团的需求,为酒店管理层和员工提供全方位系统工具,以便其快捷高效地处理客户资料、顾客预订、入住退房、客房分配、房内设施管理以及账户账单管理等日常工作。同时,其强大的外接接口系统可与 POS(Point of Sales)机、PSB 公安系统、BMP 支付卡系统、Vincard门锁系统等相连接。

2.Opera PMS 系统的主要功能

1)客户资料管理

Opera PMS 提供客户资料记录功能,全面记录统计包括个人客户、公司、联系人、旅行社、团队、预订源以及零售商等各方面的资料,这些资料是整个 Opera PMS 工作的基础。可以帮助酒店改善服务质量,提供个性化服务;帮助酒店分析客源市场,利润来源并制订具有竞争力的市场营销策略。

2)客房预订功能

Opera PMS 提供了强大的预定功能,可以进行建立、查询、更新客人预定和团队订房等操作,并提供了确认订房、等候名单、房间分配、押金收取、房间共享、团队客房控制以及批房预留等功能。该功能可用来帮助酒店简单快速地制订团队计划;实时监控可用房数并进行房价管理;自我控制预订以达到最佳出租率。

3)前台服务功能

前台服务功能是整个酒店运作的焦点,主要用于为预抵店者和住店客人提供服务。该模块功能极其强大,可以处理个人客户、公司、旅行社,以及无预订客户的入住服务,还设有房间分配、客户留言、叫醒服务以及部门间内部沟通及跟进服务等功能。其应用大大缩短了办理入住的时间,使客人的满意度得到提高,同时便捷的操作也获得前台员工的青睐。

4)收银服务功能

Opera PMS 的收银服务功能包括客人账单录入、转账分账、押金管理、费用结算、退房及账单打印等功能。该功能简单、易懂、高效,可以减少账目错误,保证交易安全。

5)房间管理功能

Opera PMS 中的房间管理功能,能宏观掌握房态的整体情况,有效监督实时房态信息,包括可用房、脏房、住客房、维修房等,这些信息将帮助酒店把房态冲突的可能性降到最低,有效地提高出租率和收入,同时可以有效地安排客房的清洁工作。

此外,Opera PMS 系统还包括应收账款、佣金管理、报表、后台接口、功能设置等功能。

(资料来源:中国论文网)

12.2　新技术应用与智慧旅游服务

信息时代,信息技术已融入旅游业的各个方面,技术创新更是成为了旅游业发展的动力之一。随着消费者对旅游品质的高要求化,如何通过新技术运用使旅游服务更透明、更方便、更安全已成为现代旅游服务的突破点。

12.2.1　智慧旅游概念

智慧旅游一词源于"智慧地球(Smarter Planter)"及在中国实践的"智慧城市(Smarter Cities)"。在国外,严格地说,并无"智慧旅游"这一专业术语。在国内,关于"智慧旅游"的概念界定,长期以来,不同学者从不同侧重点着手,提出了各自对"智慧旅游"的定义。其主要观点认为:智慧旅游也被称为智能旅游,就是利用云计算、物联网等新技术,通过互联网或移动互联网,借助便携式的上网终端,主动感知旅游资源、旅游经济、旅游活动等方面的信息,达到及时发布、及时了解、安排和调整工作计划,从而实现对各类旅游信息的智能感知和利用。

不同学者站在不同的视角,对智慧旅游的内涵进行了阐释,见表12.2。

表 12.2　基于不同视角的智慧旅游概念一览表

视　角	概　念
游客视角	利用智能识别、移动计算、物联网等技术,借助便携的终端上网设备,主动感知旅游相关信息,并及时安排和调整旅游计划。简单地说,就是游客与网络实时互动,让整个游程安排进入"触摸时代"
管理者视角	对相关政府和旅游企业这样的旅游管理者而言,智慧旅游就是利用智能识别、移动计算、信息融合、云计算等信息技术,通过构建旅游服务平台,实现全面、透彻、精准、便捷和无处不在的旅游信息应用,为游客提供餐饮、交通、住宿、旅游、购物等全方位的旅游服务,提高管理效率
技术视角	智慧旅游是一种以物联网、云计算、下一代通信网络、高性能信息处理、智能数据等技术在旅游体验、产业发展、行政管理等方面的应用,使旅游物理资源和信息资源得到高度系统化整合和深度开发激活,并服务于公众、企业、政府等的面向未来的全新的旅游形态。智慧旅游建设的核心就是采用更智慧的办法,利用移动云计算、互联网等新技术,借助便携的终端上网设备,主动感知旅游相关信息,以便为即时安排和调整旅游计划提供依据

总结起来,智慧旅游都具有"全面物联、充分整合、协同运作、激励创新"四大特点。智慧旅游综合利用各项信息技术,使旅游物理资源和信息资源得到高度系统化整合和深度开发激活,服务于公众、企业、政府等,并始终以融合的现代信息技术为基础,以游客互动体验为中心,以一体化的行业信息管理为保障,以激励产业创新、促进产业结构升级为特色。

12.2.2 智慧旅游服务的体系架构

智慧旅游服务的体系架构主要包括 4 个方面的内容,即智慧旅游运营服务、智慧旅游云服务平台、智慧旅游感知服务以及智慧旅游产业联盟。其中,前三者构成智慧旅游服务中心,是智慧旅游的主体部分,如图 12.3 所示。

图 12.3　智慧旅游体系框架图

1) 智慧旅游感知服务

智慧旅游感知服务是智慧旅游的基础体系,是智慧旅游服务中心的一部分。它通过传感器、传感网络以及数据采集与反馈系统,实时测量并采集游客、文物、环境等对象的相关信息;实现信息的近距离、高效、安全传送;接收并执行系统的远程指令。

2) 智慧旅游云服务平台

云服务是基于互联网的相关服务的增加、使用和交付模式,通常涉及通过互联网来提供动态易扩展且经常是虚拟化的资源。"云"是网络、互联网的一种比喻说法,简单地说就是将企业所需的软硬件、资料都放在网络上,在任何时间、地点、使用不同的 IT 设备互相连接,实现数据存取、运筹等目的。

云服务的核心思想是将大量用网络连接的计算资源统一管理和调度,构成一个计算资源池为用户按需提供服务。也就是通过不断提高"云"的处理能力，减少用户终端的处理负担，最终使用户终端简化成一个单纯的输入输出设备，并能按需享受"云"的强大计算处理能力。

智慧旅游云服务平台是云服务技术的运用，是智慧旅游服务中心的一部分，由信息基础环境、旅游信息资源管理平台、三大类服务、云服务接入与管理 4 部分组成。

①信息基础环境，主要提供数据存储、数据传输、数据的计算和处理以及保障信息安全功能。

②旅游信息资源管理平台，是指通过对旅游服务资源进行调动，为不同服务对象提供个性化服务，以实现旅游交易和提供公共服务目标。

③三大类服务，是指为游客提供的智慧旅游体验服务，为旅游企业提供的智慧旅游企业经营服务，为政府及协会提供的智慧行业管理服务。

④云服务接入与管理，通常"云"的资源是从基础架构服务、平台服务和软件服务 3 个方面提供给使用者。其中基础架构服务提供的是虚拟化服务器、存储服务器及网络资源；平台服务提供的是优化的中间件，包括应用服务器、数据库服务器、portal 服务器等；软件服务提供的是应用、流程和信息服务等。

智慧旅游云服务平台借助云计算技术，自动地管理和动态地分配、部署、配置、重新配置、回收云资源，动态安装软件和应用，最终将强大的计算能力分布到终端用户手中。

3）智慧旅游运营服务

智慧旅游运营服务是智慧旅游服务中心的一部分，由旅游信息资源中心、旅游服务中心、商业运营中心、感知体验中心、智慧旅游研究院、行业管理服务中心和产业联盟秘书处组成。

（1）旅游信息资源中心

汇集了数据采集系统采集的各种旅游资源、游客、旅游交通等的信息，为旅游服务以及商业运营提供基础数据，是智慧旅游运营中心的重要信息采集汇聚中心。

（2）旅客服务中心

旅客服务中心即旅游综合信息发布中心。它通过现场服务、电话服务、网络服务等多种形式，无偿为游客提供旅游景区、路线、交通、气象、住宿、安全、医疗急救等必要信息和咨询服务。

（3）商业运营中心

商业运营中心主要对旅游企业进行运营和管理，促进旅游电子商务的健康发展，使得旅游市场有序、高效运作。

（4）感知体验中心

一方面可以让游客感受到轻松、顺畅的旅游行程安排；另一方面可以让游客提前体验旅游的情景。

（5）智慧旅游研究院

旨在从技术和管理等角度研究智慧旅游规划、建设以及服务过程中所遇到的问题及其解决方法,力争推动智慧旅游在国内健康发展。

(6)行业管理服务中心

行业管理服务中心的主要功能是对旅游企业进行诚信管理、市场监测、服务管理、视频监控、预警等,实现对旅游资源的全方位评定。评定的结果既是行业管理的数据基准,还可作为旅游电子商务平台的信用数据来源。

(7)产业联盟秘书处

产业联盟秘书处发展联盟成员,举办联盟会议及主题论坛,促进服务企业之间的交流,以协助企业解决生产经营中遇到的问题,也有利于提升联盟企业或联盟区域的旅游竞争力。

4)智慧旅游产业联盟

按照智慧旅游企业的性质不同,可分为研发企业、生产企业、服务企业。不同性质的企业可以建立智慧旅游产业联盟。联盟也可在某地区不同性质企业之间建立。联盟企业之间通过智慧旅游产业联盟会、主题论坛进行交流。区域之间的联盟可以整合旅游资源、丰富旅游产品、拓展旅游市场。

12.2.3　智慧旅游服务中的新技术

建立信息社会的需求促进了现代信息技术的发展和应用,以现代移动通信、物联网、GIS、移动定位、虚拟现实、云计算和现代智能等为代表的现代信息技术如雨后春笋般蓬勃发展,为旅游业的发展创造了新的历史契机。在旅游业中有机融合、集成应用这些新技术,旅游电子商务将呈现即时化、智能化、精细化和个性化等新特征,从而改善游客旅游体验、提高旅游服务品质,为现代旅游业的快速健康发展提供优越的信息环境打下坚实的技术基础。

1)移动通信技术应用

移动通信泛指移动体(人或移动中的物体)之间的通信,或移动体与固定体之间的通信,广义上包括一切无线电通信、个人通信及卫星移动通信。移动通信技术自20世纪80年代诞生以来,先后经历了从1 G(1st-Generation)到4 G(4st-Generation)4个发展阶段。越来越完美的无限世界,为旅游消费者创造了许多难以想象的应用。

(1)移动支付

移动支付也称为手机支付,就是用户使用其移动终端(通常是手机)对所消费的商品或服务进行账务支付的一种服务方式。它主要分为近场支付和远程支付两种,所谓近场支付,就是用手机刷卡的方式坐车、买东西等;远程支付是指通过发送支付指令(如网银、电话银行、手机支付等)或借助支付工具(如通过邮寄、汇款)进行的支付方式。

在智慧旅游服务中应用较多的移动支付方式主要包括短信支付、扫码支付。短信支付是兴起较早的一种移动支付方式,它将用户手机 SIM 卡与用户本人的银行卡账号建立一一对应的关系,用短信的方式在系统短信指令的引导下完成交易支付请求。扫码支付是一种基于账户体系搭起来的新一代无线支付方案。在该支付方案下,商家可把账号、商品价格等交易信息汇编成一个二维码,用户通过手机客户端扫描二维码,便可实现与商家支付宝账户的支付结算。最后,商家根据支付交易信息中的用户收货、联系资料,就可进行商品配送,完成交易。

【案例分析 12.5】

同程网机票预订服务"牵手"微信支付

2014 年 2 月 14 日,同程网宣布获腾讯的第二轮 5 亿元人民币投资,成为旅游行业首家接入微信银行卡的企业。4 月 15 日,同程网机票预订服务正式入驻微信。在微信"我的银行卡"新增机票服务,服务提供商为同程旅游。

同时同程旅游推出促销活动,凡是 2014 年 2 月 11 日—2014 年 12 月 31 日期间,在同程旅游收银台通过微信支付完成付款的,每张订单享立减 5 元的优惠。

同程网竞争对手携程的门票业务即将在 PC 和移动 APP 上接入微信支付,并将对使用微信支付预订门票的用户给予大力度的价格"返现"优惠。

案例评析:随着在线旅游竞争的白热化,在线旅游企业向移动端迁移中,加大产品品类的扩张、对服务进行不断地升级和扩大市场推广的影响将成为重要的竞争手段。移动支付技术的出现顺应了市场的需求,为游客带来了极其流畅的使用感受,对旅游企业和旅游市场都具有重要意义。

(2)手机上的数字导游服务

手机上的数字导游服务是指广泛适用于手机、Pad 等便携式设备的,以多媒体为表现形式的旅游导览内容。它通过全程动画演示、专业主播的讲解,将旅游景区的特色看点、旅游攻略、景点导览、出行指南等信息综合在一起,便于游人制订合理的旅游规划。

数字导游安装在智能手机上,能够实现自助导游、规划路线、快速查询、指引导航等各种旅游服务,极大地方便了游客的旅游体验。

【案例分析 12.6】

全国智慧景区的先行者——九寨沟

早在 2010 年前,九寨沟景区就在中国旅游行业内开创了数字化管理的先河,建设了第一套数字化景区管理信息系统,如 OA 系统、门票系统、网络营销系统、视频监控系统等,提升了景区服务水平。

2010 年,首届九寨沟智慧景区论坛召开之时,率先提出了在全面数字化基础之上建立可视化的智能管理和运营"智慧景区"的先进理念,包括建设景区的信息、数据基础设施以及在此基础上建立的智能化管理平台与决策支撑平台。同年 10 月,九寨沟景区成为全国首个具有自主知识产权的智慧景区,引起了巨大反响。

1) 智能化管理系统,实现景区管理信息化

"智慧九寨"的建设重点是通过信息化手段解决旅游旺季景区景点游客拥挤、乘车站点拥挤、车辆调度不畅等问题,实现优化的综合实时管理调度。

2) 完善景区各类系统,提高景区管理效率

2011 年,九寨沟管理局启动国家科技支撑计划"智能导航搜救终端及其区域应用示范"项目,将北斗导航与位置服务等现代智能服务技术引入景区智能化管理,通过安装卫星和设置基站实现景区导航卫星信号全覆盖并提高定位精度;通过集成综合服务、应急处理、救援救助等功能,开发智能管理、搜救、环境监测等用户终端,为景区游客提供不同定位精度的智能位置服务,支持动态监视、求助信号发送、搜救位置双向确认和搜救调度。

3) 实现智慧景区网格化、可视化精细管理

2010 年 4 月,九寨沟管理局开始研发景区网格化管理与服务平台。该平台是在景区全面数字化基础之上建立可视化的智能管理和运营,包括建设景区的信息、数据基础设施以及在此基础上建立网格化的景区信息管理平台与综合决策支撑平台。根据管理需要,将景区进行网格划分,使管理时效更加高效、精细化和智能化,走向实时、准实时;对基础设施和管理单元进行分类和编码,实现精细化管理;根据管理流程分类,把景区管理分为保护管理、开发管理、运营管理、营销管理、保障管理和辅助管理等类型;针对每类具体的处理类型,进行标准流程定制;建立九寨沟唯一的数据中心,实现存储数据集中统一管理;技术手段进一步可视化,从传统的电子地图升级为可量测实景影像,以旅客满意度为目标的服务,功能从管理走向服务。

案例评析:目前智慧景区建设已成为众多景区新技术应用的一个重要趋势,智慧景区主要应用的是信息技术,其目的是实现景区管理的信息化、决策的科学化、服务反应的实时化。技术是冰冷的。但应用是人性化的。这需要景区建设者、管理者要有大智慧。

2) 物联网技术应用

物联网是现代信息技术的重要组成部分。它是通过射频识别(RFID)、红外感应器、全球定位系统、激光扫描等信息传感设备,按约定的协议,把任何物品与互联网连接,进行信息交换和通信,以实现对物品的智能化识别、定位、跟踪、监控和管理的一种网络。

物联网技术是互联网的应用扩展,从技术架构上来看,物联网可以分为 3 层,即感知层、网络层和应用层,见表 12.3。

表 12.3 物联网的技术架构层次表

层　次	内　容
感知层	物联网识别物体、采集信息的来源,主要功能是识别物体,由采集信息的各种传感器以及传感器网关构成,包括气体浓度传感器、温度传感器、湿度传感器、红外传感器、RFID 标签和读写器、二维码标签、摄像头、GPS 等感知终端
网络层	负责传递和处理感知层获取的信息,由各种私有网络、互联网、有限和无线通信网、网络管理系统等组成

续表

层　次	内　容
应用层	是物联网和用户(包括人、组织和其他系统)的接口,与行业需求结合,实现物联网的智能应用

物联网技术具体来说就是将感应器嵌入和装备到旅游活动相关的各种物体中,然后将"物联网"与现有的互联网整合起来,实现游客活动与物理系统的整合,并在此基础上更加精细和动态的管理旅游经营和活动,达到"智慧旅游"状态。作为基础性技术,它是电子导游、二维码、掌上景区、地图导航、景区车辆定位等服务的技术基础。

3) GIS/TGIS 技术应用

GIS(Geographic Information System),即地理信息系统,是在计算机软、硬件系统支持下,对现实世界(资源与环境)的研究和变迁的各类空间数据及描述这些空间数据特性的属性进行采集、储存、管理、运算、分析、显示和描述的技术系统。

TGIS(Travel Geographic Information System),即旅游地理信息系统,是以旅游地理信息数据库为基础,在计算机软、硬件支持下,运用系统工程和信息科学的理论和方法,综合、动态地获取、存储、管理、分析和应用旅游地理信息的多媒体信息系统。旅游信息系统的建立,将以其快速高效收集、存储、整理、输出、查询、检索等功能来提高旅游决策效率,更以其优越的空间分析功能使旅游规划更为科学。

目前,GIS/TGIS 在智慧旅游管理与开发中的应用主要包括旅游信息查询、旅游专题地图的制作及辅助旅游开发决策 3 个方面。

【案例分析 12.7】

GIS 技术让旅游开发更生态、低碳

DAO 陆道股份有限公司是一家集咨询、规划、设计、实施、资本为一体的国际工程设计咨询管理公司,为客户提供专业化、系统化全程解决方案及实施。

他们在规划设计旅游景区时曾多次运用 GIS 技术。在上海嘉定蕴藻浜沿线空间设计中,DAO 借助于 GIS 技术,对基地进行环境分析,包括水资源环境敏感度、植被环境敏感度、城市环境敏感度、综合环境敏感度、综合开发适宜性、土地人口承载力、生态系统服务功能价值评估等,通过叠加分析,得到最优化的规划设计方案。在成都成华区昭觉寺旅游文化商贸区的设计中,DAO 应用 GIS 技术,进行规划道路综合交通压力、规划道路承载力、道路拥挤度分析等服务。

运用 GIS 技术,通过三维场景模拟、地形分析、景观视域分析、设施服务区分析、设施优化布局分析、交通可达性分析、空间格局分析、用地适宜性评价等,抽丝剥茧,一层层地厘清这些要素之间的关系。再进行 GIS 叠加分析,从而一方面找出适宜的发展地块,为方案设计提供依据。大大提高了 DAO 景区规划分析的技术水平,同时降低了旅游开发成本。

案例评析：GIS 即地理信息系统，它可以对空间信息进行数字化分析和处理。在旅游开发与规划过程中引进 GIS 工具，可以实现对项目开发地全时空的科学分析和决策，是一种值得推广的技术手段创新。

4）移动定位技术应用

移动定位技术是移动定位服务的核心技术，是利用无线移动通信网络，通过对接收到的无线电波的一些参数进行测量，根据特定的算法对某一移动终端或个人在某一时间所处的地理位置进行精确测定，以便为移动终端用户提供相关的位置信息服务或进行实时的监测和跟踪的技术。

根据移动定位的基本原理，移动定位大致可分为基于移动网络的定位技术、基于移动终端的定位技术和两者混合的无线辅助全球定位技术。基于移动网络的定位由多个基站同时检测移动终端发射的信号，通过处理各接收信号中携带的与移动终端位置有关的特征信号，计算出移动终端的位置。基于移动终端的定位现在普遍应用全球定位系统（Global Positioning System，GPS）。移动终端接收 3 个以上 GPS 卫星发射的信号，根据这些信号中携带的与移动终端位置有关的特征信号确定其与各卫星之间的位置关系，再通过某种算法对自身位置进行定位估计。

5）虚拟现实技术应用

虚拟现实技术（Virtual Reality，VR），是指利用计算机发展中的高科技手段构造的，使参与者获得与现实一样感觉的虚拟境界。虚拟现实技术又称灵境技术，是以沉浸性、交互性和构想性为基本特征的计算机高级人机界面。它综合利用计算机图形学、仿真技术、多媒体技术、人工智能技术、计算机网络技术、并行处理技术和多传感器技术，模拟产生一个三维空间的虚拟世界，提供用户关于视觉、听觉、触觉等感官的模拟，让用户如同身临其境一般，可以及时、无限制地观察三度空间内的事物。

虚拟现实技术同旅游的结合，诞生了全新的旅游服务——虚拟旅游。所谓虚拟旅游，是指建立在现实旅游景观的基础上，应用计算机技术实现场景的三维模拟，构建一个虚拟旅游环境，使操作者能够身临其境般地观看体验。

随着虚拟现实技术的不断更新发展，足不出户式的桌面虚拟旅游也有了新的发展方向，坐舱式虚拟现实系统和沉浸式虚拟现实系统开始投入虚拟旅游服务。

坐舱式虚拟现实系统将用户置身于一个特制的坐舱之中，舱内有一个可以向外看虚拟世界的屏幕，转动坐舱就可以从不同的角度观察虚拟世界，用户不需要佩带其他特殊装置，从而无负担的与虚拟世界交互。

沉浸式虚拟现实系统有着较强的沉浸感，它往往配备有头盔式显示器或全方位的监视器，使用户能自由的环顾虚拟空间。

虚拟旅游方便了那些受时间、金钱限制的旅游者，解决了他们"有钱没时间，有时间没钱"无法旅游的问题。同时，对于那些中老年身体不宜长途旅行的旅游爱好者们，它更是最佳的旅游方式。这种个性化的旅游方式正改变着人们的旅游观念，成为完善旅游格局的新兴补充方式。

【拓展阅读】

旅游业的 VR 技术应用

VR 是 Virtual Reality 的缩写,中文的意思就是虚拟现实,其概念是在 20 世纪 80 年代初提出的,具体是指借助计算机及最新传感器技术创造的一种崭新的人机交互手段。目前,旅游业中 VR 技术主要在酒店及预订平台、目的地观光游览和主题娱乐公园等旅游细分领域具有典型应用(图 12.4)。

VR技术从内容展现形式和营销方式上优化了传统旅游

旅游+VR

内容展现方式 —— 360度全景画面,在虚拟现实的环境中预体验,做到未行先知,帮助消费者决策,减少时间和物质成本。同时为旅游业挖掘潜在客户

营销方式 —— 线上VR平台　线下VR体验　线下VR主题公园

酒店及预订平台　　目的地观光游览　　主题娱乐公园

图 12.4　VR 技术的典型应用

赞那度成立于 2012 年,是国内定位高端精品旅行预订网站及时尚生活方式网络媒体社区。2015 年,获得腾讯领投 8 000 万元的融资,赞那度宣布推出了"旅行 VR"APP 及中国首部虚拟现实(VR)旅行短片《梦之旅行 The Dream》。

1)应用于酒店及预订平台

在酒店/民宿营销中植入 VR 技术,可快速引起市场关注、吸引用户体验,提高订单转换率。

万豪国际推出了"绝妙的旅行"主题体验,游客头戴 VR 设备可以"浏览"多个旅游目的地。如家精选酒店为游客提供"36 条机制自驾路线"VR 视频,是国内首家提供 VR 视频体验的酒店。空空旅行引入 VR 技术应用,游客通过 VR 头戴设备,进行虚拟旅行体验,全方位了解整个行程的始末,从而制订完美行程和计划。

2)应用于旅游目的地营销平台

突破传统旅行社地域限制,真实再现目的地观光游览,大大削减实地旅游的时间与交通成本(图 12.5)。

澳大利亚旅游局借助VR视频进一步拓展中国市场

制作VR视频内容

图 12.5　VR 用于旅游目的地的营销平台

3）主题娱乐公园，娱乐升级，全新线下体验

2014 年 12 月，全球唯一的室内电影主题乐园——武汉市楚河汉街万达电影乐园开门营业。其中，"全球最大的飞行剧场"——飞越湖北区闪亮登场。

飞越湖北主题区可谓相当"高大上"，游客乘坐在"会飞的座椅"里，感受被环形球幕完全包围的浸入式体验。通过 90°旋转、上下 1 米垂直运动等动作，观众便可双足悬空飞行，"一路"从樱花灿烂的暖春到白雪飘零的寒冬，从神秘的神农架到道教文化圣地武当山，从惊涛拍岸的三国赤壁到白云千载空悠悠的黄鹤楼，感受灵秀湖北的全新魅力。

6）云计算技术应用

云计算是网格计算、分布式计算、并行计算、效用计算、网络存储、虚拟化、负载均衡等传统计算机和网络技术发展融合的产物。其核心思想是将大量用网络连接的计算资源统一管理和调度，构成一个计算资源池向用户按需服务。提供资源的网络被称为"云"。这个"云"由各类计算机、存储设备、通信设备，以及在这些硬件设备上运行的软件系统构成。它重新部署了网络资源，实现了动态可伸缩的拓展，提高了使用者的体验，降低了个人信息处理负担。

云计算引领着技术变革、改变着我们的生活方式，这其中当然包括旅游。旅游方式因云计算的到来而拓展出新的方式，这种新方式的旅游称为云旅游。

当你坐在咖啡厅和朋友讨论假期去德国游玩时，你可以做到：

①拿出手机找到旅游应用程序，选定德国，就能在电子地图上看到很多小镇的图片、视频链接、网友的评论。

②选定某个小镇并订好当地的住宿，页面下方就会出现各个航空公司的出行信息，选择合适的时间和航空公司点击预订。

③马上分享自己的出行信息，就会有网友立即作出评论。你可根据网友的反馈对游览路线进行更改，并提出或接受和网友一起同去的邀请。

④提出或接受邀请并参与团购机票活动（这些操作可在 30 分钟内完成）。

云计算技术将互联网关于小镇的信息实时地进行了整合,当你来到德国小镇,你可以做到:

①可以在手持设备的地图程序、旅游程序等多个应用中找到同在这个小镇的游客,挑选自己的老乡,联系并邀约一同浏览。

②走在中世纪的石板路上,拍下这些照片发到微博,马上会有人评论。

③坐下休息时,打开公司的协作平台,看看同事对某项目的工作进度和文档的修改情况。

云计算通过网络让你和其他人分享快乐;讨论你脚下青石板的历史;它即时地告诉你什么地方有好吃的;你还可以即时地回应某人在青石板闹出的大笑话,并告诉他你曾经也在这里走过;云计算通过网络应用实现了导航、导游、导览和导购的四大基本功能。这就是云旅游,让旅游的方方面面都能提前、即时、过后的分享、讨论甚至回忆。

基于云计算的云旅游概念,网络应用更深入地植入旅游的吃、住、行、游、购、娱当中。云旅游开辟了游客旅游的一种新的方式,促进了旅游相关产业的结构调整与发展,引起的一种新的行为方式,促进旅游活动向更加个性化的方向发展。

【延伸阅读】

酒店精益运营管理的信息化工具

蓝豆酒店智能化管理系统(Landow)是一套支持智慧酒店运营管理的系统。该系统从管理层到基层员工、从前线营销到后台营运,从计算机桌面到移动终端,为客户提供从管理咨询顾问到搭建智能云端运营管理平台的一站式解决方案,进一步帮助酒店集团实现品牌的精益化管理、品牌标准化运营。

蓝豆智能化云端管理平台,可概括为"两助手一管家,支持后台五系统",如图 12.6 所示。

统计助手:高品质的报表浏览平台,透析酒店经营管理各个关键环节,让管理者随时随地了解酒店的运作情况。

移动管理助手:酒店内每一名员工的随身秘书。以智能手机或平板电脑为载体,具有任务收发、实时反馈、自动提醒等多种功能(图 12.7)。

微信公众平台管家:对接蓝豆住客服务管理系统,客人可通过微信提出服务需求,反馈服务建议,大大增强了酒店微信公众平台互动性和实用性。

工程事务管理系统:集即时维修、定期维保、维修耗材、能耗管理和人员管理于一体,科学分解任务,优化工作流程。

客房事务管理系统:快速处理客房的日常性任务,全面落实周期性事务,实现对人力、物料的系统管理。

住客服务管理系统:系统自动统计客人的相关数据,生成客人偏好档案,为酒店的个性化服务建立数据基础(图 12.8)。

图 12.6　蓝豆智能化云端管理平台

图 12.7　移动管理助手

图 12.8　住客服务管理系统

员工培训管理系统:每个岗位需要学习的知识点分类细化为培训点,将培训任务量化,规范各部门的培训活动,落实培训工作,自动生成员工培训档案。

消防安全管理系统:定时提醒执行消防设施设备检修与消防安全巡查等周期性工作。

广州南沙大酒店 2012 年 12 月开始使用蓝豆酒店智能化管理系统,应用效果包括:①工作效率提升。工程部效率提升超过 30%,客房部效率提升超过 35%。②投诉率大幅下降。客人的服务等待时间有效下降 30%~80%;在 OTA 等网络平台上,差评下降超过 60%。③每天超过 3 000 张人物单分配达到员工的智能手机,轻松量化工作量。④够格做全面量化,淡旺季人力资源分配更加合理,每年节省超过百万的人力成本。⑤形成强大培训体系,基于 6 800 多个培训要点对全酒店员工进行培训,服务质量显著提升。⑥管理人员通过智能手机实时了解酒店运营状况,及时发现并解决问题。

蓝豆愿景:用互联网提升酒店业,帮助全球每一间酒店开源节流。

蓝豆使命:让酒店人高效快乐地工作,让旅客感受有温度的酒店。

蓝豆目前的用户有洲际集团、雅高集团、岭南集团、保利集团、霍英东集团等。

本章小结

● 从全球的经济发展趋势来看,服务业对经济的影响力越来越大。人类社会正在从工业社会转变为服务经济社会。服务业发展的过程中,运用了各种新技术,为提高服务效率和提供个性化服务提供了支撑。旅游服务业中信息技术的开发与创新是时代发展的潮流,信息技术的不断进步和推广应用可以有效地为旅游可持续发展的决策提供依据和手段,促进可持续发展管理水平的提高,开拓新的可利用的旅游资源领域,提高旅游资源综合利用效率和经济效益,提供保护旅游资源和生态环境的有效手段,提高饭店、旅行社的经营管理质量,推动旅游业向规范化、质量化、效益型方向发展,促进旅游产业化、一体化进程。这些做法对实现旅游业可持续发展的战略尤为重要。本章分析了服务业,特别是旅游行业中信息技术的应用及特点,并重点介绍了旅游业中信息技术应用的相关案例。

【案例讨论】

神州专车安全高效运营背后的核心技术

神州专车是神州租车在 2015 年初推出的互联网出行品牌(图 12.9)。因为采用"专业车辆,专业司机"的 B2C 运营模式,神州专车的 B2C 模式在规范化、运营、体验、盈利等方面都比 C2C 模式有更大优势,神州专车靠"安全保障""精细服务"等概念迅速打开市场,如今在专车行业具有举足轻重的地位。

针对专车用户追求专属服务、讲求个人安全的高端需求,神州专车专门开发了具有双向屏蔽司机与用户手机号码功能的专属通信平台,司机和用户都必须通过公司平台进行业务联系,最大限度地保障了用户的个人信息安全,同时也避免了司机与用户私下联系接单现象的发生。另外,为了全程跟踪专车的驾驶行为,公司还在每辆专车上安装了 OBD 系统。

神州专车目前拥有近 4 万辆专车、5 万名司机,每辆神州专车均安装了 OBD 设备,OBD 成了一个远程管理司机、监测车辆状况的"黑匣子",通过该系统可以获得车辆位置以及运行状态等信息,自带的 3G 模块会将数据上传至神州专车服务器,达到实时监测。

据了解,神州专车每天有将近 30 万次出行,每天产生的数据量达上百 GB。这些数据主要用来解决三大问题:安全、效率和增长。

首先是安全,神州专车的车载 OBD 系统会收集车辆运行状况、GPS 信息等,每隔 5 秒上

图 12.9　神州专车的运营模式

传一次。OBD 可以监测司机的驾驶行为,例如,司机有没有系安全带,是不是急加速、急刹车,门有没有关好,是否是疲劳驾驶,可谓"每一脚油门"都尽在掌控中。通过后台数据监测,能及时发现这些问题并对司机驾驶行为进行监督和改进,确保行车安全。

其次是效率,神州专车 2015 年上线了"网格化运力预测与优化系统-GSFO",它综合运用大数据、云计算和车联网技术,提升了车辆管理和调度效率,实现了车队运力智能管理。GSFO 系统将城市地图分成了数百个网格,通过机器学习,当供需不平衡时,能第一时间调配附近浅色格子的车辆,使深色格子区域快速达到供需平衡。

部署 GSFO 系统后,神州专车的车辆调配效率上升了 25%,空驶率降低了 20%,运营成本持续走低。

最后是实现收入增长。精准营销是实现增长的重要手段,而精准营销的基础是对当前用户群以及潜在的目标用户群有充分的了解。为了掌握这些信息,神州专车使用 MapReduce 和 Hive 等主流的大数据处理技术,对用户访问记录,历史订单信息,社交网络分享行为等信息进行分析处理。通过数据分析,可推测出用户的消费水平,出行习惯等信息,从而可以开展更有针对性的营销活动。

根据国际咨询机构罗兰贝格发布的"中国专车市场分析报告",在比出租车溢价 25% 以上的专车市场,神州专车已占据 40% 份额。在 2015 年 12 月,神州专车有近 500 万用户,APP 累积下载近 1 600 万次,日均订单近 25 万单,月收入超过 3 亿元人民币。

（资料来源:搜狐公众平台 IT,2016-05-21）

参考文献

[1] 菲茨西蒙斯.服务管理:运作、战略与信息技术[M].张金成,等,译.北京:机械工业出版社,2013.

[2] 汪纯孝,蔡浩然.服务营销与服务质量管理[M].广州:中山大学出版社,1996.

[3] 陈祝平.服务营销管理[M].3版.北京:电子工业出版社,2012.

[4] Nimit Chowdhary.服务管理[M].盛伟忠,等,译.上海:上海财经大学出版社,2007.

[5] 阿拉斯特·莫里森.旅游服务营销[M].3版.朱虹,党宁,吴冬青,等,译.北京:电子工业出版社,2004.

[6] 李琪.现代服务学导论[M].北京:机械工业出版社,2008.

[7] 梁彦明.服务营销管理[M].广州:暨南大学出版社,2004.

[8] 杨丽华,邓德胜.服务营销理论与实务[M].北京:中国农业大学出版社,2009.

[9] 杰弗瑞·戈比.21世纪的休闲与休闲服务[M].张春波,等,译.昆明:云南人民出版社,2000.

[10] 陈秋玲,李怀勇.中国服务产业研究[M].北京:经济管理出版社,2010.

[11] 胡静,舒伯阳.中国旅游业发展报告2013[M].北京:中国旅游出版社,2014.

[12] 约瑟夫·派恩,詹姆斯·吉尔摩.体验经济(更新版)[M].夏业良,鲁炜,等,译.北京:机械工业出版社,2012.

[13] 施密特.顾客体验管理:实施体验经济的工具[M].冯玲,等,译.北京:机械工业出版社,2004.

[14] 特里·布里顿,戴安娜·拉萨利,等.体验:从平凡到卓越的产品策略[M].王成,等,译.北京:中信出版社,2003.

[15] 吴声.场景革命[M].北京:机械工业出版社,2016.

[16] Johnson M.D.忠诚效应——如何建立客户综合衡量与管理体系[M].施重凌,译.北京:上海交通大学出版社,2002.

[17] 索斯顿·亨尼格-索罗.关系营销(建立顾客满意和顾客忠诚赢得竞争优势[M].罗磊,译.广州:广东经济出版社,2003.

[18] 刘清峰.顾客满意、顾客忠诚和消费情感[M].广州:中山大学出版社,2008.

[19] 蒂姆.客服圣经:如何成功打造顾客忠诚度[M].6版.韦福祥,等,译.北京:机械工业出版社,2015.

[20] 朱立恩.顾客满意:服务企业理解GB/T 19000—2000族标准的新视角[M].北京:中国

标准出版社,2004.

[21] 胡卫红.服务业员工行为细节规范训练:提升顾客满意度和忠诚度的121个服务细节
[M].北京:企业管理出版社,2005.

[22] 戴斌,李仲广.顾客满意论[M].北京:商务印书馆,2015.

[23] 蔺雷,吴贵生.服务创新[M].北京:清华大学出版社,2003.

[24] 魏江,Mark Boden.知识密集型服务业与创新[M].北京:科学出版社,2004.

[25] 舒伯阳.服务创新与盈利成长[M].武汉:武汉出版社,2006.

[26] 齐善鸿,等.饭店管理创新理论与实践[M].北京:人民邮电出版社,2006.

[27] 朱玉华.客户服务与客户投诉,抱怨处理技巧[M].北京:民主与建设出版社,2013.

[28] 郭馨梅.客户投诉管理[M].北京:中国经济出版社,2012.

[29] 汪若菡,朱瑛石.微笑力——如家创造卓越服务的方法[M].北京:中信出版社,2011.

[30] 黄晶.旅游服务管理[M].天津:南开大学出版社,2006.

[31] 舒伯阳.旅游心理学[M].北京:清华大学出版社,2014.

[32] 夏林根.旅游服务语言艺术[M].太原:山西教育出版社,2003.

[33] 胡质健.收益管理[M].北京:旅游教育出版社,2009.

[34] 徐栖玲.酒店服务案例心理解析[M].广州:广东旅游出版社,2003.

[35] 西奥多·齐尼.迪士尼体验——米奇王国的魔法服务之道[M].黄昌勇,周晓健,译.北
京:北京大学出版社,2016.

[36] 马蒂·斯克拉.造梦者——迪士尼如何点亮神奇的创意[M].冷迪,译.杭州:浙江人民
出版社,2016.

[37] 阎纲.导游实操多维心理分析案例100[M].广州:广东旅游出版社,2003.

[38] 黄铁鹰.海底捞你学不会[M].北京:中信出版社,2015.

[39] 提姆.对客服务艺术:成功源自顾客满意[M].2版.肖洪根,等,译.北京:旅游教育出版
社,2002.

[40] 孙东.金钥匙品牌服务丛书——服务人教程[M].北京:旅游教育出版社,2005.

[41] 孙东.金钥匙品牌服务丛书——品牌服务人教程[M].北京:旅游教育出版社,2005.

[42] 王伟,孙东.金钥匙品牌服务丛书——服务经理人教程[M].北京:旅游教育出版社,2005.

[43] 汪若菡,朱瑛石.微笑力(如家创造服务的方法)[M].北京:中信出版社,2010.

[44] 新川义弘.服务的细节:新川服务圣经[M].周智,译.北京:东方出版社,2012.

[45] 埃文森.完美服务:确保完美服务的101个方法[M].牛海鹏,谢爱丽,译.北京:企业管
理出版社,2012.

[46] 苏朝晖.客户服务基础[M].北京:中国经济出版社,2012.

[47] 苏朝晖.客户关系管理[M].北京:中国经济出版社,2012.

[48] 李桂华.客户服务质量管理[M].北京:中国经济出版社,2012.

[49] 川名幸夫.帝国酒店:恰到好处的服务[M].张舒鹏,译.北京:东方出版社,2015.

[50] 让-菲利普博泽克.雅高:一个酒店传奇的诞生[M].贺艺娇,译.广州:广东旅游出版
社,2015.

[51] 米歇利.金牌标准:丽思卡尔顿如何打造传奇客户体验[M].徐臻真,译.北京:中信出版
社,2009.